명사名士의 100자 리뷰

세상 떠난 아내에게 바치는 한 사나이의 절절한 사랑과 애통의 눈물과 사무치는 그리움의 노래가 우리 모두에게 영혼을 따스하게 하고 맑게 하고 향기롭게 하는 감동의 물결로 밀려온다.

금장태(서울대 종교학과 명예교수)

"회자정리會者定離가 만유萬有의 정법定法일지라도 사랑하는 사람의 때아닌 별리別離는 야속할 뿐"인데. 그 야속을 참사랑으로 승화시킨, 이 시대 낭만의 숲속을 헤매게 한 부부의 숭고한 사랑의 이야기다. 이 두 분의 사랑과 두 자녀의 훌륭한 성장, 이 시대의 훈훈한 교훈적 귀감이 될 것을 확신한다.

김갑기(동국대 국어국문학과 명예교수)

강산도 변한다는 세월이 무색, 돌아간 님을 혼백에 간직할 이 얼마리오. 하물며 이루 옥장玉章에 새겨 끼칠 이 또 얼마나 되료. 이는 금세의 정부가貞夫歌요, 사부인사思夫人辭요, 이상곡履霜曲이 아닐까.

김창룡(한성대 국어국문학과 교수)

참으로 아름다운 것들은 본질적으로 슬픈 것들이다. 그러나 모든 슬픔이 다 아름다움으로 승천하는 것은 아니다. 슬픔 안에 고인 아픔을 다시 운명처럼 사랑할 수 있어야 한다. 저자는 아내의 부재에 아프게 절망하면서도, 그 부재로부터 아내의 현존을 아름답게 일깨우는 글쓰기를 한다. 그렇게 함으로써 슬픔과 아픔을 사랑의 결정結晶으로 정련시키는 마음의 도정을 스스로 가꾼다. 무엇보다도 이 책은 '가족'이야말로 얼마나 아름다운 유토피아인지를 보여준다.

박인기(경인교대 국어교육과 교수)

삶이란 만남과 헤어짐이 되풀이되는 것. 만남은 헤어짐을 전제로 하는 것이고, 헤어짐은 만남을 기약하는 것, 다시 만날 그 기약을 위해 지금 헤어져 있음의 슬픔을 참고 견딘다. 또한 이 가족에게서 아름다운 윤리의 얼굴을 본다.

박창원(이화여대 국어국문학과 교수)

잔잔하고 쉼이 없는 아름다운 사랑의 노래, 바람과 나무이야기가 내 마음을 끊임없이 흔든다. 가슴 절절한 사랑과 행복한 부부애의 노래이다. 죽음을 마주한다고 누구나 꼭 한없이 작아지는 것만은 아니었다.

서철원(성균관대 국어국문학과 교수)

가장 괴로웠던 암병동의 하루를 '모태의 바다'로 변용시켜 아내를 향한 애정으로 풀어낸 사랑배의 담론인가? 마음의 채색으로 구름에 그린 부부의 상호 자화상인가? 그것도 아니라면, 시인의 감성으로 민들레와 해바라기에 참기름 섞어 비벼낸 현대판 '가시리'형의 비빔밥!

설성경(연세대 국어국문학과 명예교수)

진주조개는 깊은 상처가 아물면서, 영롱한 흑진주 보석을 만들어낸다. '나무'라 이름 하는 한 지아비가 앞서 보낸 지어미를 그리워하며 아프고 슬프고 힘들고 고달픈 삶을 있는 대로 숨김없이 적어온 이 고백의 글이 여기 흑진주처럼 빛나는 보석으로 태어났다. 이 보석은 아픔을 딛고 일어서려는 모든 독자들에게 평화를 찾아가는 복음이 될 것이다.

심재기(서울대 국어국문학과 명예교수, 전 국립국어원장)

사별의 아픔을 딛고 고독하고 순수하게 살아온 한 분의 진솔하고 거룩한 고백을 통해 카타르시스를 공유한다. 삶이란 이기성을 뛰어넘을 때 값지다고 본다. 자녀의 아름다운 성장을 행복의 척도로 삼고, 10년 내내 못 다한 사랑에 대한 아쉬움과 그리움 그리고 미안함을 삭혀 한 권의 책으로 상정했다. 행복이란 우리가 노력으로 만드는 것이며 일상의 소박한 풍경과 사소한 율동에서 온다는 것을 이 책으로 나누고자 한다.

안영길(성결대 국어국문학과 교수)

이 책은 못다 부른 지아비로서의 망부가亡婦歌요, 시인의 '가슴 저린 그 사랑의 미학'이다.

엄창섭(관동대 국어국문학과 명예교수)

아내가 떠난 자리, 깊이를 알 수 없는 슬픔의 샘.
밤새워 슬픔의 샘을 퍼내고 퍼내면, 새벽 미명쯤 영롱한 사랑과 지혜의 물이 차올라온다. 양들이 샘가로 물을 마시러 다가온다. 양들 곁에서 나도 물을 마신다. 아내가 떠주는 생명의 물을 마신다.

우한용(서울대 사범대 국어교육과 교수)

안타까운 나이에 먼저 떠난 현숙한 아내요 엄마였다. 남편과 아이들이 촘촘하고 애틋하게 그려가는 기억 속에서 그들의 꿋꿋한 삶의 일상이 글을 통해서 내게 행복하게 다가온다.
진정한 사랑에는 완료형이 없다. 사별조차도 사랑의 마침표가 되지 못한다. 뒤에 남은 이들의 기억과 삶을 통해서 언제나 현재진행일 뿐.

윤원철(서울대 종교학과 교수)

지아비와 지어미 혹은 자식과 부모로 만났다가 헤어지는 자연의 법칙. 그 혼돈과 질서의 엄정함 속에 숙성되는 사랑과 그리움. 통곡하는 시인의 내면을, 흘러내리는 눈물 훔쳐내며 드디어 목격하고야 말았다.

조규익(숭실대 국어국문학과 교수)

"여보. 당신의 아내 '순'이요, 이렇게 착하디착한 낭군을 두고 먼저 떠나서 미안합니다. 우리 사랑의 열매인 가람이와 여찬이를 잘 길러주어서 고맙습니다. 제가 떠난 지 십 년간 몽매夢寐에도 잊지 않는 그 도망悼亡의 순애보殉愛譜를 읽고 눈물이 없는 천국에서도 웁니다. 더 저를 사랑한다면 낭군의 몸도 마음도 축이 날 것이니 저를 이제 놓아주세요, 아, 애처로워라. 나의 님 석원 씨…"

최래옥(한양대 사범대 국어교육과 명예교수, 길음성결교회 장로)

아내를 영원히 가슴속에 담는 것과 누군가를 때때로 머릿속에서 기억하는 것은 분명히 다른 일이다. 한 꼭지 한 꼭지 필자의 진정眞情을 좇아가다 보면 누군가를 가슴속에 담는다는 것이 어떤 의미인지, 그리고 쓰라린 기억이 얼마만큼 사무쳐야 누군가를 진심眞心으로 가슴속에 담을 수 있는지 알 수 있을 것이다.

황화상(서강대 국어국문학과 교수)

떠난 아내에 대한 이야기는 이 세상에서 가장 가슴 저리는 사랑이야기다. 10년 저편에서부터 흘러내린 윤석원 시인의 그리움의 눈물이 우리 가슴에 애틋한 비가 되어 내린다.

허용(한국외국어대 사범대 한국어교육과 교수)

시린 가슴의 10년 퇴적이 별빛으로 승화되어 더욱 시리게 다가온다.
오늘도 남겨진 이들이 함께 도란도란 귀감 가는 가정을 꾸려가고 있지만, 왠지 가슴 시림이 쉽게 가시지 않는 연유는 무엇 때문일까.

홍종선(고려대 국어국문학과 교수)

부모님의 은혜로 이 땅에 "사람"으로 태어나지만 사람다운 사람으로의 완성은 어디까지인가? 진정한 삶을 추구하는 이들의 풀어야할 숙제이듯이 "사랑"이 얼마큼 익어가면 모든 사람들에게 진한 감동을 주고 깊은 맛을 느끼게 하는가를 깨닫게 하는 글 모음집이다.

김윤석(좋은이웃교회 목사, 성결대 초빙교수)

『콩나물 비빔밥』에서 진한 애정이 묻어난다.
20년간의 부부 생활이 지나고 보면, "당신을 사랑해" 한마디 제대로 하지 못하고 지나간 하루 같다. 그러나 이제 와서, 주변의 사람들이 생각해 보면, 윤 시인의 아내는 참으로 행복한 부인임엔 틀림없다. 육신을 가진 아내와의 삶은 비록 짧았고, 그 헤어짐은 참으로 서러운 별리였지만, 영혼과의 삶은 찬연한 무지개빛 정감으로 이어지고 있는 영원한 안식의 사랑이요, 행복이었다.

임희창(길음성결교회 명예목사)

윤석원 산문집

콩나물 비빔밥

―바람과 나무이야기

지식과교양

나무가 바람에게
— 바람과 나무이야기

나무

나무가 춤을 추면
바람이 불고
나무가 잠잠하면
바람도 자오

윤동주

서문

산문집 내는 마음

아내가 병상에서 암 투병 생활하며 하늘나라로 먼 여행을 가기까지의 쓰라린 기록을 담았다. 책으로 내놓을 수 없는 감추어야할 사적인 내용까지 아내를 그리는 마음이라는 명목으로 아픈 데까지 과감하게 다 쏟아냈다. 지금도 어디에선가 환우로 투병생활을 돕고 있을 가족분들의 아픈 심정은 한마음일 것 같아 조금이나마 환우가족에게 위로가 되었으면 하는 바람에서 이기도 하다.

매 기록하면서 서럽고 아픈 마음이 저미어 올 때면 내 마음 가눌 길이 없다. 하지만 아내의 생전 모습을 담아내 언제고 꺼내 읽고픈, 아내에게 향한 내 마음을 달래보고자 그때그때의 짧은 생각들을 사랑을 담아 기록해왔다. 그러므로 이 지면은 전부 사실적인 내용이라 가족의 실명을 피하고 예명으로 호칭되었음을 알린다.

아내가 하늘로 먼 여행을 떠나면서 손에 쥐어준 유서는 난해하고 판독이 어려운 크나큰 숙제였다. 그녀가 있었던 자리의 흔적은 빈자리의 공허함이 너무 커서 중도에 실의에 빠져보기도 하고 인생 포기할 마음까지 생겼음이다. 어느 시기에 찌들어 있는 아비를 바라보는 자식들의 눈에선 슬픈 눈망울이 일렁이고 있었다. 정신이 바짝 들어 마음을 추슬러 갔다. 그 숙제를 하나하나 판독해가며 시행착오를 겪어왔지만 시나브로 풀어질 때는 부모가 된 인생의 참의미를 느끼며 기뻤다. 그러나 아직도 어려운 과제들이 기다리고 있다. 그러므로 아내를 향한 가슴에 지워지지 않는 죄스러움의 멍에가 있다.

그 아픔 뒤로하고 우리 아이들과 함께 아내의 바람대로 잘 지켜가며 살아오고 있음이다. 두 남매는 넉넉지 않은 가운데서도 욕심부리지 않고, 아끼고 사랑하며 나눌 줄 아는 마음을 익혔다. 노력한 만큼 되돌려줄 줄 아는 정직함도 배웠다. 아내의 발자국이 남긴 교훈 때문이 아닐까 한다.

어느덧 10년이라는 세월이 흘러갔다. 고3이었던 큰 딸내미는 교사로서 소임을 다하고 있고, 고2였던 아들내미는 대기업의 한 직장인으로 사회에서 필요한 동량으로 이제 발돋움을 시작하였다. 필자 또한 조그마한 출판사를 운영해 오고 있다. 아울러 이 글들 중에는 일간지나 월간지, 기타문학지에 실린 글들도 있음을 고백한다.

최선을 다하는 사람만이 미래를 꿈꿀 자격이 있다고 했다. 우리는 주어진 여건 속에서 하루하루 최선을 다하며 우리의 길을 간다. 10년간 보듬고 있던 분신 같은 아내를 연모한 순정의 글들을 이제야 조심스럽게 내놓는다. 한 가정의 일상 내용들이 모두 수록되어 있는 만큼 왠지 발가벗겨지는 느낌이다. 하지만 진정한 마음을 담아 아내에게 띄운 글이니만큼 정성스러움으로만 인정해 주었으면 하는 바람이다. 이제 아내의 빈자리에 딸 예람이와 아들 예찬이가 머리를 맞대며 메워가고 있다. 아내의 소망대로 하나씩 실현 되어감에 하늘에서 지켜 봐주는 아내는 웃으면서 아이들에게 이렇게 고맙다고 손을 흔들어 줄 것만 같다.

"사랑하는 아들, 딸아! 잘 자라 주어서 고맙다."고.

2012. 7. 23. 딸 생일날, 나무가.

목차

명사들의 100자 리뷰
서문 • 산문집 내는 마음 5

1부 • 모진 아픔, 시린 이야기

첫 번째 이야기	검사 및 입원 하는 날 15
두 번째 이야기	어쩜 좋아 17
세 번째 이야기	대학병원으로 옮기다 19
네 번째 이야기	수술 일정이 잡히다 21
다섯 번째 이야기	만면에 웃음 띤 채 수술실로 23
여섯 번째 이야기	아! 집에 가고 싶다 27
일곱 번째 이야기	이게 웬일이요! 30
여덟 번째 이야기	생애 가장 괴로웠던 기나 긴 하루 33
아홉 번째 이야기	물밀듯이 밀려오는 잔인한 진통과 고통 42
열 번째 이야기	아내가 병상에서 즐겨 읽던 시 45
열한 번째 이야기	아내가 읽어준 시 47
열두 번째 이야기	아내가 낭독해 달라고 한 시 49
열세 번째 이야기	고통은 더 해오고 52
열네 번째 이야기	정말 하나님은 계십니까? 55
열다섯 번째 이야기	제 아내는 이런 사람입니다 58
열여섯 번째 이야기	나의 사랑아! 60
열일곱 번째 이야기	아직도 인생이 절반이나 남았는데… 62

열여덟 번째 이야기	하나님! 간청합니다　65
열아홉 번째 이야기	고통스러워하는 아내를 볼 때면　68
스무 번째 이야기	마음이 변했습니다　70
스물한 번째 이야기	아담과 이브의 원죄　73
스물두 번째 이야기	임종 증상이 보인다　76
스물세 번째 이야기	여군자다운 아내　78
스물네 번째 이야기	앙상해진 아내의 몸을 씻기면서　83
스물다섯 번째 이야기	고통 속에서의 기다림　86
스물여섯 번째 이야기	아! 나의 사랑, 나의 아내여　92

2부 • 바람이야기 — 아내를 가슴에 묻고

첫 번째 이야기	아내가 내준 풀리지 않는 숙제　101
두 번째 이야기	아내를 임시 납골당에 안치하며　104
세 번째 이야기	삼오제의 추도식에 앞서서　109
네 번째 이야기	아내를 사망신고 하던 날　112
다섯 번째 이야기	아내 사후 10일째 날　116
여섯 번째 이야기	너무나 '여보'라고 불러 보고 싶었는데　119
일곱 번째 이야기	매년 10월 3일 개천절이 오면　123
여덟 번째 이야기	나눔을 실천한 당신이기에　125
아홉 번째 이야기	아내가 보고 싶어서…　129
열 번째 이야기	슬픈 결혼기념일 – 20주년　132
열한 번째 이야기	회상回想 1　136
열두 번째 이야기	회상回想 2　142

열세 번째 이야기	황홀하게 펼쳐진 기억들	147
열네 번째 이야기	사랑하지 않고 떠났다면…	152
열다섯 번째 이야기	사십구재의 날에	156
열여섯 번째 이야기	아내의 생일날에 즈음한 비감悲感	161
열일곱 번째 이야기	100일의 유감有感	166
열여덟 번째 이야기	그해 2002년 12월 32일	171
열아홉 번째 이야기	2003년, 신년에	174
스무 번째 이야기	고요한 이 시간에	177
스물한 번째 이야기	아내의 묘소에서	179
스물두 번째 이야기	여보! 설날이야	182
스물세 번째 이야기	주어진 삶과 다가올 삶을 위해	186
스물네 번째 이야기	문득 스쳐가는 순간의 생각들 1-8	191
스물다섯 번째 이야기	그대가 내 가슴에 머물던 자리	196
스물여섯 번째 이야기	콩나물 비빔밥	202
스물일곱 번째 이야기	이제는 더 이상 울지 말아요	206
스물여덟 번째 이야기	아직도 정신을 못 차렸나요?	213
스물아홉 번째 이야기	잠시라도 내 곁에 머물다 갔으면…	217
서른 번째 이야기	그 해 겨울의 첫눈	221

3부 • 나무이야기

첫 번째 이야기	안쓰러워요! 우리 딸 예람이가	227
두 번째 이야기	철딱서니 없는 남편의 일기 1 - 아내가 알면 염장 지를 일들	232

세 번째 이야기	철딱서니 없는 남편의 일기 2 – 아내의 발 236
네 번째 이야기	철딱서니 없는 남편의 일기 3 – 등 밀어주기 241
다섯 번째 이야기	철딱서니 없는 남편의 일기 4
	– 손등의 담배 흉터 두 군데 245
여섯 번째 이야기	철딱서니 없는 남편의 일기 5 – 풀리지 않는 숙제 248
일곱 번째 이야기	철딱서니 없는 남편의 일기 6 – 비빔냉면 252
여덟 번째 이야기	철딱서니 없는 남편의 일기 7
	– '허리케인 박' 신당동 떡볶이집 255
아홉 번째 이야기	철딱서니 없는 남편의 일기 8 – 이상한 이야기 260
열 번째 이야기	미조 포구 263
열한 번째 이야기	이제는 말할 수 있다 – 잠결 속의 아들 폭행사건 268
열두 번째 이야기	산부전나비 272
열세 번째 이야기	군대 간 아들에게 띄우는 편지 277
열네 번째 이야기	교사로서 첫발을 내딛는 딸에게 띄우는 편지 280
열다섯 번째 이야기	바람과 나무이야기 – 사랑이 사랑에게 284
	(아내의 기일 10주기에 부쳐)

4부 • 잊혀짐은 없더이다 — 단상斷想

첫 번째 글	토막생각 1 295
두 번째 글	토막생각 2 297
세 번째 글	아비의 구겨진 체면 301
네 번째 글	그 때가 그립다 303
다섯 번째 글	어찌 하오리까? 305
여섯 번째 글	당신, 어디에 있어? 306

일곱 번째 글	미주알 고주알	308
여덟 번째 글	그리움 1	313
아홉 번째 글	그리움 2	314
열 번째 글	문주란꽃 앞에서	316
열한 번째 글	되돌아온 편지	318
열두 번째 글	밤새운 사랑	319
열세 번째 글	사부연死婦戀	321
열네 번째 글	바붕이	322
열다섯 번째 글	잊혀짐은 없더이다	323
열여섯 번째 글	하늘꽃 사랑	324
열일곱 번째 글	사랑하는 사람이 또 생겼습니다	325
열여덟 번째 글	난蘭	326
열아홉 번째 글	마른 풀 – 외할머니의 부음訃音	327

5부 • 엄마에게 쓰는 편지

첫 번째 이야기 – 딸	너무너무 사랑하는 우리 엄마께	333
두 번째 이야기 – 딸	엄마는 내 전부였어요	335
세 번째 이야기 – 딸	엄마의 유품을 정리하면서	338
네 번째 이야기 – 딸	엄마 사랑하는 맘	341
다섯 번째 이야기 – 딸	엄마에게 보내는 편지 – 어느덧 십 년…	343
여섯 번째 이야기 – 아들	엄마 생각이 자꾸 나는데…	345
일곱 번째 이야기 – 아들	사랑하는 엄마께	347
여덟 번째 이야기 – 아들	어머니께 — 어버이날의 편지	349

부록 • 아내가 아이들에게 남긴 글

병상에서 아내가 딸에게 남긴 글 1   **예람이에게**   **353**
병상에서 아내가 아들에게 남긴 글 2   **예찬이에게**   **355**
후기 **아빠가 딸과 아들에게**   **357**

문학 평론 • 엄창섭 | **못다 부른 나무의 망부가**亡婦歌   **361**

1부
모진 아픔, 시린 이야기

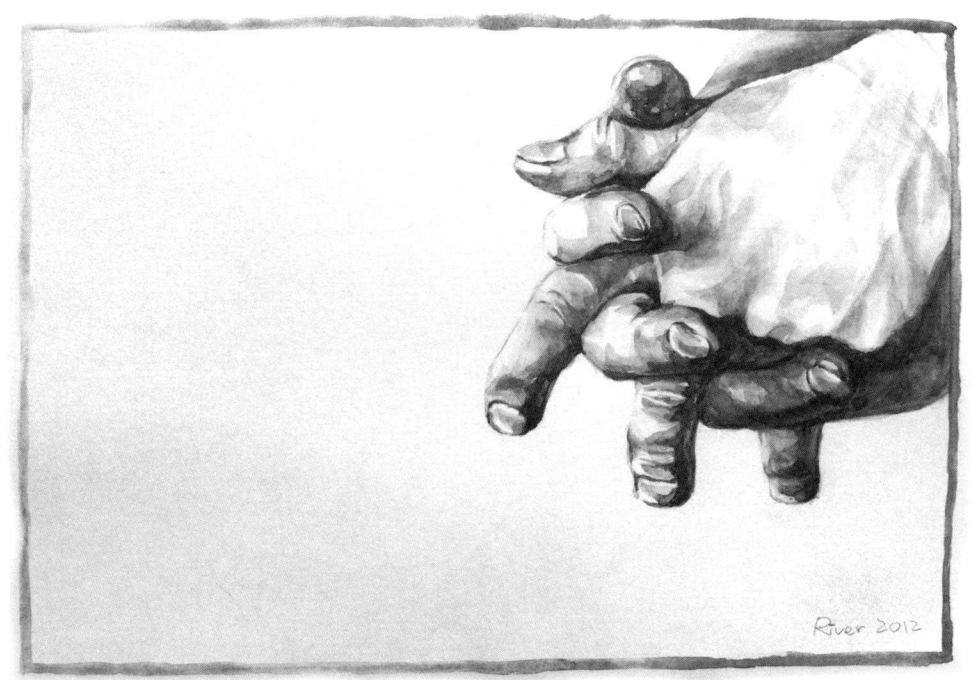

첫 번째 이야기

검사 및 입원 하는 날

　아내가 실로 모처럼만에 함께 병원에 가서 종합검사를 받고 싶다고 하였다. 그간 20년 동안 아내와 살아오면서 부부가 함께 종합검진을 받은 게 두 번밖에 없었던 걸로 기억된다. 그 후로는 나는 직장에서 매년 정기검사를 받아 왔고, 아내는 부모님과 함께 또는 혼자 정기검진을 받아 왔다. 모처럼 아내와 함께 큰 의원에 가서 아내의 종합검진을 지켜봤다. 그리고 아내가 종합병원에 입원하였다. 어제 갑자기 아내는 의학사전을 펴보면서 자가 검진을 하는 듯하여 좀 의아스럽기도 하고 불안한 마음이 들었던 터이다.

　건강하던 아내가 일주일 전부터 감기증상을 보여 왔으며, 그 증상으로 입맛이 없다하여 동네의원을 다녔다. 처방으론 별 효과가 없었다. 식사를 하면 속이 더부룩하고 소화가 안 되는 듯 꺽꺽대는 역트림 소리를 내곤 했다. 아내는 체한 것뿐이니 등 좀 쳐달라고 하기에 나는 그런 줄만 알고 등만 쓰다듬어 주고 두드려만 주었던 터이다. 그간 병원에 가 검진해 보자고 수차 얘기해 보았지만, 아내는 음식 먹은 것이 체한 것 때문이니 걱정하지 말라고 내 얘기를 듣지 아니 하였다.

　이제 와 생각해보니 자기 아내의 기색(건강) 하나 제대로 살펴보지 못하는 정말 못나고 한심스런 무능한 남편이라는 것을 뼈저리게 느끼고

1부 모진 아픔, 시린 이야기

있다. 검진 결과 의사가 위장에 문제가 있으니 큰 병원으로 가서 진료를 받으라고 권유를 할 때 가슴이 철렁 내려앉았다.

하나님께 기도했다. 아내에게 별일 없게 도와달라고. 그때 아내도 분명 내심으로는 걱정 많이 하였을 게다. 하지만 아내는 오히려 태연하게 나를 위로하면서 걱정하지 말라고, 하나님이 자신을 보호하여 주실 거라고 안심시켰다.

입원수속을 받고 병실에서 아내는 내 맘을 또 한번 울렸다.

"병원비용이 많이 나올 텐데, 많이 나올 텐데… 어쩌나. 예람아빠, 옷장 속에 모아둔 현금이 30만 원 정도 있을 거야. 그걸로 보태 써요."

장롱 속의 돈을 보았을 때 나는 주체 못할 울음이 터졌다. 오늘날까지 아내를 너무너무 고생만 시켜왔다는 것을 생각하니 조각상처럼 몸이 굳어졌다. 비록 쥐꼬리만 한 월급이었지만 하늘같이 섬기는 남편의 땀이 배어 있다 생각하니 만원 한 장 허투루 쓸 수가 없다고 한 아내. 자기 자신에게만 준열하고 검약한 아내. 몇 년 전까지만 해도 심성이 후하여 넉넉하고 생기에 찬 아내였는데, 언제나 감사함으로 여유로움이 있던 아내였는데, 언제부터 마음이 살림살이보다 가난해졌을까. 곽곽하고 마음마저 시린 현실이 구속된 조건에 궁색함으로 아내에게 자리하고 있었다고 생각하니 가슴이 아파온다.

두 번째 이야기

어쩜 좋아

어쩌면 좋아. 어쩜 좋아.
마른하늘에 웬 청천벽력 같은 날벼락이란 말인가.
"암이라고요? 그것도 위암 3기 후기라니요? 어쩌면 생명에도 지장이 될 성 싶다고요?"
망치로 두들겨 맞은 것처럼 앞이 캄캄해지고 다리가 후들후들 거렸다. 조직검사 결과 위암으로 판명되었으니 의사는 수술을 빨리하라고 권유한다.
그간에 집에서 7일간, 병원에서 검사한다고 음식을 먹지 못해 6일간, 십여 일간 정도를 링거만 의지한 채 먹지 못해 체중이 10여kg 줄어 근력이 빠진 아내가 지탱해 낼 수 있을지 걱정만 되었다.
자기 인생의 모든 것이라는, 오로지 가족만 생각해 온 순도 백 프로의 아내에겐 근 20년의 주부경력만이 있음이다. 남편에게 엄지손가락을 치켜 올리며 최고라 인정해 주는 지혜롭고 현명한 주부였음이다. 지금까지 살아오면서 엄마노릇에다가 아내, 며느리노릇까지 운명에 이끌리어 언제나 동동걸음으로 젖은 손 마를 사이도 없이 그것을 사는 재미라고 여기며 헌신해 온 나의 아내. 결혼하면서부터 한 인격체의 여인으로서의 생활은 접고 평생 전업주부로 공동운명체의 한 일족으로 자리매김할 때

나름대로 생활의 윤택함이 있는 삶을 주지 못하여 이런 병까지 걸리게 함에 나 자신에게 원망스럽다. 가슴이 저려오고 눈물이 흐르는 걸 주체할 수 없다.

의사의 전언으로 나의 귀에 전압이 가해져 터지는 진동의 충격 소리에 응달에 비껴 앉은 태양의 열기조차 느낄 수 없다. 한숨 섞인 바람이 성이 났는지 병원의 창문을 후들긴다. 나의 신경세포는 온통 창문에 부딪는 바람세기에 맞춰졌다. 바람이 내지르는 비명소리를 들으며.

아! 아내에게 병이 생겼다. 아내에게 위험한 병이 생겼다.

수술 동의서를 쓰고 눈물만 하염없이 흘러내렸다.

세 번째 이야기

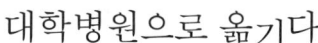

대학병원으로 옮기다

아무리 수술 동의를 했지만 불안한 마음이 드는 것은 왜일까?
종합병원인 안양 S병원에서 동의서를 썼지만 아내를 생명의 담보로 큰 수술을 믿고 맡길 수가 없었다. 일생일대의 가장 큰, 너무나 중요한 수술이었으므로 위암 분야에서 권위 있는 큰 대학병원의 외과의들을 만나보기로 했다. 7월 9일은 강남S병원의 의사에게 아내의 차트를 가지고 갔지만 대기시간을 2달여 일, 현대A 중앙병원은 1달 보름을, 7월 10일은 S대병원은 수술일정을 잡을 수가 없다고 한다. 강북 K대병원에 갔지만 수술 가망이 없다고 하나 20일간 대기를 해야 한단다. 강북이라 집에서 거리도 멀고 부정적인 소리를 들어서 그런지 아내를 믿고 맡길 마음이 내키지 않았다.
아내는 하루하루 검사 명목으로 음식을 먹지 못해, 지쳐가고 힘들어하고 링겔로만 의지한 상태였다. 조급한 마음이 들고 걱정이 아닐 수 없었다. 7월 10일 저녁, 병원 한쪽 복도구석에서 아내가 처한 상태에 어쩔 줄 못해 망연자실하며 쏟아져 나오는 울음을 손수건으로 닦고 있을 때 소식을 듣고 찾아 온 친구를 만나 평촌 H대 S병원의 병원장을 소개받고, 더욱이 S대 의대출신으로 H대 대학교수이며 위암, 간암 수술의 권위자인 집도의사를 소개받았다. 이교수도 아내의 차트를 보며 위암 3기 중

후기라 고난도의 수술이긴 하지만 암이 전이가 안됐으면 해볼 만하다는 희망 섞인 얘기를 환자보호자로서 듣고 보니 천군만마를 얻어 날아갈 것만 같았고 아내를 살려낼 수 있다는 희망이 용솟음쳤다.

안양 S병원에서 퇴원하고 평촌 S대 병원의 훌륭한 집도의사를 만나 입원하고 수술을 받기로 하였다고 아내에게 얘기를 하였더니 아내도 무척 좋아했다.

아내도 안양 S병원에서 수술 받을 것에 대해 내심 불안한 마음이 없지 않았다고 했다.

> 너는 두려워 말라 내가 너를 구속하였고 내가 너를 지명하여 불렀나니
> 너는 내 것이라 네가 물 가운데로 지날 때에 내가 함께 할 것이라
> 강을 건널 때에 물이 너를 침몰치 못할 것이며
> 네가 불 가운데로 행할 때에 타지도 아니할 것이요
> 불꽃이 너를 사르지도 못하리니 대저 나는 여호와 네 하나님이요
> • 이사야 43장 1-2절

네 번째 이야기

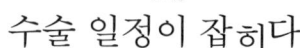

수술 일정이 잡히다

7월 11일 아침. 일찍 안양 S병원에서 퇴원수속을 밟은 후 평촌 H대 S병원으로 입원할 때 아내의 표정은 안도감과 평안감이 넘쳐흘렀다.

그런데 이게 웬일인가.

그간의 전병원에서 촬영한 모든 챠트를 모두 갖다 주었건만, 입원한 평촌 S병원에선 새로이 조사를 해야 한단다. 그간 전병원에서 4일간을 아내의 몸 상태를 검사한답시고 또 영양주사만 맞히고 아무 것도 먹질 못하고 몸을 혹사시켜 불편을 초래한 터이다. 너무 힘들어 지쳐가는 아내의 표정이 안쓰럽다. 새로 입원한 병원의 의사에게 유감을 표시해 보았지만 큰 수술을 해야 하므로 재검사가 어쩔 수 없다고만 한다.

아내는 점점 약물로 지탱할 뿐 물조차 못 마시고 힘이 빠져 지쳐있는 상태를 보니 내 자신도 심장이 오그라들어 아파하는 아내 옆에 있을 수가 없었다.

7월 14일 오후. 드디어 그간의 조직검사 등으로 최종 수술 일정이 내일로 앞당겨 잡혔다. 혈색이 핼쑥해지고 몸이 수척해진 아내가 잘 견디어 줄는지 걱정이 앞선다. 하지만 아내에게 가해진 못된 암덩이를 수술해 떼어낸다는 생각에서 기분이 좋았다. 몸속에서 꿈틀거리는 반군들의 근거지를 깨끗이 씻어주기를 바라는 마음에서이다.

'여보, 내일 하루만 기다려 줘요. 그간 잘 참아 왔잖소.'

아내는 항상 나에게 온화한 미소를 띠우고 사랑의 불을 내 가슴 속에 지펴놓아 주었다. 막상 수술 날이 내일로 잡혀지니 불안함과 초조한 마음이 없지 않았으나 아내는 의연했다.

여보,
우리 내일을 위해서 용기를 냅시다.

주님의 희망 메시지가 들려오는 듯하다. 두려움에서 건져 주시는 감사하신 말씀을 부부는 합창을 하고 기도를 했다.

> 나 너와 함께 있으니 두려워하지 마라.
> 내가 너의 하나님이니 겁내지 마라.
> 내가 너의 힘을 북돋우며 너를 도와주리라.
> 내 의로운 팔로 너를 붙들어 주리라.
> • 이사야 41:10

다섯 번째 이야기

만면에 웃음 띤 채 수술실로

오전 5시 30분.

아내는 일찍 일어나 수술복으로 갈아입었다. 내가 잠에서 깨어날 동안 날 쳐다보면서 무엇을 생각했을까? 누가 내 얼굴을 만진다는 느낌에 눈을 떴을 때 만면에 미소를 띤 채로 "잘 잤어요?"하고 안부를 물어왔다.

"오늘 컨디션 어때. 아픈 데 없어?"

"응, 좋아요"

"그래? 좋았어~ 당신 완쾌하면 가보고 싶은 데 가족과 함께 많이 다녀봐야겠어. 올해는 결혼 20주년이잖아, 당신 말대로 동남아 여행 가야지? 괜찮아, 수술은 잘 될 거야. 초기라서 위만 조금 잘라내면 활동하는 데 전혀 이상이 없대요, 심호흡 크게 하고 예람이랑 예찬이 생각하고 있어. 하나님께서 함께 하실 거야, 안 그래?"(이때까지 아내에겐 위암이긴 하지만 위암1기 정도이니 위의 아랫부분만 절제하면 괜찮다고, 나중에 절제된 위가 원상태로 되돌아온다고 안심을 시킨 터이다.)

간호사가 아내의 이름을 호명하고 침대에 누워 만면에 미소를 띤 채 수술실로 들어갈 때 얼마나 마음 든든하였던가. 수술담당 의사가 아내 이름을 다시 호명할 때 또렷하게 대답하고 인적사항 또한 또렷또렷한 어조로 답하는 그녀는 역시 믿음직스러웠다.

이후부터는 그때 상황을 다시는 떠올리고 싶지 않다. 정말 생각하고 싶지도 않다. 이것은 무엇인가 잘못되었다 싶었다.

수술실로 들어가서 두어 시간이 지나자, 수술실의 다른 한 편에서 어느 가족의 곡성이 오가니 왠지 모를 불안감이 싸여만 갔다. 그 가족의 곡성이 끊일 줄 모르는 상태에서 곧이어 수술환자가 침대에 실려 나가고 30분, 1시간이 지나자 다시 주변이 조용해져 안도감이 들었다.

수술시간 세 시간이 지나자 하나님께 수술완료까지 아무 탈 없이 성공적인 수술을 이루도록 해달라고, 내 이름을 호명하지 않게 간절히 기도를 드렸다. 그런데 호사다마라고 했던가. 그 후 20분이 지났을 때, 나를 호명하는 사람이 있어 가슴이 철렁 내려앉았다. 갑자기 앞이 깜깜하고 다리가 후들후들 떨렸다, 어디로 숨고만 싶었다.

수술에 참여한 초록색의 수술복을 입은 여의사였다.

"이○○ 보호자님! 어서 들어오세요."

"가운과 마스크를 착용하고 슬리퍼로 갈아 신고 들어오세요. 어서요. 부인이 참 예쁘시네요, 이쪽으로 오세요."

탁 트인 넓은 수술실에는 서너 곳에서 의사들이 삼삼오오 무리지어 수술하는 중이었다. 정중앙 쪽에서 8, 9명 정도의 수술의들이 어떤 환자를 수술하고 있는 상황이었다. 낯익은 집도 의사가 마스크를 벗고 나를 보더니 오라고 하였다.

"이쪽으로 올라오세요."

의사의 눈을 보았더니 '무엇인가 잘못 됐구나.' 하는 직감이 들어 몸이 떨려왔음이다. 절개한 배 부분의 위장 전체를 가리키며 말을 했다.

"이 환자분은 위장부터 시작하여 간과 담까지 임파절에 모두 암이 전이되어 수술이 어렵겠습니다, 다시 덮어야겠습니다."

그 부정적인 말을 듣는 순간 다리가 후들후들 떨리고 현기증이 났다.

"도와주십시오, 선생님. 지금까지 고생만 시켜왔던 불쌍한 제 처입니다. 어떡하든 살려만 주십시오. 부탁드립니다, 선생님."

모자와 마스크를 쓴 수술팀 중 한 일원이 와서 나가달라고 하였지만 넋이나가 제 정신이 아니었다. 어느 순간 수술담당 집도의의 다리를 잡고 울부짖어 버렸다. 여기까지는 기억한다.

여러 사람의 부축에 이끌려 밖으로 나왔고 "안돼, 안돼. 이래서는 안돼"라는 말만 하곤 했단다. 얼마 후에 정신을 차려보니 처형과 처제, 아들 예찬이가 흐느끼며 울고 있었다.

앞이 깜깜했다.

"우리 불쌍한 예람이 엄마…. 어떡해, 어떡해…."

하나님과 집도선생님이 감명을 받았던지 그 이후 네 시간 동안을 애들 엄마를 위해 혼신으로 방법을 다 써 수술을 하였다고 한다. 하지만 수술을 담당했던 의사에게 나중에 들은 얘기로는 췌장까지 암이 전이되었다고 한다. 최대한의 방법을 써서도 안 되어 6개월간 생명을 유지할 수 있게끔 인위적 방법으로 T-자형 관을 연결하여 대체하였단다. 시술팀의 의사들은 총 일곱 시간동안 혼신을 다해 노력했다고 한다.

수술 후 중환자실로 이전할 때 복도에서 큰소리로 아내를 불러보았지만, 아들 예찬이가 "엄마"하고 부르는 소리만 귀에 들려 눈이 떠졌다는 얘기를 들었을 때는 나는 못내 서운했지만 고마웠다.

"예람 엄마, 고마워. 그 아픔과 고통 속에서도 눈을 떠 주어서."

그 힘들었던 중환자실. 의식 없고 산소호흡기로 유지하던 시간. 나의 가슴속은 숯덩이처럼 까맣게 타들어 갔다. 중환자실에서 이틀 후 예찬이와 예람이 얼굴이 떠올라 눈을 떴다고 했을 때 너무나 아내가 감사하고 고마웠다. 그래도 면회 온 처제들한테 "예람이 아빠 어딨냐"고 찾았다는 얘길 들었을 때 눈물이 핑 돌았다. 따뜻한 아내의 체온, 손으로 전달돼 온 아내의 사랑이 담겨진 숨결, 지금도 그때의 숨결을 잊을 수가 없다. 중환자실에서도 한시도 나를 잊지 않았다는 아내였다.

"여보, 힘내요! 내가 당신을 어떡해든 무슨 방법을 다 써서라도 당신을 살리어 한평생을 고락할거야. 꼭! 꼭! 당신을 위해서라면 무슨 일이든 다 할 거야. 절대 걱정하지 말아요. 당신은 당신 몸 생각만 하고 어서 하루속히 완쾌하겠다는 마음만 되뇌고 있어요. 당신을 아는 모든 분들이 당신을 위해 열성적으로 기도해주고 있어요. 열심히, 아주 열심히. 당신은 아무 걱정하지 마."

여섯 번째 이야기

아! 집에 가고 싶다

내 사랑 순아!

당신을 곁에서 지켜보는 남편인 나로서는 너무나 안쓰럽고 마음이 편치 못했어. 병원생활 7월 중순부터 8월 초까지는 당신은 수술이 너무나 잘되었다는 말에 곧 몸만 잘 추스른다면 우리들의 보금자리인 집으로 갈 수 있다는 희망과 의욕으로 열심히 약도 잘 먹어주고 문병 온 사람들과 유머도 주고받으며 병원에서 투병생활을 의욕적으로 하였지. 하지만 중순부터는 몸에 그 악랄한 진통이 오고 힘이 빠지는 고통의 시련이 옴으로써 당신은 나름대로 몸에 이상이 있다고 느낀 것 같아. 그래서인지 같은 병실에 입원한 수술환자들이 한 사람씩 한 사람씩 퇴원할 때 당신은 조금씩 불안함의 기색이 배인 의아심을 가져 내게 물었지.

"왜 나는 병이 나지질 않고 더욱 아파오기만 하지, 잘못된 것 아니야? 나도 빨리 집에 가고 싶다~"

조금씩 나에게 신경질을 내고 짜증 섞인 어투가 많아졌지. 어쩌다 간호사들에게 들은 짤막한 대화의 용어를 듣고 줄기차게 내게 물을 때 등줄기에 땀이 차고 오싹해졌었어. 얼버무리는 것도 참으로 힘들었지.

의사들도 병원에서 더 이상 해줄 수도 없는 치료이니 퇴원하라고 4번씩이나 종용을 하고 퇴원 시 당신이 감내하지 못할, 기습적으로 닥쳐올 진통이 두려워 선뜻 응하질 못하였고 장모님과 처제도 병원에 있는 것을 원하였지. 그러나 나는 내심 당신을 퇴원시켜 아이들과 함께 좋은 추억과 물 좋고 공기 좋은 곳에서 생활하면 6개월이라는 시간의 선고 속에서 병마(암)와 투병생활을 하여 이겨나갈 수 있도록 도와주고 싶었어. 현대의학으로 치료치 못한다는 의례 상식을 깨뜨려 세상에 알려주고 싶었어. 그래서 자연스럽게 당신에게 닥친 사실을 알려주고 병마와 싸울 수 있는 계기와 삶에 대한 애착심을 길러주려고 1년 간의 계획으로 제주도로 내려가려 했었지. 더욱이 만약에 당신이 어려워졌을 때 좋은 추억과 가족의 끈끈한 정과 사랑을 안고 따뜻하게, 편안하게 하늘나라 좋은 곳으로 가게함을 위한 생각도 있었어. 단지, 걸림돌에 당신이 진통으로 고통스러워 할 때가 약간의 고민이었어. 그러나 그것은 의사들과의 협의하였던바 고민을 완전 불식시킬 수 있었다오.

계속적인 의사의 권유로 당신을 퇴원시켜 집에서 얼마간 안정되게 요양한 후 따뜻한 지역인 제주도로 가려고 계획을 진행시켰지. 당신 집도 의였던 교수의 도움으로 몰핀 진통제와 제주도에서 제일 큰 병원인 한라병원에 담당의사까지 연결되었어. 이곳 병원의 소견서 및 진단서 등 만반의 준비를 다해 두었지. 그래서 8월 24일 퇴원한 거야. 장모님은 걱정을 많이 하시더군.

그런데, 여보!

이렇게 아파하는 상태에서 불쌍한 당신에게 남편이라고 전혀 도움을 주지 못한, 막아주지 못한 내가 '죽음이란 가혹한 선고'라는 사실을 알릴 수가 없었어. 혹여 당신이 큰 충격으로 어떻게 될 것만 같아서였지.

처형과 처제들은 당신에게 하루 속히 얘기하라고 재촉을 하고, 장모님과 시댁 부모님과 동생들은 당신이 충격을 받으면 큰일이 날 수 있으니 사실을 알리지 말고, 제주도로 내려가서 당신에게 추억을 쌓아주어 향후에 편안하게 가족 품에서 좋은 세상 가도록 하자는 두 갈래 의견으로 분분하였어. 그동안 우리 아이들은 부모님과 동생들이 보살펴 주겠다고 했지.

그러나 나는 그런 생각이 아니었어, 제주도의 대자연에서 자연스럽게 컨디션을 지켜본 후 당신에게 모든 사실을 고하려고 생각했었지. 당신도 한 주체로서 알 권리가 있잖아요?

일곱 번째 이야기

이게 웬일이요!

아, 예람 엄마야!
퇴원 후 당신의 컨디션이 좋아지는가 했더니 잘 걷지도 못하고 음식도 잘 못 먹어 걱정이 많이 들었어. 오히려 집에 있어서인지 고3, 고2의 아이들 때문에 집안일의 걱정만 하니까 고민이 생기더군. 하지만 병원에서보다는 마음의 여유는 많이 생겼나봐. 근데 당신은 거동이 불편하니 답답하지 않았어?

여보, 예람 엄마야!
약도 잘 먹고 가정 간호사가 매일 출장 와서 링겔과 진통주사약 처치를 잘 해주었지만, 뭐니뭐니해도 당신이 병마와의 투쟁에서 잘 싸워주는 것 같아 너무 고마웠어.
그런데, 이게 웬일이요!
오늘 오후 2시에 병원에 퇴원 후 첫 정기외래진료 가는 날이었지. 그런데 오전 11시경에 그 잔혹한 진통이 무방비 상태인 당신에게 기습적으로 엄습해 와 그 고통을 감내하지 못해 119구급차에 실려 응급실로 실려 갔지. 얼마나 아프고 괴로웠을까. 땀으로 범벅되어 있는 당신의 붉게 달아오른 몸을 보니 당황하기도 하고 울음이 솟구쳐 나오더군. 모든 계획이 수포로 돌아갔어. 하지만 당신의 몸 건강이 최우선 아니겠어?

고통이 얼마나 심했으면 강력 진통제로 진정되질 않았을까? 얼굴과 몸은 벌겋게 달아올라와 있고 땀과 눈물로 잠옷은 온 몸에 흥건히 젖어 범벅이 되어있고 그로기상태로 되어 있는 당신의 모습. 일반진통제 1회, 당신의 통증 호소로 강력 진통제 또 1회, 그것도 안 되어 몰핀 주사제를 맞고서야 그제야 잠이 들었지.

411호
당신이 입원했던 방 호실
간호사들이 당신을 위해서 고맙게도 많은 관심을 가지고 도와주었지. 말 한마디라도 따뜻하게 해주고, 도움이 필요할 때마다 열 일 제치고 도와주었던 문영남 간호사.

여보!
오늘 정말 힘들었던 날이었지? 그나저나 앞으로 더욱 힘들어질 텐데 어쩌나. 어떡하니.

예람 엄마! 힘든 고난이 따르는 암과의 투쟁이겠지만 우리 합심하여 꼭 이 시련을 이겨냅시다. 젊은 수련의사는 이제는 힘들 것이니 마음의 준비를 해두라고 합디다. 웃기는 일이지. 당신이 내 뜻대로 잘 따라주고 있고, 조금만 노력하면 암과의 싸움에서 이길 수 있다는 신념이 드는데 방정맞은 소리만 하고 있구려. 저런 친구가 환자의 입장은 생각지 않고 기계적인 답만 하는 의사라니 우습더라고. 의사로서 순수한 초심을 잃고 권위에 싸인 기득권에 안주하며 독선에 빠져가는 요즘 젊은 의사들의 환자를 위하는 마음이 사라져가는 것들에 대해 매우 안타깝다는 생각만 드는구려.

　당신도 삶에 대한 의지력과 정신력 또한 강하잖아. 나도 직장도 사표 내고, 당신의 의지에 힘입어서 최대한의 노력을 하고 있는데 방정맞게 고춧가루를 뿌리다니.

　그래, 여기 이 병실에서 다시 시작해 봅시다. 이제 우리, 합심일체 하여 열심히 노력하면 현대의학으로도 해내지 못한 쾌거를 우리 둘이서 꼭 이루어 냅시다. 나도 열심히 조사하여 대체요법, 민간요법 등을 병용하면서 돌파구를 찾아내 세상 사람들에게 '기적'이라는 언어로 깜짝 놀라게 하여 당당히 이 병원을 걸어 나갑시다.

　예람 엄마, 파이팅! 여보, 사랑해!

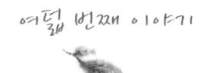
여덟 번째 이야기

생애 가장 괴로웠던 기나 긴 하루

아, 예람 엄마야!

오늘 하루는 무척이나 힘들고 고통스러운 날이었지? 나도, 오늘만큼은 무척 힘든 하루였다오. 내가 이럴진데 당신은 얼마나 힘들고 슬픈 하루였겠소.

이른 아침부터 잔혹하게 짓이겨오는 암과의 전투에서 잘 견뎌 낸 아내의 전흔에선 환희가 아닌 초췌한 초주검의 상처만 비춰온다. 아내에게서 느껴져 오는 눈물도 슬픔도 아닌 전혀 다른 의미의 고통이 나에게 온몸으로 휘감겼다.

새빨갛게 충혈 된 두 눈, 푸르스름하던 핏줄이 선명하게 보이는 살점 없이 졸아든 그 하얀 손, 가쁜 숨소리, 빨갛게 달아오른 뺨. 호수같이 맑은 두 눈에 글썽거리는 아내의 모습에서 전달되는 슬퍼 보이는 얼굴. 어느 샌가 말라버린 종아리. 휘청거리며 메마르게 되어가는 그 작아지는 몸.

그녀에게서만 느껴지는 — 행복만이 가득한 그런 삶을 살아갈 권리가 무한히 있던 여인 — 조심조심 감싸 안으며 안아줘야 할 소중한 여인 — 내게는 무엇보다도 평생 동안 바라보고 지켜줄 여인 — 이렇게 돼야만 될 귀한 여인이었는데 나 같은 바봉이를 만나서 왜 이렇게 생사의 길에서 고생과 고난을 받아야만 하는지.

남편으로서 인생의 동반자로서 아내에 대한 의무와 권리를 다 하지 못한 후회와 슬픔이 섞인 눈물이 비명과 함께 흘러내렸다. 한들거리듯 부자연스런 몸을 일으키며 그 하얀 손이 어느 사이엔가 내 손에 닿는다. 코 속에 끼워진 산소호흡기가 제구실을 못하는지 가쁜 숨소리가 거칠게 다가온다. 아내의 가운이 땀에 젖어 찰싹 달라붙어 있어 살며시 등을 마사지하며 다독였다.

"당신, 가운 갈아입어야 겠네"

물수건으로 아내의 얼굴과 몸을 닦아가니 어제보다 많이 여위었다. 가운을 갈아입혀 몸이 개운해져서 그런지 아내의 초췌한 얼굴에서 만족스러움의 엷은 미소가 묻어 나온다.

"휴- 시원해. 여보, 아이들은 뭐해? 예람이는…"

"애들 걱정하지 마, 당신 몸조리나 잘해"

"예람이 대입수능도 얼마 안 남았는데…"

"열심히 하고 있어. 워낙 걱정 안하게 잘 하잖아"

학교공부 때문에 이틀에 한 번씩만 엄마 보러오라고 하던 터인데 금새 아이들이 보고 싶었던 모양이다. 큰 아이 생각에서 떨쳐지지 않는 것일까?

"고 3이라서…."

"걔도 당신 생각뿐이지만, 엄마 걱정 말고 시험공부에만 열중하라고 했어."

"잘 했어요."

얼마간의 침묵이 흘렀을까. 아내의 촉촉이 젖어있는 손바닥을 닦고 있노라니 아내가 내 손을 어루만지며 별안간 '죽음'이라는 단어를 가슴에서 꺼내어 나에게 들려주었다.

"하나님 계신 약속의 땅에서는 이 힘든 병이 없겠지. 평온하고 따뜻하고 고통이 없는 그곳은 나하고 싶은 일들 다 할 수 있겠지? 후후"

이런 말을 하고선 일부로 웃는 얼굴을 짓지만 내겐 슬픈 눈이었다. 나는 어떤 말로서든 운을 떼었어야 했지만 아무런 말도 하지 못한 채 나를 바라보는 아내를 바라보길 수분 째. 조용히 일어나 아내 머리를 쓰다듬기만 하였다. 얼마 전 교회의 여성회에서 와 아내의 긴 머리를 커트머리로 손질해 주어서 그런지 단정하고 시원스럽게 보였다. 모발에서도 향그런 샴프 내음이 풍겨온다.

"예람 아빠…"

아내 또한 자신의 마른 손을 한참이나 쳐다보며 무언가를 이야기하려고 하는 것 같았는데 결국 하지 못하고 창밖의 둥실 떠있는 흰구름만 쳐다보았다. 손바닥만하게 떠가던 몇 조각의 구름만 보일 뿐이다.

담담함을 지나 두 부부에게 느껴지는 먹먹함. 가슴 속이 꽉 막혀버린 느낌이었다.

부부로선 나눌 수 없는 너무나 슬픈 이야기…

"당신, 나한테… 무슨 할 말 없어?"

"무슨 얘기… 없…는…데…"

"………"

사슴처럼 큰 맑고 고운 아내의 눈에 어느 샌가 이슬이 맺혀졌다. 뭔가 알고 있다는 것일까? 가슴이 뜨끔하다. 유도심문으로 떠보는 것일까?

1부 모진 아픔, 시린 이야기

20년 동안 한 이불에서 살다보니 남편의 눈을 읽을 수 있는 그런 눈치인 것은 분명하였다.

이 말을 듣고 수없이 망설여졌다. 지금 아내에게 주어진 현 상태를 말해 주어야 할까. 끝까지 감춰야할까. 어떻게 해야 하는가.

"나 잠깐 화장실 좀 다녀올게"

가슴 속에 탁 막혀버린 그런 답답함을 어찌 털어내야 할까.

옥상의 하늘정원엔 싱그런 꽃들이 하하호호 웃어대며 행복함을 발산하는 듯한 꽃향이 얄밉게 콧끝을 스치며 지나간다. 푸른 하늘엔 또 두 점의 흰 뭉게구름이 부부처럼 다정하게 손잡고 노니는 것처럼 보였다. 어느 샌가 왠지 모를 서러움이 가득 담긴 눈물로 변하여 흘러내렸다.

"어떻게 해야 돼, 어떡해."

"……."

내뿜는 담배 연기가 공중을 향해 피어올랐다가 이내 사그라진다.

'아내에게 사실대로 현 상황을 얘기할 시 아내는 어떤…?'

'우회적으로 얘기하면…?'

'지금처럼 숨기고 간병하면 안 될까?'

'죽음의 선고' 운운했다가 충격 받아 쓰러지기라도 하면 어떻게 할 건데?'

'지금도 잘 이겨내며 병동 사람들처럼 조기에 퇴원하려는 의욕이 남다른데…?'

'오히려 역효과 내어 이겨내려는 의욕이 상실되어 자포자기하면…?'

'아니야, 아내는 정신력이 나보다 강하니까 더 잘 이겨낼 수 있지 않겠어?'

'그렇지! 아내는 이겨낼 거야. 더 잘 해낼 수 있을 거야!'

어떻게 해야 할지 혼잡함의 속에서 혼돈의 연속이었다.

"앗, 뜨거워!"

검지와 중지의 손가락이 따끔하였다. 어느 샌가 두 손가락에 끼여 타들어간 담배의 불 끝이 마지막 빛을 발하며 살갗에 닿았다. 담배필터까지 시나브로 길게 타들어가 끊어지지 않고 붙어 있는 긴 담뱃재…

"그래, 아내에게 사실대로 얘기해주자!"

아내의 병실은 커튼이 2/3정도 드리워진 상태라 약간은 어두웠지만 손톱만하게 흘러들던 햇빛도 가리워져 적막하고 푸근한 회색빛 어둠은 아내의 몸 조절엔 좋았다.

"아니 당신, 잠 좀 자두지 않고…?"

"으응, 하늘에 떠 있는 구름~. 하얀 뭉게구름이 참 이쁘네~"

두 점의 흰 뭉게구름이 부부처럼 정답게 노니는 것처럼 보인 것이 부러웠으리라.

"여보, 예람아빠! 나 많이 생각해봤어. 이제 얘기 해봐요"

"뭘, 무슨 얘기…"

"자, 누워. 우리 왕비님 누워 있어야 해요"

"나, 괜찮아, 어서…"

아내는 슬픈 눈을 지으며 내 눈을 주시하였다. 나는 순간 당황하여 눈을 침대로 돌렸지만 아내는 무언가를 집요하게 갈망하고 있음을 보여주고 있다.

숨이 막힐 듯한 시간이 흐른다. 그녀 앞에서 자꾸 작아지는 기분. 고요한 적막 속에서 가슴에 움틀거리는 얘기해 주고 싶은 충동감. 진실의 영혼이 온통 마음을 뒤흔들어 놓고 있다.

커튼 속에서 비집고 들어오는 한줄기의 햇살이 방안을 비추고 있음은, 아무런 소리 없이 시간의 흐름을 재촉하는 걸까.
"저…기…"
아내의 땀 배인 촉촉해진 손을 잡았다. 그녀의 수정처럼 맑은 눈이 너무나 맑고 아름다웠다.
"여보…"
"………"

아내에게 모든 것을 말해 주었다.
"이런 심각한 얘기를 당신에게 해주는 것이 너무나 무서웠어…"
놀라움으로 커진 아내의 눈. 눈물이 많은 아내. 순간적인 적막감이 맴돌았다. 아내의 무릎에 얼굴을 파묻었다. 순간적인 커다란 실수를 저지른 속죄의 눈물과 서러운 눈물이 범벅되어 금테안경 밑으로 줄줄 흘러내렸다. 아내는 한참동안 멍하게 앉아 있었다. 충격을 받은 것 같다. 적막궁산의 시간이 흘렀다.
1분, 2분, 3분… 5분
아내의 눈에 맺힌 이슬방울. 남자도 후회와 슬픔이 섞인 눈물을 맨손으로 훑어낸다. 이미 머리 속엔 후회와 죄책감으로 가득 차 있었다.
'내가 지금 무슨 짓을 했나…'
너무나 슬픈, 못할 짓을 한, 그런 후회와 아내를 이런 지경까지 오게 한 죄책감. 죄스러움으로 고개를 들지 못하고, 당장이라도 한 줌의 미풍이나마 스쳐가는 바람의 한 끝을 움켜쥐고 회색빛 안개 속으로 얼굴을 묻고 싶은 고통이 저미어 온다.

비겁하지만 어디론가 도망치고 싶다. 안개처럼 떠나고 싶다. 비라도 퍼부어 준다면 혼자서 바짓가랑이 무거워지도록 싸드락, 싸드락 걸으며 어디론가 숨어버리고 싶은 또한 실컷 울고 싶은 공황의 늪에 빠져드는 전율이 몰려왔다. 역시 나는 아내에겐 부끄러운 나이테를 가진 값없는 사람나무였음이다.

아내의 포근한 하얀 손이 내 손에 포개졌다. 아내는 빙그레 웃음 띤 미소를 지으며 따뜻한 손으로, 흘러내리는 내 볼의 눈물을 닦아 주는 것이 아닌가.
"예람아빠! 나는 어느 정도 알고 있었어. 울지마. 미안해 하지마. 다시는 울지마. 당신은 눈물을 보여서는 안돼요."
남편이자 남자는 놀랬다. 다른 여느 사람들처럼 화도 내고 고함도 질러서 쇼크를 받아 큰일이 날줄 알았다.
"미안해, 여보. 어쩌면 좋아, 정말 미안해, 나 때문이야, 나 같은 무능한 놈을 만나서 때 아닌 고생을 하더니…"
"아니야, 예람아빠! 당신 잘못 없어, 자책하지 마. 당신이 나한테 얼마나 잘해 주었는데. 나는 행복했어. 정말 호강하며 살아왔어. 단지, 걱정이 되는 게 당신과 예람이와 예찬이가 걱정이 되요. 아이들을 잘 키워줘, 훌륭하게 키워줘요, 혹여 엄마 없이 자란 아이들이라는….
근데, 제일 당신 걱정이 많이 되네? 물러터진 사람…. 나중에 좋은 사람 만나 잘 살아야 될 텐데…"
예람 엄마, 당신은 어떤 사람이야, 왜 남들같이 화를 낼 줄도 몰라. 이런 상황에서도 자기 걱정은 추호도 하지 않고 남편과 아이들 걱정을 다

하니….

　당신은 하나님이 보내주신 나의 수호신이며 천사였어. 나 어떡해, 당신을 엄청 사랑는데.

　"예람 엄마! 내가 당신을 무지무지 사랑하는 거 알지? 당신 없으면 한 치도 못 산다는 거."

　"예람아빠, 용기를 내요. 당신이 흔들리면 아이들은 어떡해요. 예람이하고 예찬이가 더욱 열심히 공부를 잘해 주었으면 좋겠는데…. 아이들은 고등학생들이니 잘 해낼 거야. 그러니 당신이나 잘해요. 나는 걱정하지 마, 하나님이 계시니까 좋은 곳에서 지낼 거야. 나도 우리 가족들과 오순도순 잘 살고 싶었어, 그런데 하나님이 나를 보다 더 좋은 사업에 쓰시려고 데려가려하니까 나는 굉장히 행복해요. 그러니 내 걱정은 하지 마. 다만 부탁이 있다면 교회 열심히 다녀요, 하나님을 열심히 믿어요. 그리고 친정엄마를 잘 보살펴 줘요, 불쌍한 분이예요, 엄마가 나를 그렇게 의지하였는데…. 하늘나라에 가면 우리 아버지를 뵐 수 있겠네. 거기서 모시고 살아야지. 아버지와 가까운 곳에 있었으면…. 멀지 않았으면 좋겠어. 그렇게 해줄 수 있지? 예람이도 시험이 얼마 안 남았는데…."

　"그리고 내가 마지막으로 보고 싶은 사람들이 있어, 대전에 사는 인숙이와 송파동에 사는 친구 좀 불러줘요. 예람아빠! 피곤해. 잠깐 누워서 잠 좀 잘 테니까 불 좀 꺼줘요. 나 괜찮으니까, 그만 울어. 몸만 축나, 나도 울지 않는데…. 나가서 바람 좀 쐬어요."

　어떻게 아내는 '죽음'이라는 단어 앞에서도 저토록 대범하고 의연하단 말인가. 무엇이 그토록 연약하디 연약한 아이들의 엄마에게 강한 모습을 보이게 하였을까. 적어도 한 인간에 앞서, 한때 20년간이라는 긴 세월

동안 살을 맞대고 살아온 남편이라는 사람에게도 약한 마음을 보여주기는커녕 강한 모습을 심어주려는 것은 무엇 때문일까.

우리 애들 엄마의 총체적인 면은 그러하지 않았는데 어째서 죽음이라는 무서움 앞에서 보여주는 한쪽의 단면은 나도 이해하기 어려운, 처음 겪는, 놀라운 일이 아닐 수 없다. 어쨌든 나는 예람 엄마, 예찬이 엄마인 생전의 LSY씨를 나는 죽도록 사랑한다. 앞으로도 내가 죽을 때까지 사랑한 여인은 LSY이라는 이름을 가진 여인일 것이다. 역시 내가 사랑하고 의지하는 나의 아내는, 예람이와 예찬이 엄마로써 무능하기 짝이없는 남편이라는 허울을 가진 한 남자의 아내로써 내조자로써 동반자로써 영원한 배우자인 것만은 사실이었다.

여보, 예람 엄마!
오늘은 내 생애에 가장 괴롭고 고달픈 기나긴 하루였소. 당신 또한 그러하겠지.
당신을 죽도록 사랑하오. 이 내 마음을 당신도 잘 알 거요. 그래도 아무리 강한 척해도 아까 당신 눈가에 눈물이 괴어 있읍디다.
억지로 참느라고 얼마나 힘들었겠소.
당신은 진정 가족을 위하는 마음씨를 가진 여인이었습니다.

아홉 번째 이야기

물밀듯이 밀려오는 잔인한 진통과 고통

새벽 4시경.

오늘도 아내에게 감내하기 어려운 잔인한 진통이 또 엄습해왔다. 아내는 그 옆구리에서부터의 통증이 더 한층 짓눌리어 오는데도 이를 악물며 진통과의 투쟁에 고군분투했다. 그 옆구리에서부터 허리까지 밀려드는 고통스런 통증에 맞서 빨갛게 달아오른 주먹을 불끈 쥐고 몸을 뒤틀리면서까지도 처절한 싸움을 계속하였다. 1차 몸에 붙여진 파스형의 고농도 진통제를 부착하고 있었지만 약효가 약해진 것 같았다. 간호사에 도움 받아 진통제를 주입하자고 계속 권유하였으나 아내는 "아프다고 진통제만 맞으면 언제 나아—"라고 고통을 참으면서 거절을 하였다. 고통에 맞서 이겨보겠다는 의욕적인 의지발현. 병마와 싸워 삶에 대한 투지를 실현해 보겠다는 아내의 소망이 담긴 동기유발인 것이 분명하였다. 그렇게 여러 차례, 차마 고통스러워하는 아내를 맨 정신으로는 오늘도 곁에서 지켜 볼 수가 없었다. 밖으로 뛰쳐나가고 싶었다. 아내는 그 무서운 고통에 대항하면서 투쟁을 벌이고 있다. 남편이라는 작자는 아내의 괴로워하는 모습에 어찌할 바를 몰라 진통제가 명약인 양 계속 맞자고 강요만 했다.

예람 엄마, 예찬이 엄마!

미안해, 정말 미안해.

당신 곁에 있으면서도 고통으로 절규할 때 대신 막아줄 수 없었던 이 무능력한 남편. 그 어떻게도 아픔을 못 막아주는, 보호막이 되어주지 못하는, 버팀목이 되어주지 못하는, 방패막이 구실도 전혀 못하는 무능력하고 한심한, 배우자로서 전혀 쓸모없는 남편이라는 존재이니 말이요.

당신의 아픔으로 나의 몸속에, 뼈 속까지 아픔이 전해오지만 정작 당신만 하겠소. 가슴이 짓눌려 메어오지만 그저 발만 동동 굴리고 간호사와 의사에게만 달려가는 것이 전부이고 어찌할 바 몰라 속상해 우는 것이 전부이니 얼마나 한심한 남편이오. 내 나중에 당신이 건강하게 치유되어 우리의 가정으로 돌아올 시 무릎 꿇고 속죄의 눈물을 흘리리다. 당신도 나에게 원망을 많이 하였겠지. 내 나중에 당신에게 사죄하며 두 배 세배 아니 열배로 보답하리다.

몸이 쇠약해져 아침도 못 들었지만 점심 땐 그런대로 미음이나마 들어주어 아내가 고마웠다. 식사 후에 꼭 엄습하여 오는 고통에 겁내어 먹길 꺼려하는 아내를 볼 땐 가슴이 메어오고 안쓰러움에 가슴이 긁혀왔다. 오늘도 그 용하다는 침술사를 병원 몰래 초빙해와 침술을 놔도 아내에겐 별 효과 없었다. 벌써 땅거미 꺼질 무렵이라 어김없이 찾아올 달갑잖은 불청객!(강력한 진통) 날이 갈수록 아내에게 가일층 더 큰 규모로 고통이 물밀듯이 쳐들어 왔다. 그럴 때마다 진통제는 더욱 센 농도로 대처를 했지만 악랄한 진통은 비웃기라도 하듯 아내에게 뼈 속으로까지 쳐들어 왔다.

어떻게 방어를 해야 할까. 오늘 저녁도 아내는 괴롭고, 외로운 투쟁을 위하여 큰 호흡을 하며 방어전을 펴야한다. 아내의 수심은 초조해 하는 모습이었다. 하지만 아내는 정신력으로 몸을 추스르고 호흡을 하며 만반의 준비를 다 했다. 강하고 진한 진통제를 얼마나 적게 맞는 게 아내와의 싸움이었다. 아예, 강력한 진통제(몰핀)를 두 번 맞고 몸 편히 대응하는 것이 좋을 텐데 아내는 고통과 싸우려는 것이다.

예람 엄마!
당신의 정신력은 고통의 난관 속에서도 환하게 빛을 발하고 있다오. 불굴의 투지, 암과의 싸움에서 이겨 내려는 강인성. 당신에게서 지켜보는 우리 아이들이 많이 배울 것이오. 나도 많은 것을 당신에게 배우고 있소.

예람, 예찬이 엄마!
오늘 하루도 잘 참고, 견디어 주었소. 식은땀에 젖어버린 가운! 빨갛게 달아오른 상기된 얼굴! 피곤해 보이는 눈동자!
오늘 많이 힘들었을 테고 괴롭고 피곤했을 것이오. 이제 수면을 청하시구려. 수고 많이 하였소. 내일 일은 내일 걱정합시다. 잘 주무시오.

병원의 창 너머에서 비쳐지는 아파트 숲의 불빛은 하나 둘씩 꺼져갔다.

열 번째 이야기

아내가 병상에서 즐겨 읽던 시

성시묵상

죄의 무거운 짐으로 지치고
병에 걸려 내적(內的)으로 심히 허약해진
나를 보소서
여호와여,
당신의 은혜를 구하여
당신의 발 아래 엎드린
나를 보소서
여기 당신의 십자가 앞에 눕나이다.
여기 내가 살든지
아니면, 여기서 내가 죽겠나이다.
내 고통을 덜어 줄
많은 길을 찾아
헛되이 헤매고 다녔나이다.
이제는 다른 모든 소망은 사라지고
이제는 마지막으로 오직 이것만 남았나이다.

여기 당신의 십자가 앞에
내가 눕나이다.
여기서 내가 살든지
아니면,
여기서 내가 죽겠나이다.

— W. Robinson

　성시묵상 속에는 분명 깊은 계곡에 혼자 뚝 떨어진 고독함과 두려움, 피흘림에 아픔도 응축되어 있다. 그래서 그 묵상에도 시인이 겪은 애틋한 사랑 노래가 농축되어 담겨 있음이다. 그 마음을 아내는 기특하게 족집게로 끄집어내어 찾아내었던 같다.
　이 시를 읽고 아내가 올리는 기도 속에는 필시 아내의 마음이 담뿍 들어있음이다. 그녀가 올리는 기도의 끝말에 항상 '나의 주님을 사랑합니다.'라고 해왔다. 그 언어 속에는 아내의 속내음이 다 들어갔음이다. 아내가 외운 이 시는 평범함 속에서 나온 것이 아니고 그 사람의 아픔 속에서 나온 것이리라. 가슴 찢어지는, 가슴 미어지는, 감당하기 어려운 심장에서 나온 것이리라. 아내는 겸허한 자세로 성숙된 그리스도인으로서 여호와께 고통스런 이 자리를 벗어나게 해달라고 간절히 기도하고 있었음이리라.

바로 살아도 주를 위해 살고, 죽어도 주를 위해 죽을 것입니다.
• 로마서 14장 8절

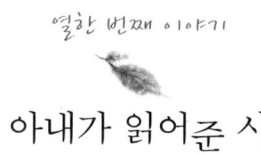

아내가 읽어준 시

꿈같은 사랑

모든 슬픔과 이별하는 큰 영광의 날이
새로이 현실로 다가와
모든 인생의 생각에 불가능했던
영원한 복을 누리기 위해
시간과 세월에 함께 떠 흘러온
모든 아픔이나 슬픔이나
고통
이별
모두를 하직하는 새출발의 나팔들이
거룩한 천사들의 입으로 불려져
온 우주에서부터 울려 퍼질 때
새 하늘과 새 땅에서
길이 길이
삶을 누릴 것이다.

— 출처 불명

아내가 내게 병상에서 두 번이나 읽어준 이 시는 내게 무엇을 전해 주려는 위함이었을까.

　우리가 함께한 시간은 고생도 많았지만, 즐거움도 있었고, 신나는 일들도 경험했고, 보람도 있었고, 삶의 가치도 누릴 수 있었다. 만족과 행복함을 누릴 수 있었다. 남녀가 함께 이 세상에 태어나 만나고 또 함께했기에 다양한 삶의 진한 맛도 느낄 수 있었음이다.

> 사람은 고생하려고 이 세상에 태어났음을…
> • 욥기 5장 7절

　비록 고생을 겪는다 하여도 사람으로 이 세상에 태어나 살만 하다고….
　'당신은 왜 사는가, 당신은 무엇 때문에 사는가, 당신은 누구를 위하여 사는가, 당신은 어떻게 살았는가'라고 아내에게 물었다면 과연 이 시에서 어떤 지혜의 답을 얻어서 들려주었을까.

열두 번째 이야기

아내가 낭독해 달라고 한 시

인연설

사랑하는 사람 앞에서 사랑한다는 말은 안합니다.
안하는 것이 아니라 하지 못하는 것이
사람의 진실입니다.
잊어 버려야 하겠다는, 잊을 수 없다는 말입니다.
정말 잊고 싶을 때는 말이 없습니다.
헤어질 때 뒤돌아보지 않는 것은
너무 헤어지기 싫기 때문입니다.
그것이 헤어지는 것이 아니라 함께 있다는 말입니다.
사랑하는 사람 앞에서 웃는 것은
그만큼 그 사람과 행복하다는 말입니다.
그러나 알 수 없는 표정은 이별이 서정입니다.
떠날 때 울면 잊지 못하는 증거요
뛰다가 가로등에 기대어 울면
오로지 당신만을 사랑한단 말입니다.

함께 영원히 있을 수 있음을 기뻐하고

더 좋아해 주지 않음을 노여워 말고

애처롭기까지 한 사랑을 할 수 있음에 감사하고

주기만 하는 사랑이라 지치지 말고

더 많이 줄 수 없음을 아파하고

남과 함께 즐거워한다고 질투 말고

그의 기쁨이라 여겨 함께 기뻐할 줄 알고

이룰 수 없는 사랑이라 일찍 포기하지 말고

깨끗한 사랑으로 오래 간직할 수 있는

나는 당신을 그렇게 사랑하렵니다.

— 한용운

    그래서 아내는 결정적인 답변을 요할 땐 직접 말을 않고 머리만 쓰다듬고 등만 토닥여 줬나? 미소를 보내는 이유는 자기의 눈빛을 읽으면 안다고 한 건가. 나도 명색이 사내고 남편인데 말로 표현해 주었으면 얼마나 좋았을까.

    병상에서 두 번씩이나 읽어달라고 한 연유는 무엇 때문이었을까. 책 읽어주는 남편에게 똥개 훈련시키는 듯하게 더 크게 읽으라고 어느 부분에선 밑줄 쳐두라고 한 이유는 나보고 뭘 느끼라고 한 것인지. 난 단세포 같은 두뇌를 지녀서 선뜻 이해를 못한다. 그저 밥 떠 주면 씹고 먹는 정도의 철부지이기에. 아니 책은 얼마든지 읽어줄 수는 있다. 단지 무슨 의미인지 몰라서 그렇지. 어쨌든 그녀가 감상하고 소감은 피력 안했지만 그녀의 얼굴빛에서 발광하는 채색된 물감으로 그려지는 그림은 어렴으로 연상할 수 있었다. 이를테면 밝은 색으로 얼굴에 멋지게 그려졌다면 좋은 의미고, 흐린 색으로 칙칙하게 그려졌다면 그날의 감정은 좋지만은 않다는 눈빛임을 알고 있다. 20년을 함께 살아온 단순한 이분법적 사고를 가진 그녀의 남편인 나는 잘 알고 있음이다. 그래서 허연 이를 드러내고 빙그레이 하며 웃음 짓는 눈빛이면 사랑하고 있음의 진실이었다. 그래서 나도 그렇게 그녀를 진실하게 사랑하고 있음이다.

그것이 아내가 두 번씩이나 읽어달라고 한 첫 번째 이유일 것이다. 두 번째도 오래도록 간직해야 할 아내를 위한 사랑일 것이다.

열세 번째 이야기

고통은 더 해오고

"힘내요! 여보."
이런 말은 아내에겐 너무 아픈 소리다.

새벽 3시경,
산소마스크를 써왔지만 오늘따라 숨을 못 쉬겠다고 몸을 뒤틀리며 호소하는 아내. 날이 갈수록 아내의 건강이 좋질 않았다. 이제는 폐까지 잔인한 암적 존재가 습격을 하여 물까지 차게 하였다. 호흡하는 데 많은 지장을 주었다. 아내는 매일 뼈 속까지 스며드는 감당 못할 고통과 매일 싸운다. 이제는 아예 가래에 피가 묻어 나왔다. 징글징글한 암덩이는 아내의 투병생활의 의지를 한치도 허용치 않고 종지부를 찍겠다는 심산이란 말인가.
나쁜 놈! 어떻게 하나님은 저런 사악스럽고 존재할 가치도 없는 악질적인 병마를 만들어 놓으셨을까.

하나님! 왜 하필이면, 당신을 믿고 순종하는 어진 양에게 이런 가혹한 시련을 주시는 겁니까. 왜요. 왜?
우리 애 엄마가 하나님에게 무슨 죄를 지었는지요. 애들 엄마가 당신을 위해서 얼마나 헌신적인 봉사의 믿음을 보여 주었는데요. 교회선교회와 지역예배, 전도사업과 교인과의 유대관계, 교우들 간의 봉사활동, 사랑의 교육 전도자로써 헌신적인 직분을 가지고 열심히 포교활동하며 살아 왔는데 왜 하나님께선 정작 모른 척 하시나이까? 왜, 왜요?

당신의 절대적 믿음을 가지고 섬기며 한 평생 의지하며 살아온 것이 이리 큰 죄 이온지요? 그 믿음의 결과가 이것이란 말입니까? 하나님! 당신께선 누구보다도 우리 애들 엄마를 더욱 잘 아실 텐데, 왜 이렇게 혹독한 고난을 주고 엄청난 고통을 주시는 겁니까.

제발 부탁입니다. 하나님!

주님의 연전에서 우리 애들 엄마가, 제 아내가 당신의 사업에 급히 꼭 필요하시다면, 일찍 데려 가야만 되실 거라면 고통만이라도 저지해 주시면 안 되겠는지요. 그러면 얼마 남지 않은 주어진 시간이라도 그녀가 사랑해 하는 가족들과 일순간 즐겁고 행복하게 추억 새기며 하나님 곁으로 갈 수 있잖습니까, 네? 하나님! 딴 소리 않겠습니다. 마음 변하여 제 아내를 우리 곁으로 돌아올 수 있도록 억지 쓰지 않겠습니다. 진심입니다. 지금의 이 고통, 저 아파하며 괴로워하는 고통만 없도록 하여 주십시오.

진심이옵니다. 아멘.

예람이 엄마! 내가 하나님께 간곡히 기도했어. 다시는 아프지도 않고 숨차지도 않을 거야. 오늘 내내 미음도 먹지 못했네? 암이라는 존재가 위와 장까지 점령했다지? 그러니 아무것도 먹지 못하는 거래. 그래도 살려면 먹어야지, 그래야 기운을 내지. 왜? 조금만 먹어도 아파서? 어떡하니, 어떡해…

오늘도 아내는 악질적인 놈들과 심하게 싸워 많은 전흔의 상처를 안고 잠이 들었다. 진통제를 맞긴 했지만 오랜 시간의 잠은 허용되지 않았다. 이따가 저녁 늦게 저놈들이 쳐들어 올 것이므로 강력한 마약성 진통제를 붙이지 않으면 안 되었다.

그래, 좀 괜찮아? 마음이 좀 놓여? 그럼 이제 잠 좀 청해. 오늘도 너무 힘들었고 피곤하잖아. 산소 호흡기도 이상 없네? 이제 괜찮으니 푹 자둬요. 편히 잘 자요.

잠든 아내의 몸과 손을 닦으면서

열네 번째 이야기

정말 하나님은 계십니까?

 전능하신 하나님!
 그동안 주님께 아무리 간곡하게 기도를 해도 응답이 없는 건 왜 일까요. 정녕 우리들의 곁에 임하시고 계시는지요. 아내는 어느 누구보다도 선하고 근면하게 살아가는 밝은 마음의 여인입니다. 남에게 싫은 소리 못하는, 오히려 상대를 포용하고 따뜻함을 주는 여인입니다.
 자기보다는 남을 위해 봉사하며, 같이 아파해 주는 참된 여성입니다. 하나님 앞에서 어떻게 주님을 받들며 살아야 할 것인지 신앙고백을 하고 있는 참된 모습을 보여주는 실천자이며 주님을 알고 주님을 섬기며 주님의 명령을 받드는 착한 성품이 깃든 기독교인입니다. 하나님은 잘 알고 계시겠죠. 예수님도 99마리 양보다 길 잃은 1마리 양을 더 소중히 생각하신다고 말씀했습니다. 그런데, 어찌하여 이 참된 양에게 이리도 큰 고통을 주시고 감싸주시질 않는지요. 주님은 정녕 계십니까? 저로 하여금 왜 자꾸 미혹에 빠져들게 하시는지요.
 현모양처의 성품으로 타고나 좋은 가르침을 따르고 좋은 아내로서 어진 어머니로 정성과 지혜를 담고 사는 순수한 가정주부입니다. 시댁과 친정에 극진을 다 하는 도리를 아는 며느리입니다. 이웃을 형제처럼 친숙하게, 따뜻한 마음을 심어주는 정 넘치는 이웃언니입니다. 신앙심 깊은 그리스도인으로서, 교인 간의 인간관계를 친화력으로 돈독히 실천해가는 전도유망한 신도입니다. 교회와 신도 간의 가교역할을 톡톡히 해내는 길을 비춰주는 빛이랍니다. 그런데, 어찌하여 하나님은 이런 모범적인 여인에게 이토록 혹독한 고통을 주시는지요.

세상의 소인배들은 사기를 치고, 폭행하는, 약한 자를 밟고 올라가는 몰염치한 속물인간도 많습니다. 준법을 위반해가며 살아가는 죄 받아야 할 나쁜 군상들도 수두룩한데, 그 무리들은 정작 웃고, 착하게 살아가는 어진 이들에겐 슬픔을 주는 이유가 뭔지요. 알 수가 없습니다. 도저히 하나님의 저의를 모르겠습니다. 저희 아내는 아직은, 아직은…. 하나님 곁으로 갈 나이가 아닙니다. 자연히 나이 들면 그 누구보다도 깨끗하게, 행복하게, 한평생 살다 갈 인물입니다. 순수하고 죄 없이도 살아갈 선량한 아내입니다.

저희에겐 지난 수년간 가정에 경제적 손해가 따른 고통이 수반된 시련이 찾아왔습니다. 우리 부부는 그동안 이 시련을 잘 헤쳐오며 살아왔습니다. 그런데, 가족의 중심 자리에 있는 소중한 아내에게 가혹한 병이 찾아 왔습니다. 끝내 하늘나라로 데려가야만 한다는 것입니다. 야속합니다. 하나님, 주님을 불신하고 싶습니다.

왜, 하필 저희에게…. 왜 저희 애들 엄마에게 이런 엄청난 고통을 안기시는 겁니까. 무섭습니다. 두렵습니다. 아내가 없는 우리 가정…. 단 한 번도 생각해 본 적이 없는 무섭고 처참한 시련. 무섭습니다. 두렵습니다!

하나님! 정녕 애들의 엄마를 부르시는 것입니까? 애들 엄마는 이제 46세. 아직은 젊습니다. 인간관계의 도리를 실천해가는 사람입니다. 주님만 믿고 따르며 순종하여 왔습니다. 그 신앙심을 주님 당신께서 잘 아시잖습니까. 이제까지 아이들 키우느라고 고생만 해오고 이제는 중년의 나이에서 남들같이 행복하고 즐겁게 살아가야할 안정된 중년의 나이를 갖게 됐습니다. 지금의 나이부터는 인생의 맛과 멋을 호사하게 즐기며 살아가야 되지 않겠습니까.

하나님! 제가 처한 입장이 아닌 객관적 입장에서 판단해 볼 때도 아직은 아닌 것 같습니다. 한 3,40년 후면 모를까 아직은 하나님 곁으로 가 있어야 할 시기가 아닙니다. 저희 애들 엄마는 이제 중년의 젊음을 알아가야 할 여성입니다. 무참한 장마가 지나가고 한줄기 맑은 햇살을 만나는 것처럼 상쾌하고 기쁜 주님의 사면령을 간곡함 속에서 기다려 봅니다. 훌훌 털고 환한 웃음 지으며 일어설 수 있는 날을…. 진정으로 무릎 꿇고 이렇게 간청합니다. 부탁합니다.

정말 하나님은 계시지요? 이 모든 말씀 주님의 이름으로 간곡히 기도 드리옵나이다. 아멘.

열다섯 번째 이야기

제 아내는 이런 사람입니다

사랑과 자비와 은혜가 충만하신 하나님!
주님을 믿고 따르며 순종하는 LSY집사의 환우가 지금 위중합니다. 어찌하여 모른 척 하시나이까?
주님, 너무 가혹하십니다.
정말 야속하십니다. 누구보다도 열심히 주님을 찬양하고 찬송하면서 전도사업과 교회찬양대 및 구역예배에 열심히 참석하여 주님의 말씀을 포교하며 평생을 그렇게 살아왔습니다. 이런 당신의 귀중한 사도인 LSY 집사님을 정녕 모른 척 하시나이까? 저는 처음에는 이집사님에게 건강을 시험주는 줄 알았습니다. L집사님도 그렇게 믿었습니다. 어질기만 한 L집사님에게 시련과 시험을 주는 것도 무척이나 받아들이기 쉽지 않은 버거운 상태인데도 불구하고 이런 것들이 아닌 무서운 죽음을 바라나이까?
일전에 LSY집사님이 저에게 이런 말씀을 하셨습니다. 정말 잊혀지질 않는 가슴 아픈 말이었습니다.

"예람이 아빠! 내가 왜 이렇게 아픈 거야? 수술도 성공적으로 잘 했다는데 왜 이렇게 오래 가는 걸까?"

"아마도 나에게 하나님께서 고통을 참는 인내로 이기게 해서 더 좋은 사업에 하나님이 목적하시는 데에 쓰실 모양이지? 아주 긴요하게 말이야…"

"음— 하나님이 목적하시는 사업이라는 게 뭘까? 전도 사업? 교회에서의 활동? 그늘진 곳에서 봉사하는 이들의 뒷바라지? 아마 이런 것들이겠지?"

"나도 이런 고통 속에서 지냈으니 많은 환우들의 입장을 알 것만 같아"

"병원에서 퇴원하면 교회와 하나님의 일로 더 열심히 교회에 봉사해야겠어."

LSY집사님은 하나님을 위한 일을 구상을 하고 있었으며 희망이었습니다. 그런데 죽음이라뇨! 왜 하필 L집사님입니까?

하나님! 한번만 다시 생각하시어 도와주십시오!

하나님!…

당신이 주도하시는 사업에 봉사하면서 살아갈 수 있도록 도와주십시오. 훌륭한 도량이 될 것이옵니다. 죽음이라는 사형선고의 굴레에서 벗어나 기적이라는 단어를 새길 수 있도록 마지막으로 한번만 도와주십시오.

기적이라는 말! 기적적 회생! 단 한 번의 사랑과 은혜로움!

이 모든 말씀을 전능하신 하나님과 주 예수 그리스도의 이름으로 간절히, 간절히, 또 간곡히 기도드리옵나이다. 아멘—

열여섯 번째 이야기

나의 사랑아!

이 세상, 누구와도 바꿀 수 없는 나의 사랑아!

그대는 그 고통 속에서도 하나님과의 만남을 기다린다고 했고, 가족의 안위만 생각했어.

그런 당신의 모습, 생사의 이념을 초월한 성녀인 듯이 보였다오. 자신을 구하지 않고, 아이들에 대한 진로이야기. 그리고 남편의 인생진로까지 조언해 주는 자애로운 나의 사랑!

가슴 아픈 통보에 놀라움으로 비명과 분노, 슬픔 등이 배인 절규의 탄식소리가 칼바람 매서웁게 터져 나올 줄 알았는데….

"남편 잘못 만나 고생만 했다." "내가 이렇게 된 건 다 당신 때문이야!" 등의 탄식으로 부르짖을 줄 알았는데….

인간이기에 자신이 당한 처지에 하염없이 울고 있어야 하는데….

그러나 당신은 전혀 그런 표정을 짓지 않는 데에 대하여 나로서는 엄청나게 놀라웠고 마음이 편치 못했어. 원자폭탄의 폭음 같은 비통한 얘기였는데도 오히려 무언과 무표정으로 덤덤하게 받아드리는 당신에게 나는 오히려 당황했다고나 할까. 사실 그때 나는 신경세포가 온통 당신 눈빛과 입술 쪽으로 촉각이 곤두세워졌었어. 하지만 얼마 후에 병원 옥상의 정원에서 당신의 지혜로운 마음을 깨우치겠더군. '그렇구나, 아내에겐 분명 가슴 철렁한 큰 놀라움이었겠지만, 그녀는 어느 정도 자기 병에 대해서 간파하고 있었을 거야. 그래서 그리 동요하지 않았고 남편 생각에 속으로 삭이려는 중일 게야. 분명 가족을 위하려는 배려였어.'라고 깨달으니 왠지 가슴이 아파지고 말 못할 슬픔이 밀려오더군.

당신! 어쩌다 한 번씩 툭 던지곤 하던 "당신 참 좋은 여자야!"라는 말에 맞장구치며 "어이구, 그래쩌~!"하고 내 엉덩이를 토닥이는 당신의 화답이 그리웠어.

"당신, 진짜 좋은 아내이고 멋진 벗이야! ‥"라고 말하면 몇 번 엉덩일 토닥여 주려나…?

언제나 뜻을 잘 헤아려 이해해주고, 조언도 잘 해주고, 함께 걱정해주던 당신. 기도와 사랑으로 가족을 편안하게 이끌어 오던 당신. 여보, 진심으로 고마워. 당신을 절대 잊지 않을 거야. 나 죽을 때까지. 그런데 나도 당신 따라 같이 가고 싶다. 당신 내게 얼마나 소중한 사람인데. 당신 없는 세상, 나 혼자서는 힘들 것 같아. 두렵고 무섭다. 당신의 울타리에서 내가 있었지만, 나 혼자는 지탱할 수 없을 것 같아. 우리들의 세상과 동떨어진 예약된 또다른 당신이 지낼 세상….

마음이 너무 아파, 당신 따라 가고 싶다. 이 깜깜한 밤, 적막에 무서워 울고 서러워서 울고 또 울고…. 너무나 무서워. 두려워.

난 이렇게 무서운데 당신은 오늘따라 너무도 편안하네?

당신, 잠든 모습이 너무나 예쁘다! 왜 그렇게 예쁜 거니?

………

편히 잘 주무시게.

내 사랑.

열일곱 번째 이야기

아직도 인생이 절반이나 남았는데…

의학이 발달함에 따라 우리네 범인들도 인생을 80이라는 기본 숫자의 평균치 개념으로 보는 경우가 많아졌다. 그런 의견들에 힘입어 나도 조용히 그들에게 한 표 던진다. 그래서 우리의 인생 수명은 아직도 반이나 남았음을 셈할 수 있다. 아직도 충분히 남은 인생을 축복받으면서 즐겁고 아기자기하게 살아갈 시간이 많이 남아있음이 분명하다.

아내가 잠든 틈을 타 빽빽이 기록된 수첩을 들척이며 부끄러운 나이테 인생이지만 아내에 대한 비의(秘義)를 추려본다. 조금 후면 아내는 선잠에서 깨어날 것이다. 실타래처럼 헝클어진 우리의 인생을 짧게 몇 분으로 20년의 삶을 주섬주섬 챙겨야 할 것 같다. 퇴색한 세월을 부여안고 아내와의 추억을 팔아야겠다.

아내와의 부부 생활로 20년,
이 화려한 시간에는 희로애락의 원색들이 어떤 색들로 물들어져 있을까?

- **결혼 초기(3년)** : 서로의 자존심과 실권쥐기의 패권다툼.
  대문앞집 딸딸딸딸딸의 2녀, 다홍치마, 노랑 저고리, 화사한 몸매, 고

살길 나설 땐 가족사랑, 주위사랑 흠뻑. 저녁마다 퇴근하는 남편위해 아랫목에 앙구어둔 밥 한 그릇, 내 집 장만하려고 아등바등 하던 시기, 결국 주택자금 지원으로 내 집 장만.

• 생활단계(4년) : 박봉에 주택대출자금, 적금, 두 아이 교육자금, 생활자금 등에 쪼들리며 허리띠 졸라매고 살던 시기.(이때 아내의 가장 훌륭한(?) 잔소리가 많았다.)

• 생활 성장단계(10년) : 아내의 지혜로운 가계운용으로 다소 여유생활을 하다.
적금과 정기예금액이 쌓이는 것을 즐기며 살다.
다소 안정된 생활로 레저와 여행에 관심이 많아지다. (법정공휴일이 있는 날이면 전국의 국·도립공원을 한군데씩 찾아다님.)
아내에게서 계산되지 않고 계산하지 않고 거저 받은 꿈같은 수많은 날들이었다.

• 생활 고비단계(3년) : 안정된 금융사란 직장에서 퇴사하여 개인 사업 하다 가세 균형 깨짐.
동업타사에서의 스카웃으로 승격하며 재직장생활 시작하였으나, 전 직장의 동생에 관련된 일로 책임을 물어와 1년 못되어 퇴사.
→ 이때부터 동생 일과 가계의 재정난으로 인한 아내의 스트레스가 싸여옴.
부모님(시집)과의 갈등이 빚어지고, 친정(부모님과 동생)일로 걱정이 많아짐.
버릴 수 없는 꿈을 서로 심어가며, 시릴수록 정이 깊어 차운 손을 잡고 같이 울던 나날들.
아내가 아이들 대학비용 준비 명분으로 아르바이트 시작(암 발생)
〈그 여름내내 꽃의 눈물을 받아 적은 내 야윈 가슴은 서럽게 찢어졌다.〉

이제 고비 단계에서 재기 단계로 접어들려고 할 무렵에 아내에게 뜻하지 않은 중한 병이란 시련이 커다랗게 닥쳐왔다. 잘 살아 보려고 노력하며 오늘날까지 도달했는데 중년의 꽃도 아직 활짝 만개해보지도 못하고, 딸과 아들의 대학 입학과 시집, 장가드는 것도 못보고 영영 이별하게 되었으니 가슴만 찢어질듯이 아프다. 어찌 할꼬, 어찌 할까나! 앞으로 평균 수명이 35년이나 남았는데…. 아직은 앞날이 창창하게 남았건만 우리 애들 엄마에게 어찌 이런 일이…. 도란도란 여행도 다니고, 손자 손녀 보면서 즐겁게 인생을 지내며 살아야 하건만. 세계보건기구가 분석한 결과지만 우리나라 여자의 수명은 평균치가 82세라고 했다. 생을 마감하는 날까지 주어진 평균치의 시간을 다 쓸 수는 있는지, 얼마의 시간을 추가 받거나 반납할지 모르겠지만 그래도 평균치에 아직도 인생이 절반이나 남았는데…

열여덟 번째 이야기

하나님! 간청합니다

하나님!

현대 의학에서는 의사들이 아내의 병(위암 3기의 후기로 암이 여러 곳으로 전이가 되었다고 함)에 대하여 가망이 없다고 합니다. 주님은 구세주이시며, 만군의 왕이시며, 죽은 자를 살릴 수 있는 여호와이시며, 위대한 의사이십니다.

한번만, 단 한번만 왕림하시어 저희 아내에게 치료의 능력을 행하여 주십시오.

기적의 하나님, 치료의 하나님!

간청합니다. 엎드려 간곡히 청하옵니다.

아직은 아닙니다. 아직은 향그런 꽃이 떨어질 때가 아닙니다. 아내는 젊습니다. 이제 46세입니다. 아직은 인생의 꽃으로 만개도 못한 꽃봉오리에 불과합니다. 앞으로도 주님이 내리신 사업도 해야 하고, 가정과 개인적인 많은 일이 남아 있지 않습니까? 그러라고 태초에 주님께서 흙을 빚어 인간을 탄생시키셨고, 아담의 갈비로 이브를 만들어 오랫동안 잘 살도록 하시지 않으셨습니까?

예수님께서도 단호하게 말씀하셨습니다.

> 네가 믿으면 하나님의 영광을 보리라 하지 않았느냐?
> • 요한복음 11장 45절

아주 선명하게 말씀하셨습니다. 저의 아내는 주님만을 믿고 따르며 기뻐하고 나눔을 실천하여 왔습니다. 앞으로도 하나님의 역사하심에 동참하여 복음의 선교사업, 교회사업, 자선사업 등에서 직분을 가지고 적극적으로 나눔과 봉사의 일을 할 수 있는 주님의 목적사업에 적임자입니다. 꼭 필요한 도우미입니다. 이번엔 꼭 치유하시는 손길로 채워주소서.

하나님!
제 아내를, 아니 이○○ 집사님을 주님만이 치유해 주실 수 있습니다. 저도 확신합니다. 하나님, 이 시간 아내를 위해 간구하옵니다.
오, 죽은 자를 살리신 하나님,
그녀의 육신의 병을 깨끗하게 치료하여 주옵소서. 믿습니다. 혹여 주님이 바쁘시어 이집사님을 챙기시지 못하고 소홀하신다면 주님의 사업에 백 년 만에 한명 있을까 말까 한 크나큰 인재 손실을 보시게 될 것 같아 마음이 아픕니다. 주님의 종인 그녀가 아픕니다. 그녀의 손길은 주님만이 닿습니다. 그녀에게 주님의 치료의 능력을 보여주시어 온 세상에 선포해 주십시오. 주님만이 가능하십니다. 주님께서 주님의 사업에 꼭 필요한 인재인 직분을 가진 도우미를 잃으실까 염려가 됩니다.

마지막으로 주님께 간청합니다. 구원을 약속하신 주 하나님 간곡히 기도합니다. 지극히 간곡히, 또 간곡하게 기도 하옵니다.

주님의 손길이 그녀에게 임하시길 기도합니다. 치유로 그녀가 하나님의 증인이 되도록 하여 주옵소서. 저희는 연약하오니 주께서 이끌어 주옵소서.

저희 힘으로는 아무 것도 이룰 수 없음을 고백하오니 이길 수 있는 힘을 주소서. 예수님의 이름으로 간절히 기도드립니다. 아멘-

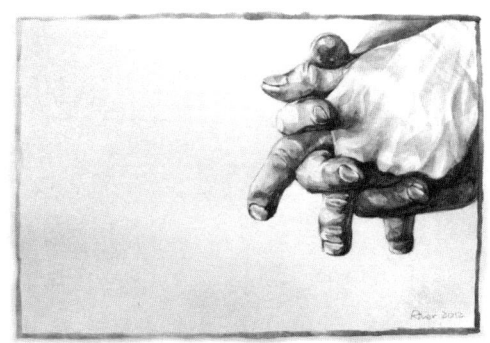

열아홉 번째 이야기

고통스러워하는 아내를 볼 때면

나는 무능력하고 못나고 찌질한 남편이다. 나는 아내가 고통스러워함에도 최소한의 방패막이 짓도 못하는 아내의 죄인이었다. 요근래에 들어서 무척이나 찌질하게 절망과 한숨, 원망과 분노로 눈물만 머금는 한심스런 속인으로 전락되었다. 잔혹스러운 병마와 사투를 벌이고 있는 아내가 나의 이런 숨겨진 마음을 읽게 된다면 그 마음이 얼마나 찢어질까 하는 안쓰러움이 일곤했지만 숨길 수 없는 사실이었다. 아내 앞에서 표현 못하는 웅어리진 마음으로 엉킨 감정이지만, 엄격하고 가혹한 하나님에게 격분해 항변만 하는 몰염치한 속물이었다. 아내의 몸부림치는 고통을 차마 볼 수 없건만, 신께선 무얼 하시기에 아내의 아픔에 방관만 하고 있는지 야속하기만 하였다. 오늘도 그 분은 왜 자신의 진실을 드러내질 않고 묵묵부답일까? 최소한 아내가 당하는 그 고통을 내게 떼 주면 그 고초를 함께할 수 있어 감사할 텐데….

아내의 고통스러워하는 몸짓과 신음에 어찌할 바 몰라 의사, 간호사만 불러대곤 하는 단세포적인 속물. 언어의 형식적인 발전으로 그럴싸하게 수식어로 포장되어가는 허울 좋은 명칭 — 남편·동반자 그리고 배우자 — 아내에겐 전혀 도움이 안 되는 역할의 지칭어.

그 만신창이로 되어가는 처참한 고통을 일시적인 방편으로 덜어주는 진통 주사약과 패치를 붙여 보지만 한계성에 부닥친다. 시도 때도 없이 기습적으로 찾아오는 경련 앞엔 속수무책이다. 심한 어지럼증과 구토 증세. 몸부림치는 통증과 경련. 폐에 물이 차올라 호흡을 할 수 없는 지경. 말하기에도 숨찬 힘겨움. 3일전부터 시작된 토혈로 기침에 핏물이 묻어 나왔다. 아내가 겪는 고통은 차마 볼 수 없는 참경이다. 주치의의 무책임한 무언의 독려 – '마음의 준비'하라는.

나는 무능력하다. 속물이다. 바붕이다.
한심하다. 아내를 위해 할 수 있는 일이 하나도 없다. 단지 할 수 있는 단 한 가지 – 하나님께 '아내를 고통 없게끔 지금이라도 모셔가라'는 기도. 아내에 대한 배신행위일까. 그 마저도 결정 못하는 바붕이.

아내의 병 치료 앞에 속수무책으로 처절히 무너져가는 남편의 자존심 상실 – 아내의 병을 예방 못한 죄. 고통을 분담하질 못한 죄. 폐 속에 물이 차 호흡곤란을 호소할 때 주치의에게 완강히 수술 요청을 하지 못한 죄('어차피 수술해도 며칠 후면 또 물이 찬다.' 하여 설득 당해 아내를 편하게 못한 죄). 주치의의 '마음의 준비' 운운 때마다 말 한마디 못하고 고개만 숙인 죄. 병원의 단호한 금기며 제약으로 아내가 먹고 싶어 했던 음식을 거절했던 죄(짧은 기일에 이별할 줄 알았다면 아내의 청을 실컷 들어주었으면 하는 후회가 밀려와 지금도 가슴이 아파온다.) – 전혀 융통성 없는 무능함의 극치였다.

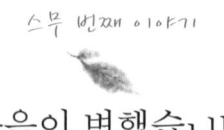

스무 번째 이야기

마음이 변했습니다

하나님!

주님의 뜻을 실천하는 자가 하나님을 뵈올 수 있다는 말을 믿습니다. "나는 길이요 진리요 생명이니 나를 통하지 않고 아버지께 갈 수가 없다."(요한 14:6)고 예수님께서 도마에게 답하였습니다. 그래서 "네 이웃을 네 몸처럼 사랑하라"는 말씀처럼 뜻을 받들어 구원의 뜻을 믿고 실천하며 살아왔습니다. 주님의 말씀을 실천한 이○○ 집사님을 사랑하신다면 행복하고 아픔 없는, 평안만이 가득한 주님의 왕국('약속의 땅')으로 인도하여 주십시오. 다시는 아프지 않는 곳, 즐거움만이 있는 곳. 그 곳에서 그녀에게 무한한 행복함을 주시길 간청하나이다.

영육과 영혼!

우리의 신앙고백에서처럼 '몸이 사는 것과 영원히 사는 것'을 믿기에 이제는 가족의 품에서 벗어나 모든 것 훌훌 털고 주님이 계신 곳에서 행복하게, 즐겁게, 따뜻하게 살아갈 수 있도록 하여 주시옵소서. 진실로 기도하옵나이다.

한때는 '기적적인 쾌유'라는 저의 욕심으로 아내에게 투병의지를 독려하면서 기대했습니다. 그러나 아내는 큰 슬픔과 고통에서 벗어나지 못하고 있습니다. 그 잔혹한 암의 사령인 사탄에서 벗어날 길이 없었습니다. 방법이 없었습니다. 인간의 힘과 기대와 염원으론 희망을 품을 수 없는 것이지요. 연약한 인간의 영혼에서의 혼돈과 공허함 속에서 벗어나기 위해 몸부림을 쳐봅니다. 그러나 죽음과 고통의 문제를 풀 수가 없었습니다. 좋다하는 약재들과 침술, 현대의학 치료에도 병마 앞에서 굴복 당하고 있습니다.

아, 하나님!

저의 욕심으로 인하여 제 아내가 큰 상처를 받으며 쓰러져 가고 있습니다. 몸서리치는 아내의 고통이 가일층 더해만 갑니다. 앙상해져가는 몸에 온 몸이 잔혹한 암덩이의 잔재인 듯한 상처의 멍자국들이 시퍼렇게 변하면서 검게 변해가고 있습니다. 절규하듯 터져 나오는 신음소리를 도저히 외면할 수 없습니다.

아, 하나님!

마음이 바뀌었습니다. 저의 아내를 한정된 시간 내에 구원할 수 없는 불가능이었음을 알겠습니다. 욕심이었음을 알겠습니다. 저의 헛된 아집과 욕심을 버리겠습니다. 하나님에 대한 불신을 품은 과오를 버리겠습니다. 속히 아내를 사망의 그늘 아래에서 구원의 자리에 있게 하소서. 고통 없이 편안하게 주님의 곁으로 갈 수 있도록 하여 주십시오. 인간의 육체는 천국에서 영생하도록 지음을 받은 걸 알고 있습니다. 이제는, 저의 아내도 욥의 아내처럼 병이 깊어져 자신의 생이 다해 간다는 것을 알고 있을 겁니다. 아니 죽음을 편안한 마음으로 맞이하고 있을지도 모릅니다. 병상에서 하나님을 향한 의지와 믿음을 표현하여 왔음을 아실 겁니다.

고통스러워 눈물짓는 아내에게 마음 찢겨져가는 전형적인 무능한 나쁜 남편의 모습을 더 이상 보여주고 싶지 않습니다. 오로지 같이 죽고 싶은 마음입니다.

이제 저의 진실한 마음을 주님께 다 보여드렸습니다.

살리고 죽이는 것은 주님의 뜻임을 알겠습니다. 하나님만 믿사옵니다.

아멘—

스물한 번째 이야기

아담과 이브의 원죄

하나님은 아담과 이브에게 "에덴동산 중앙에 있는 선악과를 절대 따 먹으면 안 된다."는 시험을 했다. 또한 그리스 신화에선 제우스 신이 최초의 여자 판도라에게 이상한 상자를 주며 "절대 열어보면 안 된다."는 시험을 했다.

그런데 인간은 명을 지키지 않았다. 하나님은 뱀의 유혹으로 선악과를 따 먹은 아담과 이브에게 태초의 원죄를 주었다. 이로 인해 하나님의 절대 명을 거역한 인간에게 원죄의 늪에 빠져 후회하며 살게끔 했다. 어리석은 인간이 사는 세상에 선과 악이 함께 공존하게끔 하였다. 더욱이 우리가 알지 못하는 신의 힘이 세상 안에 존재한다는 것을 일깨워 주었다.

아우구스티누스의 원죄론 형성론에 고개를 끄덕이며 명상에 잠겨본다. 신의 울타리 안에 사는 우리의 육신은 점점 노쇠해 가며 사망의 그늘 아래 놓여있음을 알게 되었다. 마음은 세상에 많은 시련과 시험들로 지쳐 있으며, 포용과 화합이 이루어진 삶이 소통치 않아 어리석은 과오를 저지르기 일쑤이다. 우리 영혼은 하나님께 가까이 나아가기보다는 베푸는 은혜에서 자꾸 멀어져가고 있다. 어떻게 보면 우리가 우리에게 지은 죄로 말미암는 회개함이 상실되어 모든 것이 파멸로 치닫고 있음이

1부 모진 아픔, 시린 이야기

아닌가 싶다.

어리석기 그지없어 원죄 안고 태어난 민초들. 그 중에 내 아내는 사랑과 용서로 일찍이 신께 사함을 받아 구제 받았음을 확신한다. 전지전능하신 신이 계신 그곳. 회개함으로써 죄의 자리가 아닌 구원의 자리에 거할 수 있는 그녀. 최고의 예우를 받을 수 있고 또 그런 권리가 있는 그녀. 꼭 그러하길 조금도 의심치 않는다. 이에 반한 말씀이 생각난다. 15년의 생명을 연장해줘도 고마움을 모른 채 자기만을 위해 산 히스기야를 향해서도 어루만져 주셨음이다. "내가 네 영혼을 사랑한다"고 외치시는 하나님의 마음이 들어왔다.

> 보옵소서, 내게 큰 고통(죽음)을 더하신 것은 내게 평안을 주려 하심이라.
> 주께서 나의 영혼을 사랑하사….
> • 이사야 38:17

'하나님께서는 얼마나 내 아내를 사랑하시고 아끼셨으면 주님의 목적 사업에 쓰실 동량으로 점을 찍어 놓으셨을까. 그래서 이렇게 일찍 나의 아내를 자리에 눕히려 함이었나'라는 밝은 마음이 비쳐졌다. 나의 아내를 그 진저리처지는 고통에서 하루라도 빨리 벗어나게 하고픈, 은혜를 받고 싶은 마음뿐이다.

언젠가는 자기 아내를 일찍 보내야 하는 죗값을 받으리란 생각엔 조금도 의심치 않는다. 자기 변명 내지는 비굴의 합리화를 위해서 살고 싶지도 않고 미련도 없음이다. 지금 당장은 어떻게 하면 아내를 아픔에서 탈출시켜야 하며, 어떻게 하면 기적이라는 신의 힘을 빌려 다시 가족과 함께 살아갈 수 있겠느냐의 문제이다. 이것이 우선인 임을.

차선은 아담과 이브의 원죄에 소급적용하여 고통스럽게 쓰러져가는 아내를 한시라도 빨리 하나님의 영전인 우편에 편안하게 다다를 수 있게끔 기도와 용서를 구하여야 함일 게다. 그러므로 나의 주에 대한 나의 헛된 아집과 욕심을 버리고 하나님의 순리에 의거한 사랑을 따르며 아내를 위한 차선책의 방법을 갈구하며 복종하고 진리에 임해야 하겠다.

스물두 번째 이야기

임종 증상이 보인다

- 종일 수면만 취함 : 잘 때마다 호흡이 어려워 입을 벌리고 잔다.
  잠꼬대를 많이 하며 꿈을 많이 꾼다.
  경기를 자주 일으킨다.
- 의식 몽롱증 : 약에 취함인지 잠에 취함인지 의식(정신)이 약하다.
  허공을 자주 응시하듯이 쳐다보곤 한다.
- 손·발에서 팔·다리 쪽으로 자주 차가워진다. 복부가 단단해진다.
- 기력 쇠퇴 : 걷는 것이 힘들다고 눕고만 싶어 한다.
  몸을 이동하길 꺼려한다.(화장실 갈때, 휠체어 산책 할 때 등)
  대소변을 통으로만 본다.
- 음식 거부 : 배의 통증으로 먹기를 거부한다.
  수시로 음식을 거른다. 물만 조금 마신다.
- 호흡 장애 : 폐에 물이 차 호흡이 빨라진다.(숨이 거칠다)
  혀가 굳어져 말소리가 흐리다.
  자주 기침이나 가래에 피가 묻어나온다.
  목에서 가래 끓는 소리가 훨씬 심해진다.

〈이 내용을 굳이 밝히는 이유는 환우 가족에게
도움이 되었으면 하는 바람때문이다.〉

어려워진 환경, 어려운 조건에서도, 겸허한 마음으로 꿋꿋하게 매사에 감사의 기도를 올리는 여인. 그런 여인에게 임종 증상이 보인단다.

아내와 어렵사리 역경을 헤쳐 온 삶이 그려진다.

그간 숨 가쁘게 오르던 오르막길도, 평탄하게 이어진 대로에서도, 갈림길에서의 고민도, 그간 내게 스며든 뒤틀린 심사도, 아내가 고생하며 이끌고 가꾸고 만들어 낸 기록적인 보람된 삶이었다. 이제는 모두 접어야 하는지….

이 모든 것이 자막 없는 스크린처럼 스쳐 지나가지만, 주인공이 정작 아파서 영상 보는 것조차 고통으로 다가와 삶의 비애를 느낀다. 머리를 들어 하늘을 봐도 고통이다.

아! 아내가 아프다. 아내가 너무 심각해 슬프다.

우리에게 가슴 아픈 슬픈 이야기가 펼쳐질 것 같다.

내 아내에게 임종 증상이 보인단다. 아…

스물세 번째 이야기

여군자다운 아내

아내에게 여군자 같은 기질이 숨겨져 있는 줄은 몰랐다. 언제나 한 가정을 지키는 여인의 위치에서 지혜로운 인생관을 통해 아이들을 키우며, 친화적인 덕성으로 조용히 삶을 실천해 온 아내였기 때문이다.

'암'은 남의 이야기라고 작년과 올해는 종합건강검진비가 아깝다고 검진을 받질 않았다.

"내 건강은 하나님이 지켜주니까 걱정하지 마. 우린 암보험도 들어 있잖아?"

자가진단하며 건강하다는 이유만으로 검진받지 않은 햇수 2년이 이렇게 큰 재앙이 될 줄이야….

아내가, 병동에서 무엇을 알았는지 투병생활로 고군분투하는 아내가 느닷없이 자기의 병에 대하여 얘기해 달라고 집요하게 요구해왔다. 상황이 상황인 만큼 이실직고했다간 아내에게 큰 문제가 발생될 수 있는 상태이므로 거짓말에 표시나는 눈을 숨차게 감춰가며 숨겨온 터이다. 아내도 알아야 될 권한이 있지만 끝까지 감추고 싶은 마음과 아직은 시기적으로 얘기해줄 수 있는 타이밍이 아님을 건강상으로 체크하며 밑줄을 형광펜으로 그어왔다. 알아야 될 권리와 알릴 필요 없는 권한(하얀 거짓말)의 이분법적 논리성으로 고민해오고 있을 때 아내는 자기 병에 대한 의

78 콩나물 비빔밥 — 바람과 나무이야기

문이 컸었나 보다.

아내의 집요한 요청으로 어쩔 수 없이, 현재 상태의 정황에 대하여 알려줘야 했다. 마음을 단단히 먹고, 아내의 컨디션과 눈치를 보면서 병원의 진단을 알려주기로 했다.

한편으론 병마와 싸워 이길 수 있게끔 아내에게 투병의지를 불러일으켜 주고 싶었다.

말하는 남자는 고갤 숙이고, 듣고 있는 여자는 창밖의 하늘을 향해 응시했다. 시간이 얼마나 흘렀을까. 서로의 감정이 슬픔에 혼합되고 정체된 시간에서 아내는 무슨 생각을 하고 있을까. 아내의 첫마디로 오직 한다는 말이 '예람이와 예찬이를 향한 아이들 걱정, 장모님 걱정'이다. 아내의 담담해 하는 표정과 조용히 얘기하는 나긋한 목소리의 톤. 놀랍다. 쇼크를 받지 않았는지 못내 걱정스러웠다. 그간 죄스러운 마음으로 말 못하고 두 달을 비밀로 해왔는데 아내는 모든 것을 한 순간에 수용하는 상태였다.

아내는 무슨 생각을 하고 있을까?

'어느 날 갑자기 죽을 수도 있음에 겁을 먹었을 거야. 신에게 내가 불운의 대상으로 선택되었다는 사실에 화가 났을 테고, 내 자유의지와 노력만으로 이길 수 없는 싸움을 해야 한다는 사실이 너무 불공평하다거나 무섭다고 생각했을 거야. 또 '죽음'이라는 것이 곧 닥칠 현실로 내게 왔다고 생각하니 절망감이 밀려왔을 거야.'

아내는 '왜 나는 오래살기를 원하는데 내가 죽는다고? 왜 내가 죽어야만 되는데…? 망연자실 흐트러진 눈길을 가누지 못하고 슬퍼할 거야.' 또

'저 작자의 달콤한 말에 속아 결혼해서 지금까지 고생만 시켜온 남편이라는 작자에 대한 분노와 미움이 솟을 테고, 가족을 남겨두고 떠밀려 쫓겨나는 것처럼 두려움에 떨며, 분통을 터트리며 가슴을 칠 아내'를 생각하니 너무나 죄스러워 가슴이 꽈배기처럼 꽈져 바삭바삭 부서지는 아픔이 왔다.

'내가 뭘 잘못했다고….' '신에 대한 분노, 철저한 고독감과 지독한 박탈감과 질투가 있었을 텐데…'.

여느 사람들처럼 흐느끼고, 서글프게 울부짖고, 큰 소리로 통곡하고, 짜증이나 화를 내어 물건들을 집어던지기라도 하면서 가슴에 쌓인 배신감, 울분 등을 풀기를 바랬는데 아내는 오히려 조용히 미소 지으며 나에게 울지 말라고 머리를 쓰다듬는다.

- 구멍 난 양말과 스타킹, 내의는 헤지면 꿰매 입으면서 자식들 옷은 항상 새옷으로 사주고
- 이웃의 맛난 음식 있으면 아이들 생각해 싸 가지고 와 먹이고
- 남편에겐 생활비 절약타령, 남편의 비상금까지 압수해가며 가족명의로 저축하고
- 근검하는 모습을 봐와 미안해서 용돈 달라는 소릴 못할 때 눈치를 느끼곤 잘 적에 빈 지갑에 체면유지비를 챙겨주고
- 자기 몸 아프면 등한시하고 가족이 아프다면 병원이고 의원이고 뛰어다니고
- 외식 좀 하고자 하면 돈 아깝다고 집에서 장만하여 만들어 먹이고
- 차비 아낀다고 걸어서 장보러 가고, 값싼 곳 정보 찾아 이곳저곳 기

웃거리고
- 마트에 갈 땐 할인쿠폰을 들고 꼭 필요 물품만 적어가 그 물건만 구입하고
- 아끼고 모은 돈 친구에게 떼이면 혼자서 눈물지으며 한숨짓고
- 난방비 절약하자고 가족에게 내복 입혀 한 겨울 건디라고
- 차량유지비 아끼라고 일주일에 세 번만 타고가라 하더니 이제는 꼭 필요한 날만 가져가라하고, 대중교통 이용하라고 키 뺏어가고 주지 않는 아내.

아내는 지금 마음속으로 쌓아왔던 어떤 정들을 갈무리하고 있을지도 모른다. 그래서 한마디 말도 없이 빙그레 웃음으로 속내를 전하는 것인지도 모른다. 혀가 굳어져 어눌한 몇 마디의 말보다 마음과 마음으로 느낌을 주고받는 은은한 미소로 띠우는 것으로. 알뜰한 사랑을 주어오던 아내는 이제 주어진 얼마간의 시간동안 나와 자식들과 함께 쌓아온 사랑의 공든탑을 어떻게 두고두고 담금질하며 아픔과 슬픔을 어떻게 해소해야 하는지 우리보다 먼저 터득할 지도 모른다. 알면 사랑하고, 사랑하면 보인다고 했던가. 인생을 갈무리하는 사람들은 마음을 비우고 부질없는 욕망으로부터 자유롭고 싶어한다고 했다. 이제 아내에게 허여된 시간은 의식적으로 비우는 세포분열이 시작되겠고 또 그것들을 모두 버릴지 아니면 소중하고 탐스러웠던 행복함만 끄집어내어 가슴에 간직할지 그건 아내의 몫이다.

군자호학(君子好學)이라 했다. 한 시절 땐 아내는 한 달에 10권 정도의 책을 읽는 주부였다. 소박한 성격이면서 도덕과 수양을 갖춘 군자다운

인품과 교양을 가진 여성으로 넓고 너그러운 인격이 흐르는 전업주부다. 그런 아내가 아프다. 그것도 크게 아프다.
　아내에게 손을 가슴에 얹고 물어보련다.
　바붕아!
　우리가 무엇을 위해 부대끼며 아등바등 거리며 살아왔는데? 먹을 것 안 먹고, 입을 것 안 입고, 즐길 걸 포기하며 이런 짓거리들을 왜 해 왔는데? 그래 당신 뜻대로 해 온 결과는, 우리에게 돌아온 게 뭔데?
　………
　이 불쌍하고, 바붕이 같은 가여운 여자야!

스물네 번째 이야기

앙상해진 아내의 몸을 씻기면서

"예람이 엄마! 오늘은 날씨가 참 화창해질 것 같아"
 새벽 창가에 서성이던 안개가 자욱하게 병동을 포근히 감싸고 있었다. 암덩이가 거느리고 다니는 통증이란 놈이 이제는 아내의 몸 한 켠에서 떡하니 나 보라는 듯 자리를 잡고 있었다. 병마의 잦은 진통으로 지치고 헐어서 방어 못한 틈을 타 기생하며 살고 있지만 이 잔혹하리만치 악랄한 놈은 아내의 방심을 찾아 언제 들이닥쳐야 될지 호시탐탐 기회를 엿보는 실정이다. 아내는 요즘 크고 작은 통증으로 시달리고 있다. 치고 빠지는 진통에 지쳐가는 아내가 모처럼 고개를 돌려 창가를 유심히 쳐다보았다. 여진으로 인하여 거의 매일 밤 깊은 숙면을 못하고 거의 뜬눈으로 밤을 지새우다시피 한 아내도 오늘은 컨디션이 괜찮아질 것 같다고 한다.
 지금시각 새벽 3시 10분. 조금씩 여진으로 배가 아픔에도 참으면서 기운을 무던히 내려고 노력하는 아내. 오늘은 몸을 움직여 목욕을 하고 싶다고 한다. 오랜만에 몸을 추스려 샤워실까지 가기는 했지만, 아내는 초죽음이 다 되었다. 목욕시키는 내내 점점 호흡이 가빠서 숨이 차오르고, 복부(배)는 참을만한 통증이라지만 서 있기조차 힘들어 보이는 아내. 오늘은 무슨 용기로 전신 샤워를 하려고 있는 힘을 다 내었을까?

혹시? 괜히 불안한 생각이 다 들었다. 너무나 보기조차 민망한 아내의 몸! 상체부터 하체까지 너무나 빈약하게 앙상한 가지처럼 비쩍 말라있는 아내의 몸. 고통을 참아내며 힘들게 병마와 싸워온 흔적, 파란 멍 자국들. 아내는, 자신의 몸을 보면서 놀라움도 없는 담담함의 표정이다. 그런데 나는 왜 이런 현실을 받아들이지 못하고 괜한 하나님과 의사를 원망만 했을까? '자애로우신 하나님이라는 분은 죄 없이 착하게만 살아온 아내에게 왜 이도록 가혹한 아픔을 주면서 끝내는 죽음의 그늘을 드리워주는 걸까. 의사란 이는 의료사고를 낸 것이 아닐까' 하고 원망과 의심만 하였다. 아내의 몸을 씻기면서 남편으로서 아내를 살려내지 못하는 죄책감에 서러운 슬픔이 밀려왔다. 몽실몽실 맺혀지는 땀방울과 눈물이 뭉쳐져 희석된 땀눈방울이 주르륵 흘러내렸다. 가슴 찢어지는 듯한 아픔이 실상으로 다가온 속죄의 눈물이었던가. 그 건강하고 탱탱했던 육체는 다 어디로 가고 이렇게 앙상한 몸이 되었는지…. '미안해, 내가 너무 무심했어, 미안해요.'

몸을 씻기면서도 아내는 앉아 있기도, 서 있기도 힘들어 하고 숨도 차올라 숨소리도 거칠게 커지자 부랴부랴 샤워를 마쳤다. 몸을 닦아 개운해서 그런지 아내는 미소를 지으며 호기를 부려 내 손을 끌어당겨 앙상해진 가슴에 대고 헛웃음을 지어 보였다.

"어때, 나 괜찮지? 나 괜찮아~? 후훗"

이 얼마 만에 행복한 듯 웃어 보이는 표정이었던가. 깔끔한 새 가운으로 갈아입은 아내의 홍조 띤 모습은 20년 전의 색동옷 차려입은 각시의 신혼 첫날의 그 모습이었다. 자리에 돌아와선 피곤해서 그런지 잠을 청하고 오랜만에 2시간 정도 깊은 잠에 들었다.

오늘따라 먹고 싶다는 맛죽도 다 비우고 배즙도 그런대로 잘 먹어주어 고마웠다. 혹시나 하고 숙면에 든 아내의 배를 만져보니 부드러웠던 복부가 왜 그리 만만한지. 오전 10시부터 통증과 싸우고 나니 기운이 하나도 없다고 하던 아내. 지속적인 어지러움과 피 섞인 가래, 기침은 그치질 않지만, 정신력 하나로만 지탱하고 있는 아내는 오늘 어인 일로 오후에 휠체어 타고 산책까지 다하고 미음과 복숭아즙도 잘 먹어주었다. 오늘 나는 아내로 인해 날아갈 것만 같은 기분이었다.

"더도 덜도 아닌 오늘만 같았으면 좋겠어. 오늘 당신 너무나 수고가 많았어."

내일을 위해서 몰핀 팻취제를 붙이고 진통주사제를 맞고 잠을 청하였다.

"당신! 이 거 알아? 목욕한 후의 모습과 잠든 모습은 너무나 예쁘다는 거!"

스물다섯 번째 이야기

고통 속에서의 기다림

   9월 13일부터 오늘까지 병마의 악랄한 통증이 아내를 무참히 짓밟아 버렸던 시일이다. 진통제 한두 대 또는 두세 대의 효과 없는 주사제. 인정사정없는 통증으로 몸을 주체 못하고 아픔으로 식은땀을 흘려가며 참아내려 했지만 발작적인 행동으로 고통을 못 참아 했다. 끝내는 내 품에서 실신하기도 했다. 몸을 쥐어짜며 참아내는 용기가 가상했지만 그 아픔을 다독이는 나로서는 생지옥 그 자체의 아비규환이었다. 아내의 눈에 괴어있는 슬픈 눈망울은, 외롭고 고독한 투쟁의 전사만이 가지는, 무엇인가를 갈망하는 눈물이었다. 그 눈물은 끈적끈적한 무언가의 기다림의 눈물이었다.

   오늘은 9월 15일 일요일. 오전.
   심하게 요동치는 진통으로 인하여 일시적이나마 아픔을 가라앉힐 수 있는 강력하고 독한 몰핀주사제로 주입했다. 정신이 몽롱하게 혼미한 상태에서도 아이들이 밥은 잘 먹고 학교에 다니는지의 걱정으로 일관되게 말문을 열었다. 이제는 혀가 굳어져버린 상태이기에 말 한번 하려면 숨을 여러 번 쉬어가며 온 힘을 다 써야 한다.
   "오…늘…이… 며…칠…이…야? 가…족…들…을 오…늘… 볼… 수가… 있…을…까? 어제는 언니와 동생들을 보았어, 오늘은 시동생들과 동서들을 보았으면 좋겠어."

숨이 차서 힘들게 헐떡이며 말하는 아내. 가족의 유대를 융합시키기 위해 있는 힘을 다 쏟아내는 그 모습이 너무나 고맙고 사랑스럽다. 어느 누가 정신이 혼미한 상태에서 살신성인의 자세로 저토록 여유 있게, 한 가문의 융합을 바라는 어진 마음씨를 가지고 챙길 수가 있겠는가. 신께서는 어찌하여 이런 아내에게 가혹한 처사를 주는지 원망스러울 뿐이다.

"예환이 아빠와 예환이랑 예경이가 보고 싶어요, 그리고 가능하면 예환이 새엄마를 볼 수 있으면 좋겠어. 볼 수 있을까? 부탁해. 예람이 아빠"

"아니 왜?"

"보고 싶어!"

아내는 오늘따라 산소호흡기를 벗어내며 느리고 어눌하게 말을 많이 하여선지 다시 숨이 가빠져서 의식을 잃었다.

오후에 모든 가족이 다 왔다. 아내는 개별적으로 동생가족들을 만나 손을 잡아주고 형제 간의 우애를 강조하며 당부하였다. 아내가 유별나게 좋아했던 막내 서현이를 보고는 눈언저리에 뭉쳐져 있던 구슬방울이 귀를 타고 내렸다. 막내의 울음으로 아내의 눈물에 속절없는 인생사와 회한의 눈물을 자아내 마음을 아프게 하였다. 여동생네 가족들과 아내의 만남이 끝나고 우리 집으로 모두들 가서 쉬라고 했다. 예람이와 예찬이도 함께 집에 가 쉬라고 했지만 아이들은 엄마 곁에 있겠다하여 남겨졌다.

"쉬고 싶어"

다시 고요함이 젖어들고 아내는 숨을 고르며 눈을 감은 채로 무엇인가를 생각한다. 때론 머리를 돌려 아이들을 멀뚱히 쳐다보고 눈을 공중으로 올리고 눈을 감고 또 아이들을 쳐다보고 손을 뻗어 아이들을 매만져보고 또 하늘을 향해 눈을 돌리고…. 눈가에 눈물이 흘러내려 손으로 닦아보지만 닦지 못한 큰 눈물방울은 주름진 목 사이로 흘러 갈라져 내려왔다. 잠시간의 행복한 여유를 주는 것이 사치라고 하는 양 기습적으로 밀려드는 악독한 진통과 사투를 또 한번 벌였다. 약효가 떨어져서 그런지 아내는 참을 수 없는 아픔으로 몸을 펄쩍펄쩍 뛰며 절규하듯 소리를 쳤다.

"여보, 나좀 어떻게 해줘. 나좀…"

내 목과 몸을 으스러지도록 꽉 잡고 울부짖는 아내의 몸에서 느껴지는 것은 하루라도 빨리 영원한 안식을 취하고 싶어 하는 간절한 갈망이었다. 몸이 뜨겁고 더운 열기에 빨갛게 달아오른 아내의 몸에는 뜨거운 땀들이 송글송글 맺히며 떨어져 홍건하게 가운에 적셔졌다.

일반 진통제와 몰핀주사제. 이것도 인해전술로 몰려드는 통증 앞엔 견딜 수 없는 무용지물이었으므로 초강력 몰핀 주사제를 맞으니 진정되어 약간의 안정된 시간이 찾아왔다. 땀에 젖어있는 몸을 물수건으로 닦아주고 새로운 가운으로 갈아 입혀서 그런지 아내는 평온한 표정을 지어 보이며 잠이 들었다.

잠시 아내가 안정되면서 수면 중일 때, 울먹이는 애들을 애써 달래며 집에 바래다 줄 즈음에 처형에게 급박한 전화가 왔다. 그 시간에 아내가 깨어날 정도로 견디기 어려운 강력한 통증이 또 밀려들어 왔었다. 세 사람이 막을 수 없을 정도로 몸부림치며 주체 못할 정도로 거센 몸부림을 치고 있다고 하였다. 그 말을 듣는 순간 나는 죽고 싶을 만큼 비통에 빠졌다. 내가 왜 자리를 비웠는지…. 아내가 얼마나 통증으로 괴로웠을까. 남편이 없어 얼마나 무서웠을까 하고 생각하니 미안함에 자책감에 빠지지 않을 수 없었다. 병실에 들어서는 그때까지도 장모님과 처형, 처제가 놀라서 어찌할 바 몰라 힘에 부쳐 진정시키질 못했다. 아내 앞에서 한없이 작아져 있는 무능력한 남편이었지만 그래도 아내는 남편이라는 품에서 다독거림으로 얼마간 진정되어 진통제를 맞고 다시 잠이 들었다. 평온히 잠이 든 아내를 보고 있노라니 완강했던 몸의 부대낌으로 넓은 이마에 움푹 돋아나 솟은 굵직하고 푸른 핏줄이며 처절히 몸부림쳤을 당시에 흘러내린 흥건하게 괴어있는 땀을 닦아주면서 서글픈 생각만 들었다. 아내에게 향한 불안한 마음에서 발길을 돌리시질 않으려는 장모님과 처형, 막내처제를 겨우 설득하여 보내고 오늘따라 불길하고 이상한 생각이 들어 예람이와 예찬이를 저녁에 오게 하여 병실에서 엄마를 간호하라고 이야기해두었다.

오후 7시쯤 되어 둘째가 가족을 데리고 늦게 왔다. 아내도 그 무엇인가의 불안함인지 기다림 때문인지 실눈을 뜨고 자는 가수면 상태였다. 아내를 깨워 둘째가 왔다고 말을 할 때, 갑자기 배에 힘을 주면서,
"어…디…, 빨…리… 오…라…고… 해…요."
배를 움켜잡으면서 그들을 향해 손짓을 하였다. 얼마만의 만남이었나. 아마도 5년 가까이 되었음직하다. 형수의 병환으로 수척해진 몸 상태라 그런지 말문이 막혀서 둘째는 아무 말 못하였다. 아내는 미소를 지으

며 조용히 둘째를 쳐다보았다.
"예람이 엄마! 예환이랑 예경이도 왔어"
아내는 미소를 띠우며 오라고 손짓을 하였다. 다가선 아이들의 손을 잡고 지그시 눈을 감았다.
"많이 컸구나…, 큰엄마가… 너무 소홀했지?"
"큰엄마가 말하는데 숨이 차고, 혀가 굳어져 말하기가 어려운 상태라 말을 제대로 못하니 너희들이 이해하거라."
라고 내가 얘기를 거들어 주었다. 아이들은 울먹였다.
"여보, 예환이 새엄마도 왔어"
아내는 온 힘을 내었다.
"어서…와요"
아내는 손을 잡으며 버거운 숨소리를 몰아쉬면서,
"고마워요…, 잘 살면 …좋겠어요…. 내가… 이러니…."
몰아쉬는 숨이 차 더 이상 말도 못하고 예환이 새엄마의 손을 꼭 잡았다. 물끄러미 쳐다보는 둘째에게도 "미안해요…"라고 인사말을 전했다. 나는 그때 무척 화가 났었다. 우리가 둘째, 셋째 동생 때문에 고생을 해왔는데 아내가 오히려 사과를 하는데 은근히 화가 났었다. 형수가 이 지경에 있으면 무릎 꿇고 사과를 해도 들어 줄둥말둥 하는데 오히려 아내가 불러들여 미안하다고 사과를 하다니 이해가 안 갔었다. '누가 누구에게 사과를 해야 하는데. 당신이 왜. 왜?'
그제서야 둘째는,
"형수님 죄송해요, 제가 잘못한 게 많아요. 용서해 주세요."라고 했다.
"아니에요, 괜찮아요. 행복하게 잘 사세요"

아이들도 아내에게 "큰엄마, 빨리 낳으세요."라고 하니 미소 머금고 고개를 끄덕여 화답했다. 믿음직한 넷째 동생의 주선으로 둘째네 가족도 넷째와 함께 우리 집으로 가 부모님과 모든 가족과의 만남을 가졌다.

'당신, 오늘 큰 일을 해주어 고마웠어요. 어느 누구도 생각지 못한 큰 일을 당신이 훌륭히 엉킨 매듭을 풀어 주었어. 예람 엄마! 고마워. 당신이 아니면 불편한 관계가 오랫동안 동생들에게 지속 되었겠지. 역시 당신은 우리 집안의 믿음직한 큰 며느리며 큰 형수야! 나는 당신이 너무나 자랑스러워. 사랑스럽고 당신이 존경스러워요. 부모님과 동생들, 이모부님과 이모, 백부님과 숙부님의 가족까지도 당신을 너무나 칭찬하는 것 있지. 당신은 온 가족들에게 칭송을 들을만한 맏며느리요, 내 소중한 아내야. 훌륭했어! 잘했어! 나도 이제 당신 생각이 뭔지 알았어. 그러니 둘째와 잘 지내 볼 거야. 아울러 셋째에 대한 나쁜 앙금도 풀어보도록 할게. 그나저나 오늘 당신 너무 힘들었지? 이제 잠 좀 자둬. 나와 애들이 곁에 있으니 발 쭉 뻗고 걱정 말고 잠좀 자둬요.'

"얘! 예람아, 예찬아, 엄마 손과 발 좀 주물러 드려라, 아빠는 엄마 등 마사지 할게."

오늘 당신은 그 아픔 속에서 그렇게 많은 진통제를 맞아가며 많은 사람들을 만났으니 얼마나 피곤하였겠소. 오늘도 고생 많이 했소, 당신.

발 쭉 뻗고 잠 좀 자둬요.

스물여섯 번째 이야기

아! 나의 사랑, 나의 아내여

아! 애통하구나. 이 험난한 세상을 나 혼자 어찌 살라하고 말 한마디 없이 훌쩍 세상을 등졌단 말이오. 무엇이 그리 급했단 말이오. 나는 어찌 하라고! 당신 없이 어이 살라고…

당신이 진작 멀고 먼 여정길을 떠나는 날이 오늘 이른 새벽이라고, 나와 애들에게 귀띔이라도 해주었더라면…. 오늘, 오늘, 오늘일 줄이야….

당신의 아픔을 잘 알고 있어서, 당신이 겪는 고통을 차마 더 이상 가족에게 보여 줄 수가 없어서 길고 긴 여정의 길을 떠나겠다면 아이들과 같이 당신의 손을 잡고 잘 갔다 오라고 배웅하며 맘 편하게 보내줄 수 있었을 텐데 이 무슨 얄궂게 한마디 말없이 떠난단 말이요. 그렇게 우리들에게 아픈 짐을 주기가 싫었단 말이요? 어제까지 당신이 만나보고 싶었던 사람들 다 만나고, 당부와 화해의 나눔으로 최선을 다 했던 가교적인 사랑의 메신저였음은 틀림이 없었다오.

마음 아픈 얘기지만, 이제 나도 당신께 용서를 빌어 죄값을 받아야 마음이 놓이겠구려. 사실, 당신 암 수술 받은 후 의사가 감정 없이 내뱉는 큰 충격성 선고로 말 못할 고민과 좌절감을 가졌다오.

'개복을 해보니 위부터 시작하여 여러 군데로 암이 전이되었고, 더욱이 췌장까지 암이 뻗쳐서 도저히 손을 쓸 수가 없었대요. 시술팀과 상의한 끝에 당신의 몸속에 T자형의 관기를 삽입하여 음식이라도 삼켜 최고 6개월간 유지할 수 있게끔 했다고 하네요. 하지만 두세 달부터 힘들 테니 마음의 준비를 하라고 죽음의 선고를 내리더군요.'

 현대의학으로는 도저히 살릴 수 없다는 쓸데없는 소리는 귀에 들어오지 않았고, 아니 그땐 내가 당신을 살려보겠다는 호기를 가지고 콧방귀를 뀠었어. 주변에서 권하며 옛부터 내려오는 효과 있다는 약재들을 복용도 해보았지만 그나마 업자들에게 눈뜨고 사기 당하기도 하는 등의 민간요법들, 누가 효과를 봐 위암에 효험이 있다는 설악산 자생 수십 년 된 상황버섯을 달여 먹이는 대체요법, 위암에 식이요법이 좋다는 말에 벤처기업에서 성공했다는 고가의 고농도캡슐의 제품, 효과직방의 고단위 식품이라 하여 비싸게 선뜻 구입했지만 터무니없는 잡재료에 불과했고, 권위 있는 수지침술자를 수회 초대하면서 모든 침술방법을 다 써보았어도 당신의 치료 효과엔 아무런 도움이 되질 못했어. 온통 세상엔 생사에 절박한 사람들의 가족에게 등쳐먹는 사기꾼들에 불과한 사람들이었어. 의사들이 비웃기라도 하듯 백약이 무효였고, 당신은 호전되기는커녕 점점 고통을 호소하고, 온 몸이 땀으로 범벅된 후의 당신의 슬픈 눈망울, 고통스러워하는 처절한 절규 내지는 몸부림 등으로 치료하겠다는 의지가 꺾여 나가 좌절감으로 깊은 수렁에 빠져 버렸다오. 아파하는 당신을 볼 때면 악한 마음을 먹게 되고 당신의 안락사를 생각해보기도 하였지. 그때는 담당의사도 넌지시 비밀스러움에 눈을 깜빡깜빡하는 상태였다오.

 그러나 차마 당신을 두고 그런 엄청나게 가증스런 결정을 내릴 수가 없었고, 그래도 당신이 고통을 참아줄 수 있다면 한 가닥의 희망으로 재

도전을 해보기로 했었다오. 내가 바보 같은 생각을 한 것일까. 당신은 점점 힘들어 의식이 없고 괴로워하는데…. 이제 사 당신께 얘길 하지만, 당신에게 고통은 많았지만 나는 선택을 잘한 것 같아. 그나마 보고 싶은 사람, 모든 가족에게의 당부의 말, 남편과의 사전에 충분한 대화와 유언을 했고, 예람이와 예찬이에게 삶의 교훈을 들려주고 당신 사후에 아이들에게 전해주라는 유언이 담긴 노트가 전해졌고, 둘째 동생과 셋째 동생에게 손을 뻗쳐주라는 화해성 담긴 담론까지 전해져 따뜻한 당신의 마음을 더욱 알 수 있었거든.

그렇지만 당신에게 너무나 참을 수 없는 고통이 있을라치면, 나는 차마 당신의 처참한 몰골을 지켜 볼 수가 없었어. 하나님께 간절히 아내를 우리의 곁으로 돌아올 수 있게 해 주실 수 없다면, 어서 속히 편안하게, 고통 없이 하나님이 계신 약속의 땅 하늘나라로 모셔가 달라고 간청을 드렸지. 그것이 당신에게 해줄 수 있는 유일한 도움책이었어. 의사의 무언의 교감에 따른 인위적인 강제작별에 갈등은 있었지만 하기 싫었어. 이제 생각해보니 무능한 남편이지만 당신도 믿고 따라주어 잘한 선택이었다는 생각이 들어요. 한편으로는 내 욕심과 고집만으로 당신이 매일 괴로워하며 아파하는데, 그 고통을 봐 오면서까지도 어떠한 행동을 취하지 못해 지나가는 개도 비웃을 막돼먹은 소신을 가진 그릇된 나쁜 남편이 아니었을까라는 생각을 해보기도 했어요.

이제 와 생각해보면, 오만한 마음으로 근거없는 기적적인 치료한답시고 내 고집과 편견에도 불구하고 믿고 따라주는 당신만 고생을 죽살이 시켰음이야. 당신은 병상에서 당하는 지독한 고통을 감내하면서까지도 책임을 전가시키지 않았어. 오로지 나의 무지로 인한 고통을 당신 한 몸으로 전부 안고 간 것은 나와 아이들 전부를 사랑했음이라는 것을 깨우쳤어. 분명 당신은 우리 모두를 사랑했음이야. 이제 뒤늦게 사 깨닫게 되네요.

당신, 알지? 이 글을 쓰면서 왜 그렇게 눈물이 쏟아지는지….

어제 밤에 병실에서 아이들과 함께 오랜만에 우리 가족이 당신 곁에서 지낸 게 아주 잘 한 일이었어, 그래서 그런지 당신도 그날은 편안한 마음으로 잠이 들었지. 그래도 큰딸 예람이는 늦게까지 잠이든 엄마를 위해 부채질과 다리를 주물러 주었다오. 아이들도 고단했던지 잠이 들었고, 잠든 당신 모습과 아이들의 얼굴을 비교해보니 왜 그렇게 닮은꼴인지. 너무나 순수하고 아름답고 사랑스럽더군! 당신이 낳은 위대한 작품 아니겠소. 당신이 빚어낸 명품의 진가는 먼 훗날 평가로 넘깁시다.

새벽 2시 50분쯤 경.

당신은 꿈을 꾸는지 눈까풀이 가끔씩 파르르 떨리고, 손가락의 손끝이 꿈속에서 음악박자를 맞추듯이 조금씩 톡톡 튀는 모습을 보여주었어. 피아노 건반을 치며 그 옛날 아이들과 함께 연주하던 꿈을 꾸는 거 아닌가 생각했었지.

새벽 3시 13분경

호흡 곤란으로 입을 벌리고 잠자던 당신이 갑자기 "헉!" 하고 눈을 크게 뜨며 몸을 부르르 떨었지. 순간, 이상한 생각이 들어 당신의 손과 발을 만져보니 너무나 차디차 번갈아가며 손과 발을 마사지하고 입김을 불어 대면서 비벼댔지만 따스한 체온으로 돌아오지 않았지. 당신 얼굴을 보니 눈동자는 천정으로 향해 크게 뜨고는 뭐라고 하는 것 같아 귀를 기울였지만 소리는 들리지 않고 혀가 굳어져 입을 벌리며 잇소리로 "탁" "탁" 두 번 부딪히는 소릴냈어.(아! 그때 무슨 말을 하려던 것일까) 순간 가슴이 오그라들어 아이들을 깨우고 예찬이에게는 엄마의 발을, 예람이에게는 손을, 나는 당신의 얼굴과 가슴 쪽을 집중적으로 비비고 인공호흡을 했었지.

아! 2002년 9월 16일 오전 3시 15분.
당신이 운명하던 그 시각, 거센 폭풍이 불고 지나간 것처럼 당신의 모습에서는 그렇게 고통스럽던 표정은 사라지고 평온함만이 흐르는 모습이었어. 내사랑 당신은 그렇게 우리 곁에서 끝내 하늘나라로 우리를 남겨두고 떠나가고 말았어.
이제는 다 끝났어! 통탄스럽다! 나는 이제 누굴 믿고 의지하고 살아갈 거나.
아! 나의 사랑, 순아!

아내의 갑작스런 운명으로 어찌할 바 몰랐지만, 아내가 낭낭하게 불러오는 목소리가 환청으로 들려와 정신을 차렸다. 아이들이 너무도 슬퍼하고 낙심하여 굳건한 마음을 가지게 독려하고 싶었다. 문상객이 오기 전 오전에 장례식장에서 온가족이 모인 자리에서 아내가 아이들을 위해 혼미한 상태에서도 삐뚤삐뚤 써 내려간 유언장을 낭독해 주었다. 물론 가족만이 있었던 식장은 울음바다가 되었다.
'잘했어요! 당신 아주 잘했어요.'
오늘 아이들은 고3·고2의 어린 나이인데도 불구하고 현실의 사안을 일찍 받아들였는지 놀라울 정도로 의연하게 대처해 가는 모습을 보니 안도감이 들었다. 아내의 부음소식을 듣고 애도하는 많은 조문객들의 문상에 예람이와 예찬이는, 특히 고2 아들 예찬이는 꿋꿋하고 믿음직하게 문상 온 손님들에게 상주노릇 톡톡히 하였고, 고3 딸 예람이도 역시 조문객들이 불편함이 없는지 세세히 필요 부분을 챙기며 상례를 다 하였다.

"더욱 놀라운 건 예람이는 담임선생님과 예람이 반 학생들이 다 문상 온 것과 예찬이 학교의 교감선생님과 담임선생님 또한 몇 분의 선생님, 그리고 2학년 전체의 남여 학생들이 우루루 몰려와 조문해서 인산인해 되어 혼쭐을 뺐던 일. 당신이 낳은 자식이지만 아주 대단했어요. 당신은 행복할 거야, 훗날에 당신 생각대로 훌륭한 사람들이 될 수 있을 것 같아. 당신, 자식농사를 확실히 잘 지었어."

아이들은 엄마를 위하여 호천강극했지만 그 슬픔을 어찌 다 감당하겠소. 문상객들도 울음으로 숙연하고 옷깃을 여미도록 슬퍼했으니…. 당신이 훌륭한 삶을 살면서 보낸 일생은 값진 만큼 예람이 예찬이에게는 자랑스런 가문을 이어가는 지침이 될 것이라오.

여보, 예람, 예찬이 엄마!
하늘나라에서 아이들을 잘 지켜봐줘요. 훗날 당신에게 큰 효도를 할 재목감들이예요. 안 그래요? 조문객들의 칭송이 자자해요.
'콩 심는 데 콩 나고, 팥 심는 데 팥 났다고.'

1부 모진 아픔, 시린 이야기

2부

바람이야기

— 아내를 가슴에 묻고

바람과 나무이야기

첫 번째 이야기

아내가 내준 풀리지 않는 숙제

  많은 사람들이 조문을 올 때마다 아내를 떠나보낸 죄의식 때문인지 복받쳐 흐르는 눈물을 주체하지 못하였다. 눈물샘도 이제는 다 바닥나 말라버렸을 텐데도, 예비 눈물샘이 어디서 보충되었는지 모르겠다. 아내를 떠나보낸 죄책감과 의지할 대상이 없어진 외로움 등의 서글픔으로 아이들 보이지 않는 어두운 귀퉁이에서 먹먹하도록 많은 눈물을 쏟아내었다.

  당신, 생각 나?
  아직도 너무나 궁금해, 내게 풀리지 않은 숙제를 내주었던 것 말이야. 나는 어렵사리 그 말할 수 없는 비밀얘기를 해주었는데 당신은 조용히 미소만 머금고 내 머리만 쓰다듬어 주었어.
  "당신, 흰머리가 어느새 이렇게 많이 생겼네? 당신도 세월엔 별 수 없구나. 몸치레 잘 해요. 애들이 있잖아. 내 걱정은 말고 당신 걱정이나 해! 나는 하나님이 계시니 괜찮지만 당신이 걱정 돼!"
  그때 당신이 주는 짠한 말에 나는 무조건적인 내리사랑을 받았지만, 당신에게 받은 사랑 이상을 이제는 되돌려 줄 수 없다는 자책과 자괴감이 몰려와 서글프고 분해서 울음보가 터졌지.

"예람이 엄마! 내가 당신을 얼마만큼 좋아하고 사랑하는지 알지?"
"그럼요~"라고 당신은 너무나도 짧고 명확하게 대답하고 다시 내 머리를 어루만져 주었어.
"그럼, 당신은 나 얼마만큼 사랑해?"
"글쎄요~ 후후훗"라고 나직이 웃으며 내 머리만 또 쓰다듬었어.
"말해 봐"
"후후후…"

항상 진담이었지만 농담같이 아내에게 하던 말로,
"예쁘다고 하는 여자 삼천궁녀가 줄을 선다 해도 나는 싫어! 당신 하나로 족해"
라고 아양 떨 땐,
"으~ 저 능청~"
라며 아내의 눈가와 입에서는 그 어떤 행복함과 웃음이 터져 나왔다.

"예람 아빠! 당신 좋은 사람 만나 잘 살아야 돼, 내가 이해할 수 있으니까. 너무 그동안 고생 많이 했어"
"무슨 소리야?"
"………"

이런 아내가 왜 나에게 풀리지 않은 숙제를 내 주었을까?
지금까지도 궁금하다. 너무 궁금하다. 앞으로 살아가면서 풀어보라는 숙제인가?

예람이 엄마! 곰곰이 생각해보니 나에겐 무리한 과제인 것 같아. 너무 형이상학적인 숙제이더이다. 영영 풀리지 않는 미스테리가 될 것 같아! 그때 왜 당신에게 즉석에서 답을 듣지 않았는지 못내 후회스러워.

나는 오늘도 깊게 잠자고 있는 아내에게 달려가 물어보련다.

"당신은 나 얼마만큼 사랑하는데…. 응?"

아내는 오늘도 묵묵부답이다. 쩝.

장례 둘째날

두 번째 이야기

아내를 임시 납골당에 안치하며

　사랑한 아내에게 수의를 입히면서 등 언저리에 선명하게 드러나 보이는 시퍼런 멍 자국들. ― 잔혹한 암덩이들과의 치열했던 사투의 전흔으로 남겨진 상처의 흔적이었음을. ― 면도날에 심장이 긁혀지는 찢어지는 아픔이 내게도 멍울짐으로 옴을 아내도 알까? 누구라도 특히 아내에겐 더욱 더 그 참을 수 없는 암과의 사투장에서 처절하고 고통스러웠던 악몽의 시간을 떠올리라하면 고개를 절레절레 흔들며 진저리칠 것이다. 내 마음도 아내와 같은 생각이지만 이 시간엔 내 아내가 고초를 당한 그때의 상황들이 안 떠오를 수가 없었다. 아내의 시신에 박혀있는 잔인하고 악랄한 암덩이의 흔적들. 그것들이 아직도 아내의 몸에 고흔苦痕으로 박혀있어 나의 마음을 서글프게 한다.

　우리 가족의 사후 보금자리인 가족납골묘로 안치하기 위하여, 1차 수순인 벽제 화장터로 가서 임시 거처인 용미리 납골당으로 가는 장의차에 몸을 실었다. 용미리로 가는 짧은 시간의 사이에 아내와의 만남에서 결혼하고 한 평생 살아온 인생의 시간이 주마등처럼 스쳐 지나갔다.

　신혼시절 때의 그리움, 아이 낳고 함께 생활해 온 즐거웠던 추억, 생활 속의 슬프고 아렸던 기억들, 행복했던 시간들, 아이들 커가는 기쁨의 시간들이 인생이 담긴 파노라마 보듯이 한 컷 한 컷씩 흐르고 지나간다. 그 시간 속에는 아내가 고생해가며 땀과 열정으로 일구어낸 모든 결정체들이 이제 막 꽃피어 오르기 시작할 시점이었다. 그 누가 이 귀한 열매들을 대신하여 수확할 수 있겠는가.

아내의 성스러운 몸체가 용광로 속에서 활활 타올라 빛을 발하였다. 아내는 멀고 먼 이별여행을 봇짐 없는 가벼운 차림으로 떠나갔다. 그것은 아내가 그토록 그리던 영원한 안식처에서 언제든지 우리의 곁으로 오가겠다는 증표로 한줌의 재로 남기고 갔음이다. 마음이 한올 한올 꼬인 오랏줄로 엮은 두레박을 타고 하늘나라에서 언제 건 오겠다는 약속임이다. 이제껏 고생만 하여온 아내에게의 나의 바람은 그 곳에서 아프지 않고 이 세상 바람타고 가고 싶은 곳, 간섭 없이 마음대로 먹고 마시고 싶은 대로, 가정주부로서의 속박에서 탈피하여 자유를 누리며 훨훨 날라 다녔으면 좋겠다. 언제나 아내의 육신은 비취색 옥도자기에 한줌의 재 되어 우리들의 곁에 남아있지만, 순수했던 영혼이나마 아내가 원했던 것들을 위해 하늘나라에서 원 없이 하고 싶은 일 다 하고 살아갔으면 좋겠다. 내 목숨 다하는 날까지 아내를 잊지 않고, 아내가 명품으로 일군 우리 아이들에게 열성으로 뒷바라지하여, 그 아이들이 아내의 유언장대로 반듯하고 자랑스럽게 커가며, 사회의 초석이 되도록 최선을 다하여 밀어주며 살아갈 것이다. 내 훗날 아내의 곁으로 가서 아이들에게 얼마만큼 노력했는지의 평가를 받고 싶을 뿐이다. 아내는 내게 좋은 사람 만나 잘 살라고 했지만 아내 같은 사람 두 번 다시 만날 자신이 없고, 또 그런 사람이 없을 성 싶고, 더욱이 아이들의 뒷바라지를 위해서 혼자 사는 게 더욱 나을 것 같다.

아내가 예람과 예찬에게 별도로 노트에 마지막 유언을 남겨 두었듯이 우리 아이들도 유념하여 건강하고 똑똑한 사회의 재목으로써 커갈 것을 울면서 다짐하는 약속을 들으니 또다른 희망이 용솟음친다. 아내도 우리 애들을 믿듯이 나도 우리 애들을 전적으로 믿으니까.

그나저나 아내를 안치할 우리의 가족묘가 아직은 완성단계에 있지 않았다. 얼마동안이나마 임시 거처를 용미리 납골당에 안치하자니, 아내가 전혀 모르는 사람들과 지낼 걸 생각하니 마음이 그리 편치 않다. 하루라도 빨리 아내를 조용하고, 안락하고, 따뜻하고, 탁 트인 전경 좋은 안가로 모셔오고 싶다. 가족들이 오가는 안식처로 서둘러 안치시켜야 될 터인데 자꾸 초조함만 밀려온다. 그동안 인근에 계신 친정아버지(장인어른)를 뵈면서 부녀간의 따뜻한 정과 담론을 나누며 서로 위로하고 지냈으면 하는 마음을 담아 아내에게 위안을 시켜본다.

아내가 병실에서 한 말이 있었다. 장인어른 계신 용미리 납골당에서 멀리 떨어지지 않는 곳을 원했으니 아내의 뜻을 따른 것이다. 천안으로 아내를 거치했더라면 나는 천추의 불한당이 또 될 뻔했다. 아내가 그간 친지들에게 깊은 사랑과 모범적인 규수의 행실로 친척들이 아내에게 천안 기독교묘가 아닌 일산 기독교 가족공원묘로 일찌감치 결정시켜 지금 서둘러 공사 중이다. 사실 나는 지금 이 시점에서 만큼은 아내에 대한 슬픔으로 뻥 뚫린 가슴에 헐떡이고는 있지만 그리 슬프게 울고 싶지는 않다. 사랑했던 아내가 예상 외로 더 일찍 하늘나라로 갔음을 생각하면 참으로 슬프고 원통한 일이다. 그러나 살려야겠다는 의욕만 앞세워 나만의 욕심으로 이짓 저짓 딴 짓거리를 하며 귀중한 시간을 흘려보냈다. 그럴수록 아내가 인해전술로 물밀듯이 쳐들어오는 잔혹한 암덩이에게,

하루하루 대책없이 고통을 당하는 상황을 곁에서 더 아프게 지켜만 보아야했다. 막아주지 못하는 무력과 무능하기 짝이 없는 배우자인 나로서는 아내가 고통받고 힘겨워하는 모습을 차마 볼 수 없었다. 그래서 하나님께 주님의 곁으로 어서 아내를 모셔가 달라고 간절히 기원해오던 터이다. 한 때는 억지를 부려가며 아내를 살려주지 않는다면 전능하신 신으로서의 믿음의 가치가 없을 거라고 협박하며 기만도 부려 받지만 오만방자했음을 사죄드렸다. 오로지 아내를 조속히 약속의 땅으로 모셔감으로 감사함의 인사를 올리며, 아울러 아내가 고통없이 하루라도 더 일찍 즐겁게 살아간다는 낙원에서 거한다고 생각하니 오히려 슬픔보다는 축복을 해주고 싶은 마음이다.

오늘은 아내가 내 곁을, 아니 가족의 품에서 떠나간 지 3일째 되는 날이다. 아내와 친분 있는 모든 이들이 아내가 졸지에 떠나심을 애절하고 애틋하게 생각하며 장지까지 함께 와 아픔을 같이하고 있다. 그 분들께 고마움을 표한다. 이는 세상과 더불어 살면서 이웃 간에 돈독한 유대사업을 남기고간 결과의 증표가 아닐는지. 아내는 참으로 행복하겠다. 그 누가 그랬던가. '죽음이란 한치의 의심이 없는 돌아오지 않는 떠남이요, 영원히 생전에 만날 수 없는 절대 단절'이라고. 그러나 나는 믿는다. 비록 살붙이 육체는 떠나지만, 아내에겐 그녀의 체잔體殘이 우리에게 남겨 있어 수시로 영적인 영혼만은 오갈 것이라고.

우리는 하나라고 말하던 아내도 이제 곁에 없다. '목이 터지도록, 목이 찢어지도록' 불러보지만, 안타까운 가족의 울부짖음도 아내는 현실에서 아랑곳하지 않고 묵묵부답으로 일관하고 있다. 그럴 아내가 아닌

데 무슨 말 못할 사정이 있는 듯하다. 가족들은 눈물만 지우고 큰사랑의 목소리가 큰 그리움의 울부짖음으로 메아리가 되어 우리들에게 다시 돌아오고 있다.

이제 이별 속에서 새로운 영혼의 만남이 시작될 것이다. 가족이라는 울타리에서 아내의 승천으로 시작되는 희망과 따뜻한 온기를 영원히 품에 간직한 채 우리는 아내를 보내려 한다. 그렇지 않으면 아내는 가족걱정하며 남겨진 가족 때문에 구천에서 떠돌게 될 것이 자명한 일이다. 우리의 마음과 정신을 한 데 모아, 웃으며 아내를 만날 수 있는 내일을 위해 배웅하련다.

여보, 그간 아버님 뵙고 많은 얘길 나누시며 지내시구려. 모레 또 봅시다. 안녕!

장례 셋째 날, 장지에서.

세 번째 이야기

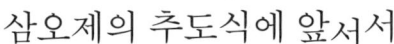

삼오제의 추도식에 앞서서

보고 싶은 예람 엄마! 잘 지내고 있소?

아! 보고 싶다, 얼빠진 듯이 방안을 뱅뱅 돌며 당신 이름 지껄여도 봤어. 그래도 녹아내리는 그리움은 성이 차지 않았어. 당신이 무척 보고 싶은 걸 어떡해. 어제 밤중에 잠이 오질 않아 아이들 다 재우고 우리집 주변 공원에 나가 한없이 주위를 맴돌다 당신이랑 아이들이랑 눈싸움하던 곳에서 발길을 멈췄지. 당신의 생전모습이 환영으로 떠올라 잠시 나도 모르게 소리를 질렀어. 지나가던 사람들이 힐끗힐끗 쳐다보더군. 당신의 이름을 허공에 대고 큰소리로 불러댔으니 미쳤다고 할 수밖에. 왠지 나도 모르게 서러운 생각으로 흘러내리는 두 줄기의 눈물이 안경을 뿌옇게 흐려놓았지. 실컷 남모르게 울어대니 답답한 마음이 조금은 해소되더군. 귀뚜라미도 깊이 잠을 들지 못하는 밤. 저 귀뚜라미도 누구를 그리며 저렇게 서글프게 울어대는지 나와 같은 동병상련인가 보오. 한낱 미물인 귀뚜라미만이 당신 그리워 우는 내 슬픔을 알아주겠지. 가을 찬 공기 뒤흔드는 이른 새벽의 기운에 몸이 움츠러져 다시 집으로 돌아왔건만, 썰렁한 공간이 또다시 나의 마음을 애이게 만드는구려.

예람 엄마! 당신을 제대로 보필 못한 무능하기 짝이 없는 남편이라지만, 그래도 부르면 대답 좀 해주면 안 될까? 당신 그리워 보고 싶다는데,

미운 놈에게 떡 하나 더 준다는데 꿈에라도 당신 얼굴 보여주면 안 돼? 내일이면, 아니 오늘이 당신과 이별 아닌 이별을 한 5일째 되는 날, 불교 용어는 삼오제요, 기독교엔 추도식 날이라고 당신을 만나는 날이며, 더욱이 오늘은 온가족이 함께 모여 지내는 추석 명절 기간이라오. 이따 오후쯤이면 당신이 좋아하는 온가족이 우루루 몰려 올 거야. 당신이 없는 이번 추석은 왠지 모르게 나뿐만 아니라 온가족 모두 마음 허전하고 썰렁한 추석 명절이 될 것만 같아. 그렇지만 당신을 기리는 추도식 예배만큼은 온가족이 모인 가운데 화기애애하게 당신의 얘기를 하면서 치룰 거야. 전도사님이 수순을 알려 주었고, 어머니의 진행으로 온가족이 정성이 담긴 음식상을 차려놓고 당신이 와서 즐기다 가는 추도식이 될 것 같아.

당신, 오늘 무척 바쁘겠네? 당신 친정집에서도 장모님이 당신 오기를 고대하며 처형과 처제들이 모여 삼오제를 올릴 것이라니 양가를 오가는 데 무척 바쁠 것 같으이. 내가 당신 식성을 아는데, 거의 석 달간 병상에 있어서 마음은 아팠지만, 먹고 싶은 거 마음대로 못 먹게 했다고 오늘 차린 음식을 원수진 양 마구 먹지 않았으면 좋겠어. 그렇게 먹고 싶다고 닥치는 대로 먹으면 내가 굉장히 미안 하지잉~. 다 당신을 위해서 하는 소리야. 당신 툭하면 급체를 하잖아? 시간 많고 음식 많으니 천천히 소화 시키면서 들어요. 하늘나라까지 갔는데 모처럼 시간 내어 세상으로 왔건만, 또 포식한다고 잔소리 늘어놔 섭섭하겠지만 뚱뚱해지는 걸 내가 원치 않잖아? 나는 그저 살아생전의 평상시 그 모습 그 상태가 좋아 보였거들랑. 통통하지 않고 마르지 않은 적당한 체형…. 하하하. 그래야 내가 당신을 사진에서, 꿈에서 언제든지 보면서 '당신이 최고!'라고 자부하면서 살지. 왜 내 말이 틀려? 최고인 당신을 병상에 있을 때 먹고 싶다는 음식을 못 먹게 하여, 당신의 몸을 앙상하게 만들어 놓은 점은 내 두고두고 사과하며 살꼬마. 이럴 줄 알았으면 당신이 먹고 싶다는 음식을 다 사다주고 실컷 먹어보라고 했을 텐데. 에이, 제기랄.

나 때문에 당신은 고통과 시련의 세월을 살았지만, 그렇기 때문에 이렇게 자기를 알아주는 '지음의 벗', '지기의 벗'으로 곁을 지키고 있잖아. 당신, 이걸 큰 행복으로 생각해야 돼. 축복으로 생각해야 돼. 순 억지지? 하하하.

마음 아파 그만 쓸래. 나도 눈 좀 붙여놔야 될 성 싶어. 오늘의 당신 추도식을 위해서. 당신 이따가 올 거지?

네 번째 이야기

아내를 사망신고 하던 날

어두운 새벽녘에도 불구하고 가슴에 불같이 솟구치는 원인 모를 답답함이 자리하고 있어 문을 박차고 나갔다. 목적 없이 이리저리 방황하다 자식들이 찾는 듯한 환청에 이끌려 집에 들어왔다. 아니나 다를까, 문소리에 아이들이 걱정했다는 듯한 표정으로 현관으로 모여들었다.

"아직 안 잤니? 피곤할 텐데. 아빠, 바람 좀 쐬고 왔어, 괜찮아. 들어가렴."

오늘도 고3 고2인 우리 아이들은 늦은 시간까지 쌓인 공부와 씨름하다 잠이 들었다. 안쓰러운 마음에 개미걸음 하듯 살며시 다가가 공부에 지쳐 잠든 아이들의 얼굴을 유심히 보았다. 영락없는 제 어미의 판박이였음이 저도 모르게 입가에 엷은 미소가 떠오린다. 곤히 잠든 애들의 이불을 덮어주고 나오니 어느덧 동트기 직전의 컴컴한 어둠이 깔려들어 왔다. 아내를 잃은 죄과에 대한 벌칙은 오늘도 허전한 마음 가누는 시간조차도 내겐 과분한 분수라는 듯 숨도 못쉬게 단절시키며 소파로 나둥그러지게 했다. 바위덩이만큼의 무게인 죄책감에 눌려 허우적대다 피곤함에 파르르 손 떨구며 소파에 널브러졌다.

시간이 얼마나 지났을까. 드리워진 커튼 사이로 비집고 들어온 그윽한 가을햇살도 내게는 사치인 양 신선함이 아닌 따가움으로 얼굴을 쪼았다. 어느 사이 갈라진 햇살 틈에 밝은 빛줄기 하나가 거실 벽면을 조명했다. 나란히 모여 웃음 짓는 아내의 모습이 담긴 사진 쪽으로 눈길이 닿았다. 아내의 행복이 가득 담긴 웃음 띤 얼굴. 소파에서 올망졸망 모여 함께한 가족사진이다.

얼마 전까지 따뜻한 정감이 오가던 이 거실은 어느새 썰렁하고 차가운 적막이 감도는 콘크리트의 한 공간으로 전락되었다. 이곳은 아내의 숨결로, 아내의 체온으로 따스함이 덥힌 즐거움이 넘실되던 대화의 장이요, 휴게실이었다. 이제는 텅 빈, 쓸쓸하기 짝이 없는 공간.

서러운 마음 가득히 쌓여가는 이 가을날, 한밤에 아내가 그리워 미칠 것 같아 밖으로 뛰쳐나가 허공을 향해 울부짖기도 해 보았지만 돌아온 것은 적막감 뿐. 아직도 잠 못 이뤄 밖으로만 배회하는 외로운 올빼미 같은 나의 신세. 술이라도 먹을 줄 안다면 서러운 심정을 풀어 봄직도 한데, 그럴 수도 없는 답답한 이 마음…. 언제 오려나, 내 곁으로. 꿈 속에서라도 내게 올 수 있다면 좋으련만.

야속하게, 나는 오늘 아내가 미워할 짓을 또 했다. '예람 엄마! 미안해, 당신에게 또 못할 짓을 저지르고 온 것 같아. 미안해.'

집으로 돌아와 아내 사진을 보며 두 가지 행한 일들을 이실직고했다. 하나는 새벽 4시경에 아내가 애지중지하던 유품들과 그동안 나랑 살을 맞대고 살아오면서 입었던 아내의 옷가지들을 정리하여 보자기에 담아 장롱 속에 보관시킨 것이고 둘째는 오후에 아내의 사망신고를 동사무소에 자진출두하여 신고한 것이다.

'당신이 생전에 즐겨 쓰던 유품들은 마트에서 사온 사물함에 예람이와 예찬이가 가지런히 담아 놓았고, 당신의 옷가지들은 내가 정리하여 원래 있었던 장롱에 한켜 한켜 포개어 쌓아 놓았어. 그런데 예람이가 여간 아니더라고? 당신이 생전에 쓰던 것 중 필요 없을 성 싶은 것도 전부 못 버리게 하더군. 울면서 막 땡깡을 쓰는데 그저 나는 말도 못하고 그 녀석을 처다보기만 했지. 참 대견하기만 하더군. 당신은 참 좋은 딸 두었어, 모전여전이라는 말이 실감나더군.

그리고, 예람 엄마! 오늘 하루 종일 갈팡질팡, 싱숭생숭, 편치 못한 좌불안석이었어. 당신이 기약 없는 멀고 먼 여행을 간 지 8일째 되는 오늘, 나는 굳은 맘먹고 동사무소에 가 내 아내는 이 세상에 없다고, 하늘나라에 있다고 신고를 했어. 그 순간부터 당신의 모든 공적인 기록들이 삭제되는 것이었고, 주민등록상의 가족 이름에서 당신 이름이 붉은 줄로 주기되는 거였어.

그 기록 "이○○, 1957년 ○월 ○일생. 주민등록번호 570000-200 0000"

까만 글자로 인쇄된 행정서식에 '사망'이라는 행정용어가 당신 이름에 기록되고 붉은 색으로 줄처질 땐 왜 그렇게 당신에게 미안하고 아려오던지 눈물이 핑 돌더군. 당신에게 아픔 주는 사고를 또 쳤지만 이번만은 어쩔 수가 없었다고 내 자신에게 위로를 하며 위안을 삼았지. 이런 사실을 체념하며 입술을 깨물고 생각해보니 그것은 이 세상 살아가야 될 남은 가족들이 지켜가는 사회 간의 약속이므로 어쩔 수 없었어. 사회 간의 질서에 의한 행정적인 준법과 아이들 학교에서 요청하는 요식행위를 저버릴 수는 없었어. 학교 선생님들도 우리 가족의 내용을 다 알지만 학교행정 기록상 아이들의 학교 결근을 공식적인 요건으로 처리해야 하기 때문에 경조사 확인서를 보내 달라고 했어. 그래서 오늘 밤도 당신에게 못할 짓을 한 것 같아 애저미는 마음에서 바람난 놈 마냥 밤잠 안자고 쏘다니는 것이라오.

예람 엄마! 미안해, 정말 미안해! 이 말을 할수록 당신이 괴로워할까봐 내 다시는 하질 않으려고 노력했는데 오늘도…. 오늘 내가 못된 짓 한 거 용서해 줄 수 있을까?

그래도 문서는 문서일 뿐이고, 당신이라는 존재와 당신의 이름은 나와 가족의 마음속에 영원히 살아있다는 것을 알아주면 좋겠어요.

다섯 번째 이야기

아내 사후 10일째 날

　보고 싶다, 당신!
　당신이 내 곁을 떠난 지도 벌써 10일째가 되었구려. 세월이 참으로 흐르는 물과도 같다더니 정말 실감이 나는구려. 당신이 암이라는 무서운 병마와 싸울 때 옆에서 발만 동동 구르고 도움이 안 된 무력한 남편인 것만은 틀림없는 사실이었소. 손 쓸 수 없는 무능함의 극치였지만 그래도 남편이라는 허울 좋은 자격 때문이라도 뭔가 과시하고 싶어 앞장 서 고통을 덜어주고 싶었지만 그것도 불가항력이라는 이유로 포기한 빛 좋은 개살구였지. 그저 당신에게 보여지는 고개 숙인 보통의 한 남자였다는 거지.
　밤낮으로 진통제를 달고 있지만 당신의 고통은 감해지기는커녕 점점 더해만 갔어. 이제 와서 변명하긴 그렇지만 그 고통에 괴로워하는 당신의 모습을 옆에서 지켜보는 내 가슴은 애이듯 괴롭고 힘들었어. 차라리 저렇게 괴로움 속에서 하루하루를 연명하며, 희망 없다는 투암 생활을 할 바에는, 하루라도 속히 아픔 없는 하나님 주신 '약속의 땅'으로 데려가 주십사하는 간절한 기도를 드린 적이 한두 번 아니었지.
　사랑하는 여보야! 너무나도 긴 고통의 터널 속에서 빠져나오려고 암과 투쟁하는 당신에게 설상가상으로 진통에게 온갖 수모를 당할 때, 나는 당신에게 위로와 격려를 못해줄망정 오히려 약을 먹지 않는다고 앞뒤 생각 없이 짜증 섞인 말을 해, 당신 야속한 생각 많이 들었겠지. 꼭 먹어야 되겠냐고. 많은 약이 목에 걸려서 더 이상 못 먹겠다고…. 그 점에 대해 지금도 두고두고 많은 후회를 하고 있다오. 미안해요. 약이란 본디 시간에 맞춰먹어야 효과가 있는 것 아니었겠소. 막상 당신이 운명하던 그 시각, 거센 폭풍이 불고 지나간 그 시각. 당신의 모습에서는 어느 사이엔가 고통스럽게 짓눌리던 표정은 사라지고 고요함 속에 평온함을 찾아 잠든 백설 공주의 모습이었소. 지금에 와서 돌이켜 생각해보면 예상 기간보다 얼마 못살고 일찍 떠나갈 당신이었다면 좀더 따뜻하고 편안하게 못해준 것이 늘 마음에 걸린다오. 당신이 우리 곁을 훌쩍 떠난 후에야 당신의 빈자리가 그렇게 크게 느껴지고 허전할 수가 없었지. 밤만 되면 적막과 괴로움이 내게 엄습해 오는 것이 그렇게 두려울 수가 없었어. 밤이면 밤마다 불면증에 시달리고 당신 향한 그리움으로 우울증 중세까지 괴롭혀 베갯잇을 적신 밤이 어제 오늘이 아니라오.

그러나 병상에서 당신이 내게 '꿋꿋하게 살아가 달라'고 당부했듯이 이제는 마음 굳게 다져먹고 살아보겠소. 당신이 하늘나라에서 우리들의 수호신이 되어 지켜 주시구려.

당신이 염원하던 대로 행복하게 꿋꿋하게 살도록 노력해 보겠소. 내가 만약 당신이 바라는 길로 가지 않고 다른 길로 간다고 생각되어질 때는 나에게 바로 알려 주시구려. 그래야 내가 아이들을 책임지고 살아갈 것 아니겠소.

예람 엄마!

당신이 예나 지금이나 나의 수호신이 되어준다니 마음 한구석이 든든하구려. 오늘은 울지 않고 웃으면서 가리다. 안녕히 계시오.
　수일 내에 당신 보러 또 오겠소.

여섯 번째 이야기

너무나 '여보'라고 불러 보고 싶었는데

예람 엄마! 잘 지냈어요?

이제 당신 체취가 묻어있는 달인 9월의 마지막 날이야. 너무나 당신이 많이 보고 싶었어. 그간 하루라도 당신 생각 안 할 때가 없었지. 지금까지 나의 하루는 잠에서 깨어나는 시점에서부터 억지로 잠이 들 때까지 당신의 최면에 걸려 수십 번 아니 수백 번 당신 얼굴 떠올리며 생활을 해오고 있지. 요즈음은 아파트 주민들이나 당신이 아는 지인들이 관심을 가져 주는 척 하면서 나를 처량하고 불쌍한 사람같이 쳐다보고 동정을 하는 눈치인 거야. 심지어 어떤 이들은 나를 보면 자기네끼리 수군수근 거리면서 혀를 끌끌 차고 있는 듯해. 뒷머리가 근질 근질거리던 적이 여러 번 있었어. 내가 왜 이런 눈치를 받아야 되는지.

나, 오늘 당신이 무척이나 보고팠어. 당신, 오늘 혹시 내 맘 읽을 수 있겠어? 느닷없이 웬 씨나락 까먹는 소리하냐고? 언제나 당신 특유의 독심술로 내 마음 꿰뚫고 있어, 비밀 없이 미주알고주알 다 털어놓고 억울하게 살아온 때문이지 뭐. 그런데 있잖아? 오늘 따라 당신에게 왜 그렇게 "여보"라는 호칭소리를 불러보고 싶었을까? 함께 살아오면서 당신도 그렇겠지만 우리에겐 "여보"라는 소리가 왜 그렇게 낯간지럽고 어렵게만 느껴졌던지. 남들은 자연스럽게 잘만 하던데. 지금 생각하면 너무나 우스워. 왠지 모르게 그 소리가 느끼하고 소름이 돋아날 것만 같아 서로가 도망 다녔지. 실제로 흥이 났을 때 내가 "여보"라고 하니 당신 참 그 때 가관이었어. 그 소리에 기겁하고 안방으로 줄행랑치는 모습이라니… 하하하. 그리고선 안방 문을 빼꼼히 열고 머리를 내밀면서 "그 소리 안 할 거지?" 하기에 내가 손 든 때 기억 나? 그 때 애들도 옆에 다 있었잖아. 그래서 자연스럽게 "예람이 아빠"라고, "예람 엄마"라는 자연스런 호칭으로 서로 불러졌지.

그런데 요즘은 "여보"라는 소리가 왜 그렇게 친근하고 다정스럽고 아름다워 보이지?

나도 이제 나이 드나보지? 당신도 언제인가 어떤 일을 하다가 웃으면서 다가와, 내 귓가에 대고 "여어~보오~"라고 할 때는 자기도 멋쩍었는지 하얀 이 드러내며 웃었고, 듣는 나도 낯간지러워 "아휴, 왜 그래~"라고 몸을 긁었던 생각이 나네? 하하하.

사전을 찾아보니 '여보'란 보배와 같다란 말이고 '당신'은 내 몸과 같다란 좋은 뜻인데 '당신'이란 호칭은 쓰면서 '여보'란 서로 간의 호칭은 왜 회피했는지. 사실 부부간 귀하게 전달되는 언어였는데 말이야.

그런데, 그 '여보'란 호칭을 당신이 병원에 있을 때 얼마나 불러보고 싶었는지 알아? 겸연쩍고 용기가 나질 않았어, 여보! 미안해. 나는 오늘 당신에게 '여보'라는 말로 너무 부르고 싶었어.

이제 '여보'라는 당신이 현실적으로 내 곁에서 몸을 비비며 살지 않는다는, 길고 긴 여로의 길을 갔다고 생각하니 지금도 너무나 가슴이 아파.

여보! 당신은 나에게 얼마나 큰 멍에를 준줄 알지? 여보! 당신에 대한 절대적인 그리움과 보고 싶음과 한편의 야속함으로 일관된 일련의 당신

행동들이 섭섭하였지만, 나로 하여금 반성과 회안을 돌이켜 보게될 때 그것이 '진정한 사랑'이라는 것을 알게 됨을 가르쳐 주었지. 내가 당신을 너무 너무나 사랑했었나 봐! 경제적인 면에서는 풍족하게 해주지는 못했지만, 가정생활의 기본에 충실하려고 애쓰는 점에 대하여 당신에게 높은 점수를 받고 살아왔지. 당신에게 "행복하다"는 소릴 듣고 살았지. 그 '행복'이라는 두 글자에서 시작해 당신에 대한 '절대적인 사랑'으로 믿음이 이어진 것 같아. 여보, 사랑해!

그런데, 여보! 요즈음 아이들이 말은 않지만 너무나 힘들어 하는 것 같아. 당신 없어 각별히 곤두세우고 신경을 쓰고 있지만, 아이들의 행동에서 역력히 보여. 아이들은 오히려 아빠인 나를 위로하고 건강상태 점검하고 정작 자기들의 일에 신경 안 쓰이게 하려고 무던히 애쓰는 것 같이 보여. 어린 자식들이 개인적으로 더 힘들어 보이는데 시치미 뚝 떼고 아무 일 없다며 손사래 치는 거야. 내가 위로해 주고 싶지만 언제까지 해줄 수는 없는 일이라 본인들이 이 어려움을 꿋꿋하게 극복할 수 있게만 유심히 지켜보며 기도하고 있지. 정작 아빠인 나도 견딜 수 없는 정신적인 고통에서 허덕이고 있는데 감수성 예민한 고3, 고2 아이들이 얼마나 당신에 대해 충격을 받았겠어. 어제 큰 딸 예람이가 수시 대학 지망학교인 S대에 논술시험을 보았어요. 잘 치르지 못했다고 풀이 죽어 오더군. 괜찮다고 위로는 했지만 예람이는 무척 속상해하는 것 같아. 이제 딸의 수능시험도 얼마 남지 않았어. 11월 6일! 한달 조금 남았어. 딸내미는 날짜가 점점 다가올수록 더욱 초조해 지는 것 같아. 이럴 때 당신의 따뜻한 말 한마디가 그리워 질 때인데, 친가와 외가의 관심인들 당신의 사랑만 하겠어? 예람이의 꿈속에라도 다가가 위로와 용기를 북돋아

주구려. 당신의 파이팅! 소리에 힘이 용솟음칠 거야. 여보! 부탁해, 아이들에게 희망과 용기를 북돋아 줘. 아이들도 당신의 유서를 수시로 꺼내어 읽는 것 같아. 마음을 가다듬고 노력해보지만, 자기 뜻대로 되질 않으니 힘이 들 거야. 그러나 너무 걱정하지마 여보, 우리 아이들은 꿋꿋하게 일어설 거야. 내일의 태양이 뜰 때 우리 아이들은 두 발을 땅에 힘차게 디디고 두 팔을 태양을 향하여 당신과의 약속을 꼭 지키겠다고 다짐하면서 힘차게 정진할 거야.

나는 우리 아이들을 믿어. 지금도 난 절대적인 신념으로 믿어오고 있지. 언젠간 그 애들이 당신 앞에 영광스런 면류관을 씌워 줄 거야.

벌써 날이 밝아오고 있어. 당신도 늦었지만 눈 좀 부쳐요. 내가 너무 잡아둔 것 같아. 창가에서 보이는 공원 가로등의 불빛은 총총하게 반짝이는데 나는 눈까풀이 한층 내려오네.

잘 자요. 여보! 사랑해. 영원히. 내 당신 생전에 "여보"라고 한번 불러보고 싶었는데 바보같이 한마디도 못했구려. 이제라도 당신에게 "여보"라고 실컷 불러보는군.

지금 글이 아닌 당신 사진 앞에서 "여보"라고 부르고 있다오.

안녕, 내 사랑 여~보!

일곱 번째 이야기

매년 10월 3일 개천절이 오면

예람 엄마야! 안녕?

매년 연례행사로 어김없이 돌아오는 달력의 붉은 글자로 그려진 10월 3일 개천절이야. 이른 아침부터 당신은 빨리 일어나라고 부산을 떨었지. 이 날은 만사 제치고 산에 가는 날. 여하한 일이 있어도 꼭 치뤄야 하는 행사. 당신은 새벽 기상하여 김밥, 과일, 음료수를 전부 준비해 둔 상태. 여기저기서 아이들의 투정소리, 나의 늦잠버릇 아랑곳 하지 않고 일방적인 통보와 결행. 우리 모두 매년 이날은 당신의 계획에 끌려가는 날. 덕분에 국내에 있는 국립공원의 산과 도립공원의 산은 거의 안 가본 산이 없었지. 가족의 건강을 위하여 노심초사 신경을 많이 쓰는 당신. 1년 12달간 한 달에 한 번씩은 산에 가자고 졸라 됐던 당신, 그렇게 산을 좋아했지.

예람 엄마야! 오늘 개천절이야. 당신 없어 산에 가질 못했어. 당신이 만든 산에 가는 날이니 다음에는 꼭 지키도록 노력할게. 사실 나는 요즘 매우 피곤했어. 당신이 없으니 아이들 밥과 빨래와 청소, 당신이 남기고 간 마무리할 것 등 왜 그렇게 몇 명 사는 집에 무슨 잔 일이 이렇게 많은지. 또 홀로 잠 못 이루는 밤이 많아져 이렇게 되어버렸어. 당신이 그립고 보고파서 사진첩을 다 꺼내어 아이들과 같이 살아온 이야기를 읽곤 하지. 당신 예쁜 사진 몇 장 꺼내어 크게 확대하여 추억을 되새기기 위해 거실에 나란히 붙여 났어. 그런데 당신, 하늘나라에서 사는 재미가 쏠쏠한지 우리에게 한 번도 안 오돼? 혹시나 애들한테 꿈에 엄마가 온 적 있냐고 살짝 물어도 보았지만 못 봤다는 거야. 우리 걱정도 안 돼? 시간 쪼개어 한번 놀러와. 당신을 위해 준비한 것이 많아.

어제 당신 보고 싶어 당신한테 달려갔잖아? 몇 번 당신을 불러 보았지만 대답이 없었어. 그래서 나만 속상해 또 꽈배기 되어 왔지 뭐야. 하늘나라가 그렇게 좋은가? 그렇게 무한정 넓은 곳인가? 어디로 여행을 다니는지 궁금하기만 하네. 하늘엔 철새들도 떼를 지어 목적지로 날아가건만 우리들은 앞으로 어떤 목적을 이루며 살아가야 할까? 당신 없이 남겨진 이 세상에….

당신, 지금 어디 있어? 현해탄 건너에? 은하 세계에? 아니면 태평양의 하늘 높은 곳 어딘가에? 너무 멀리 가 있지 마. 우리랑 항상 가까운 곳에 있으면 안 돼나?

당신이 안식을 취할 보금자리인 우리 가족묘가 거의 다 완성되어 간다네? 곧 당신 보러 또 올 거야. 10월 5일(토), 당신 떠난 지 20일째 날. 우리 가족묘가 완성되어 당신을 직접 데리고 와서 구경시켜 주는 날이야. 일산 기독교 가족공원묘, 여기가 우리 온가족이 모일 당신의 영원한 보금자리요 안식처야. 당신도 여러 번 우리 가족들과 같이 와 봤잖아.

아, 그 날이 빨리 왔으면 좋겠어. 오늘은 조금 뒤에 묘지 건으로 약속이 있어 일단 헤어지고 모레 또 올게. 그 때까지 잘 지내고 있어요. 안녕.

여덟 번째 이야기

나눔을 실천한 당신이기에

예람 엄마야!

가족에게서 일탈하여 당신이 말했던 평화로운 낙원인 천국에서 잘 정착하고 살고 있는지, 잘 쉬고 있는지 궁금하네? 그 곳이 그렇게 행복한덴가?

아니, 어떻게 당신이…. 얼마나 좋으면 육신과 영이 한데 있지 않고 따로 따로 일탈하고 있는 거 같아. 섭섭하네. 분명 육은 우리 곁에 있어 언제든 보고 싶으면 당신을 보러 오건만, 왜 영을 지닌 당신은 나와 아이들의 꿈속에도 한 번도 찾아오질 않는지 야속한 마음만 든다오. 이곳에선 오로지 나와 애들 걱정만 하더니 그곳으로 가곤 영 소식이 없으니 어떻게 그럴 수 있어. 그곳이 가족 생각 안 날 정도로 행복해서 좋아? 참, 내 기막혀서, 그것 참!

우리가 사는 세상 이 곳에선 나도 좀 바빴지만, 그래도 당신을 위하고 가족을 위하는 일인데 마냥 바쁘다는 게 그렇게 홍겹고 좋은 것만은 아닌 거 같아. 왜냐하면 하늘에서 무에가 그리 좋고 바쁘면 우리도 잊은 채 소식은 함흥차사이고, 이곳에 남아 있는 가족은 저마다 학업과 일들이 있어 바쁘게 지내다보니 대화할 시간도 많이 줄었다오. 그래도 틈틈이 짬내어 당신이 남겨주고 간 '끈끈한 사랑' 때문에 매일 파주에 와서 가족묘를 만드는 데 하나하나 점검하고 있지.

　집안의 불편한 고질이었던 형제간의 우애를 돈독하게 이끈 일등 며느리로, 형제들의 가족과 그 나눔을 실천하기까지 가교 역할을 충분히 한 큰머느리로, 큰형수로, 아내로서의 소임을 다한 당신에게 뭐라고 고마운 마음을 전해야 할지 모르겠어. 둘째의 손을 잡아주어 가족의 울타리에 들어오게 한 일과 셋째가 가한 큰 상처를 털어내는 따뜻한 온정을 베푼 천사.

　저 멀리 하늘나라로 가면서까지 우리 윤씨 가문의 돌아가신 분들의 묘가 뿔뿔이 흩어져 있음에 당신을 계기로 선친인 조부님, 조모님, 숙부님, 조카를 한 곳에 모셔 가족묘를 만들게끔 동기유발 시킨 자랑스러운 나의 아내.

　더욱이 당신이 희망하던 온기 품은 손길로 인하여 오늘 가족묘가 만들어져 백부님 가족, 여러 숙부님들의 가족, 조카들이 모여서 한가족 한마음의 뜻으로 합쳐져 단합이 되는 혈육의 정을 만끽하게 되었다오. 이로써 그간 우리 윤씨 가문이 서로 바쁘게 생활하여 왕래가 소원해진 모든 부분을 서로 만나 의견을 개진하고 그간의 품었던 불편한 감정들을 모두 해소가 된 것 같아. 다음부터는 최소한 1년에 한 번씩은 한식날에 즈음해서 온 가족이 가족묘에 모여 예배도 드리고 만남의 정도 만끽하며 지낼 수 있게 의견이 조율되어 무척 기뻤다오.

　그리하여 비석에는 우리 혈족 모든 가족들의 이름을 새겨 넣어 가족의 일원으로 자부심을 가지고 활동할 수 있도록 새겨 놓았지. 이것은 당신이 우리 파평 윤씨 혈족에 연결고리를 만들어 준 누구도 생각 못한 커다란 대업이었지. 이 모든 것들이 천사 같은 마음씨의 소유자이며 훌륭한 선행인인 당신 아니면 그 누가 할 수 있었겠어. 그래서 그런지 당신을 생각하면 할수록 몸도 마음도 기쁘고 당신이 이어준 모든 것을 생각하면 할수록 기분 삼삼하고 뿌듯해지면서 자랑스러워지더군.

온가족이 당신에게 너무 고맙다는 말들을 많이 하셨어. 당신 시부모님도 '대견스런 며느리'였다고 하시고 동생 가족들의 '참 좋은 형수'란 칭찬에 내 기분이 뿌듯해지더라고. 당신으로 인하여 엉킨 실타래를 잘 풀기는 했지만 앞으론 엉키지 않을 얼레를 만들어 모두가 만사형통하며 잘 살아 갈 수 있으면 하는 게 나의 소망이야.

예람 엄마! 당신이 자랑스러워. 수고했어요. 당신의 효심이 이럴진대 내가 당신을 안 예뻐할 수가 있겠어? 큭큭.

당신, 며칠간이었지만 낯선 용미리에서 지내느라 얼마나 마음고생이 컸겠어?

이제야 내가 노심초사했던 당신의 영혼과 육체를 이곳 일산 가족공원묘로 모셔와 안치하니 마음이 편해지고 날아갈 것만 같아. 당신이 아픔에 떨며 괴로움에 시달리는 모습을 봐온 제 구실 못한 남편이었지만, 이제 조금은 오랜만에 느껴보는 남편으로서의 구실을 했다는 데에 자긍심이 생기는 거 같아. 그간 당신이 용미리에 임시 거처를 두고 있을 때 내가 얼마나 안쓰럽고 미안했는데. 내가 얼마나 바늘방석에 앉은 것 같은 좌불안석이었는지 알아? 무서움을 많이 타는 낯선 곳에 당신만 혼자 남겨두고, 거기에다 매일 찾아가지 못해 얼마나 마음이 아팠는지 알아? 뭐시라? 무서운데 홀로 두고 갔다고 삐져서 우리에게 찾아오지 않았다고?

으이그‥ 그렇게 꼬집어 말하면 나는 또 고개 못 들지잉~. 이제 전경 좋고 양지바른 그곳에는 하늘나라에 먼저 가 계신 어른들과 조카 등 혈족들이 있으니 오순도순 얘기하면서 맘 편히 잘 지냈으면 좋겠어. 어때, 전경 좋고 탁 트인 곳에서 새 식구들이 생겨 심심치 않고 좋지? 오늘까지 우리와 떨어져 있은 지 20일째 되는 날이야, 내가 이 날을 택했어. 그리고 다음 주 토요일에는 온가족이 이곳 가족묘에 모여 당신을 비롯한 가족들을 위해 예배를 드리기로 했어.

그럼 이 날에 또 봅시다. 그동안 할아버지, 할머니, 숙부님 등 친척 분들과 많은 얘기 나누며 편히 지내고 있어요.

그럼, 안녕.

아참, 오늘은 당신, 화가 많이 풀어졌으니 나와 애들에게 꿈속에서 예쁜 얼굴 보여 줄 거징~?

아홉 번째 이야기

아내가 보고 싶어서…

내 사랑, 순아! 당신과 아픈 이별을 한 지도 33일이나 되었어요.

준비 없이 맞이한 이별이라 가슴앓이로 허구적 되고, 시도 때도 없이 울컥 울컥대는 걸.

품에 있던 사랑이 곁에 없다는 거에 이토록 서러운 일인 줄 몰랐어. 나는 왜 이렇게 떠나보내는 것에 서툰 걸까. 당신의 아픔이 보여서 그런가. 눈부신 대로에 발가벗겨져 있는 마음이었어. 멈출 것만 같은 시간은 무심히도 지나가 버립디다. 하여, 이제는 가는 세월에 힘을 주어 어서 가라 한다오. 나만 바라보고 있는 아이들에게 들켜지는 부끄러운 모습도 다신 안 보여야겠다는 생각도 들고.

사랑하는 나의 존재 순아! 아무리 불러도, 목 터지게 불러도 대답 없는 순아. 혼자만 외치게 되는 이 처량한 절규, 그 누가 당신을 대신해 대답해 줄 수 있겠소. 당신만이, 오로지 나에겐 당신뿐. 아무도 없는데…. 그제도 어제도 당신을 그리며, 내 마음은 당신 속에서 허우적대며 살았어. 이제는 돌이키지 않으려 해도 깊은 시름 잊으려 해도, 자꾸만 쌓여가는 그리움과 보고픔은 어쩔 수 없나 봐. 내 가슴 속 울림통의 파장이 컸던 것임이 아니었겠소. 엄청난 바위덩이로 가슴을 짓누르고 있음도, 이루 형용할 수 없는 그 무엇에 빠져들고 있음도 당신을 향한 마음이었기 때문임이 아니었겠어.

　내 사랑하는 이쁜이, 순아! 지금쯤 어느 좋은 곳에서 머물고 있으리라 생각하고 싶어. 이승에선 궁핍한 생활로 제한이 많았지만, 하고프던 모든 것을 하늘나라에서 꼭 이뤄가길 기도할게. 이제는 바램도 없는 나이지만 그저 당신이 좋은 곳에서 희망하던 값진 일들을 꼭 이루어가기를 가슴깊이 기도할 뿐이야.

　무지개 색깔로 채워 나가던 시절, 사랑하고 행복했던 시절만 생각하고 부디 여생을 즐거움 만끽한 생활로 즐겨가기를 기도할 뿐이야. 힘들고 어려웠던 시절은 다 잊고 나래를 활짝 펼쳐 가고 싶은 곳, 먹고 싶은 호화음식, 하고 싶은 일 등 모두 이뤄가며 살아갈 기도할게. 또 당신의 아리따운 모습, 영원함으로 고이고이 간직하며 지내고, 여기에 있는 나도 최선을 다하며 살아 갈 테니 당신 또한 그렇게 재미있게, 행복하게 살아가시면 좋겠어.

　여보! 요즘은 산다는 거에 무얼 위해 살아가야 하는지 자꾸 회의가 들어. 난 모르겠어. 죽음에 그토록 가까울 수 있다는 것도 몰랐고, 애들 때문에 살아야 한다는데 시간이 흘러 갈수록 정리가 되는 것이 아니라 머릿속이 온통 뿌연 색으로 변해가는 걸 어떡해. 그렇다고 위험한 생각을 하는 것은 아니니 걱정하지 마. 우리 애들을 잘 키우고 훗날 당신을 보게 되면 잘했다고 수고했다는 칭찬 받을 수 있는 그런 남편이 될 거야.

　순아! 나 여기 온 것 알지? 오늘도 당신보고 싶어 달려왔지만 당신만 보면 하염없이 흘러내리는 눈물을 주체 못하겠어. 실컷 울게 내버려 둬. 그래야 내가 편해져. 내가 어디서 울겠어. 당신이니까 실컷 울 수 있지 안 그래? 생전에 당신이 무척이나 좋아 하던 꽃! 튤립꽃, 장미꽃, 국화, 안

개꽃, 백합꽃, 문주란꽃만 골라 한바구니 담아왔어. 당신께 이렇게 바치니 내 마음도 한결 가벼워지네.

여보! 내일은 우리 처제들이 예람이와 예찬이에게 맛있는 음식도 사 주고, 아이들에게 보약을 지어 주겠다고 하네? 처제들이 아이들 신경을 많이 쓰고 있는 것 같아. 당신은 각별한 신경을 써 주는 동생들을 두어 믿음직해 좋겠어! 엄마 잃은 아이들이 어떻게 지내는지 무척 궁금하겠지. 걱정도 되고….

순아! 오늘도 나 혼자 왔지만 다음에는 아이들을 꼭 데리고 올게요. 당신 하고 싶은 것 다 하면서 지내고 있어요. 별안간 당신 보고플 때 어느 날 갑자기 달려올게요.

오늘은 왠지 기분이 억수로 좋은 날이었소.

안녕. 나의 사랑 순아!

열 번째 이야기

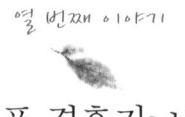

슬픈 결혼기념일
— 20주년

내 사랑, 예람 엄마! 잘 지내고 계시는지요.

천국이라는 그 곳에서 요즘은 무엇을 하며 지내시는지 궁금합니다. 한밤중이라 내일 띄우려 했지만, 오늘 앞당겨 당신께 편지를 띄웁니다.

오늘은 10월 16일!

토요일의 한밤이지만 내일은 조금은 업무에 여유가 있고, 이제 막 아이들이 내일 아침에 먹고 갈 밥과 국, 찌개를 끓여놓고 설거지도 끝내고, 여유로운 마음으로 우리의 방으로 들어와 당신께 편지를 씁니다.

예찬이는 피곤하다 하여 잠자리에 들고, 예람이는 지금 이 시간까지 자기 방에서 공부를 하고 있습니다. 요즈음은 예찬이가 공부에 등한시하여 시험성적이 예전 같지 않고 여자친구 사귀는 데에만 정신을 쏟고 있는 것 같아 마음이 쓰리답니다. 언제까지 스스로 판단하여 자율적인 공부하기를 관망해야 할지 혼란스럽기만 합니다. 질풍노도 같은 10대의 사춘기에 있는 사내애라 적극적 개입하면 오히려 역효과가 날 수 있을 것 같아 조마조마한 마음으로 지켜봅니다. 아마도 어린 나이에 큰 충격을 받아 자괴감을 잃어 일시적 방황을 띤 게 아닐는지요.

지금까지 내 아이들을 믿어온 부모로서 계속적인 관심을 가지고 지켜

보렵니다. 곧 아픔을 떨쳐버리고 멋진 청년으로 성숙해 가는 기대를 저버리지 않는 자식이 될 겁니다. 그렇게 되어 갈 자식이라는 믿음을 확신하고 있지요.

예람이는 내신 성적 1등급으로 수시 지망 대학인 S대와 K대를 지원했으나 불합격되어 풀이 꺾이긴 했지만 수능시험 공부에 정진하고 있어 마음이 노입니다. 이런 일련의 일들을 볼 때, 곁에 있어야 할 당신이 없으니 내가 정신적으로 어떻게 지탱하며 생활을 영위해 나가는지 알겠지요?

당신이 있었으면 이렇게 아이들이 힘들게 하루하루를 보내진 않았을 텐데…. 자상하고 사랑스런 당신이 곁에 있었으면 우리 아이들도 여느 애들처럼 딴 생각 안하고 안정되게 공부에 전념만 했을 텐데요. 이 모든 것들이 이제는 아버지로서 내가 풀어가야 될 과제라는 걸 알아요. 그래서 아이들에게 각별히 신경을 쓰고 있답니다. 걱정은 하지 말아요. 내 열심히 해볼게요.

그리고, 너무나도 보고 싶은 내 사랑아!

오늘이 무슨 날인지 아시는지요? 오늘은 당신이 항상 손꼽아 기다려 오던 스무 번째 맞는 결혼기념일이랍니다. 매년 이 날이 다가오면 한 달 전부터 내게 상당한(?) 푸시를 넣으며 상기시켜 왔지요. 무슨 선물해줄 것이냐, 어떤 음식점에 갈 것이냐, 여행은 어떠하냐, 어떻게 사랑해줄 것이냐 등등의 밉지 않은 앙탈을 하기도 하고 응석을 부리곤 했었지요.

오늘 그런 사랑스런 응석받이 당신이 곁에 없으니 한스럽고 외로워서 미칠 뻔했다오. 상당한(?) 압박에 한동안 머리에 스팀이 나도록 쥐어짜내어 선물할 양이면 사치스럽다고 돈으로 되바꾸고, 외식도 못하게 하고,

결국은 집에서 음식을 해먹을 것을. 매번 내 마음을 떠 보는 것은 좋지만, 왜 이 날 만큼은 꼭 집에서 나에게 밥과 음식을 하게 만드는지, 원!

사실 이제야 말하지만, 이 날은 공포였다오. 공포! 흐흐흐.

오늘은 당신 없는 결혼기념일!

너무나 슬프고 쓸쓸하고 서글픈 기념일이었소. 앞치마 두르고 당신 좋아하는 등심고기 사와 쌈장, 기름장, 된장찌개 만들고 상추, 마늘이랑 곁들여 아이들과 함께 당신 생각하며 먹었다오. 하지만 목구멍에 가시 걸린 듯 메어서 잘 넘어가질 않고, 슬픔감춘 속울음 꺼억꺼억 했지요. 올해는 큰 딸 때문에 어쩔 수 없으니 내년에는 꼭 동남아여행 가자고 하던 당신. 너무나 억울해! 억울해서 미치겠어!

예람 엄마야!

올해 예람이 시험 무사히 끝내면 아이들과 같이 갔던 옛 제주도를 일주하며 추억 찾아다닐 계획이에요. 시험공부에 축 쳐진 예람이를 위로할 겸 아이들이 당신과 함께 보낸 추억의 자리들을 안내해 주겠지요.

큰 애 예람이 시험 잘 보게 당신이 곁에서 지켜봐 줘요. 부탁이요. 그리고 오늘과 내일은 가족들에게 축복을 내려주어야 하는 날이랍니다. 넷째 여진엄마가 공주님을 오늘 순산했고, 내일은 조카 순애가 결혼을 하는 축복된 날이랍니다. 당신 그들에게 축하해 주시구려.

당신 없는 서글픈 20주년의 결혼기념일!

당신이 잘 만든다고 칭찬하는 구수한 된장찌개를 보글보글 끓여 당신께 먹여주고 싶습니다. 오늘 하루만큼은 우리 가족의 아니 당신의 머슴으로서 할 일을 다하는 날이었는데 오늘 왜 이리 마음이 허전하고 아려 올까요.

가는 정 있으면 오는 정 있다고 했던가요. 당신이 디저트로 주는 차. "수고했으니 차 한잔 드세요!"라는 다정다감한 목소리에 왼손을 받혀서 따라주는 사랑과 어우러진 향그러움이 담긴 차의 맛이 그립습니다.

당신 떠나가고 없는 오늘, 내겐 두 번째 슬픈 날이랍니다.

열한 번째 이야기

회상回想 1

    오늘은 된서리가 내린다는 상강이었다. 아침 산자락은 서리로 뒤덮여 아침햇살을 받아 온통 하얗게 반짝거린다.
    어느덧 주변의 나무들은 울긋불긋한 형형색색의 가을색으로 물들어 있고, 스며드는 찬 기운에 옷깃을 다시금 여미게 되는 때가 되었다. 높고 푸른 청자빛 가을 하늘 아래에 아내가 머물고 있는 경기도 파주 일산기독교묘원.
    바라만 보아도 푸근하고 가슴이 넉넉해진다. 무담시 그리워지는 얼굴을 언제든 만나고 볼 수 있는 곳이기 때문이다. 하지만, 아내에게 향하는 애타는 그리움은 눈처럼 쌓여만 간다.
    오늘처럼 순도 백 프로의 사랑을 내보이는 아내가 보고 싶은 날이면 버릇처럼 하늘을 올려다보는 습관이 생겼다. 이 춥고 가난한 마음속엔 언제나 따스한 그녀의 손길을 갈망하고 있다. 힘이 들 때 손 잡아주고, 괴로울 땐 마음을 얼러주고 달래주는 인생의 동반자 - 가는 길, 사는 길을 가르쳐 주는 등대와 나침반 역할까지 한 아내에 대한 가슴앓이로, 더 이상 참을 수 없었다. 처량하기 그지없는 짝 잃은 비익조가 된 나는 갈 곳 없어 헤매다 아내가 머문 이곳 둥지에 찢겨진 한쪽 날개로 뒤뚱거리며 서러운 마음 안고 다시 찾아왔다.

그리움은 마음속 깊이 물들어지고, 괴로움에 까만 숯덩이 된 가슴속, 이 초겨울 외로움에 추위타 애끓는 나의 심정.

두 평 남직하게 대리석으로 빗어진 아내가 머물고 있는 영원의 안식처. 콧등으로 스치고 지나가는 쓸쓸한 바람결, 마치 내 모습을 보고 있는 것 같다. 후미진 곳의 돌방석에 무거운 엉덩이를 내려놓고, 띄엄띄엄 보이는 방묘객들의 슬픈 몸짓을 보기도하고 표정도 읽어보았다. 저들은 어떤 사연이 있길래 저리도 슬퍼할까.

아내가 안식을 취하는 주변의 잔디엔 방묘객들이 흘리고 간 먹이를 찾아 잰 걸음 하는 참새 떼들이 기척에 놀라 파드득 소리 내며 나무에 오른다. 나뭇가지 위에 올망졸망 모여앉아 아내의 얘기를 바람에 의해 들어 알고 있다는 듯이 저들끼리 수군거리는 것 같다. 100미터 정도 떨어져 있는 논두렁의 냇물까지 웅얼대는 소리가 들려온다. 저들의 수다에 우리 얘기를 하고 있는 것 같아 가만히 귀를 기울여 본다. 아니나 다를까 아득히 밀려오는 아내의 슬픈 이야기였다.

보다 나은 행복한 삶을 위해 희망을 앞서게 하고 마지막 투지를 불태우던 그때의 이야기.

아내에게 불어닥친 '시한부 삶'이라는 아픈 마음 달랠 길 없는, 맑고 고운 눈에 가득 고인 이슬방울, 성경책 가슴에 얹고 하나님께 무언가를 위해 간절히 기도하는 아름다운 모습, 하얀 마음으로 가족의 안위를 걱정해주는 사랑스러움, 못 다 이룬 꿈 달래려는 듯 지난날의 즐겁고 행복했던 날들의 추억을 되새기며 웃음 지었고, 하늘나라 새벽행 열차에서 마지막 인사 건네지 못해 못내 아쉬워 눈 못 감고 떠난 아내.

지금 이 자리에 짝 잃은 비익조 한 마리가 아내의 가슴에 후벼파는 아픈 그리움을 포개어 외로움을 위로받고파 가부도 묻질 않고 무조건 날아왔다.

아내는 지금 하늘 어딘가로 먼 여행을 떠났나 보다. '아내는 출타 중'이라는 안내표지판 같은 비석만 지키고 서 있을 뿐이다.

사랑하는 여인이 머문 자리에, 한때나마 도취되었던 아내의 풋풋한 향기를 맡기 위해 찾아왔건만, 공허한 이 자리엔 풀벌레들만이 빈객의 마음을 위로키 위해 급조된 노랫가락으로 합창해주고 있다.

바람결에 내 소식 전해 듣고, 어디선가 금새 맨발로 달려올 것만 같은 아내모습 기다렸지만, 어느 방묘객의 차에서 들려오는 가슴 파고드는 심금 울리는 노랫소리만이 들려온다.

노래와 제목도 생소한 유행가였지만 노랫말에,

"정 하나로 20년 가까이 살아왔던 세월, 꿈같이 흘러간 지금, 당신을 잊을 수 없어 코끝을 스치고 지나가는 미풍에 담아 못 그리는 그림이지만 당신을 그려 보았지. 내 마음에 영원히 새기기 위한 작업이었지…"

쭈그리고 앉아 듣고 있노라니 욱－하고 치밀어 오르는 슬픔을 겨우 참아내며 나직이 긴 한숨으로 토해본다.

노랫말에서처럼 내 안에 담아둔 아내의 얼굴을 삼십팔 일 만에 캔버스에 담아보았다. 20년을 동고동락한 아내의 모습에서 한부분, 한부분의 몸짓까지 선명하다. 아내에 대한 감정이 아직도 새롭다. 인생을 헛살지 않고 그래도 바르게 살아왔다고 자부할 수 있다는 데는, 다 아내의 내조에서 비롯된 영향이 아닐까 한다.
 사슴 닮은 커다란 청아한 눈.
 정답게 나비 앉은 듯한 가지런한 눈썹. (따스한 고운 눈길.)
 자존심과 자신감이 어우러져 함께한 단아한 콧망울.
 탐스런 사과의 속살같이 고운 볼과 홍조 띤 뺨.
 붉은 꽃잎 사이로 보일 듯 말 듯한 희고 가지런한 치아.
 평생 빨간 립스틱 한 번 안 발라본 앵두빛 입술.
 태평양같이 넓은 마음을 가진 이마.
 이웃 얘기도 오랫동안 들어주는 하얀 귀.
 매끈하고 가녀린 팔뚝과 팔목.
 섬섬옥수 빚어진 길고 가지런한 손과 손가락.
 좋음과 나쁨을 포용하는 따스함과 넉넉함의 가슴.
 콩나물 값 싸다고 멀리까지 걷고 도는 군살 없는 다리.
 천리라도 부를라치면 쭈르르 미끄럼타고 달려오는 조막 같은 발.

(향기를 뿜어내던 미소 머금은 입술)
(편안함으로 달래주는 그윽한 음성)
(순수하고 해맑은 웃음소리)
(수정 머금은 듯 반짝이는 눈)
 ―이 모든 것을 지닌 아내를 독점하며 사랑했던 남자.

 육체적인 뛰어난 외모의 체격을 소지하지 않은 아내이지만, 여성스러운 아름다움에 있어 충실한 내면세계와 성실한 삶의 태도에 대한 정신적인 아름다움을 겸비한 어여쁨의 조강지처였음을 자인한다.

　지금 내 마음 속엔 하나에서 열까지 아내를 사모하는 마음 가득 넘쳐 흐른다. 나 자신이 스스로 사람들이 흔히 말하는 '좀 모자란' 팔불출의 대열에 서서 아내를 위하는 마음으로 살아가고 싶다. 아내는 가족과 떨어지는 먼 이별여행을 원하지 않았다. 그렇듯 아내는 가족과 깊은 신앙심으로 최선을 다하며 열심히 살았다. 그런 아내에게 큰 고통이 따른 죽음이란 시한부 인생이 찾아왔다. 병상에서 하루 이틀 더해만 가는 죽음보다 더 아픈 땀과 눈물이 혼합된 큰 진통과 싸워야만 했다. 6개월의 제한된 시한보다 한 달여 일만에 암과 싸우다 기약 없는 먼 이별여행으로 떠났다. 예상외로 일찍 떠나감을 슬퍼하지만 이제 와 생각하니 아내는 자기의 아픔보다, 곁에서 지켜보며 괴로움에 자책해 하는 남편과 아이들의 부담을 덜어주기 위함으로 살신성인으로 점철된 배려였음을 알게 되었다. 근 20년을 살아 온 부부의 정으로 소통된 감정이 시간이 감에 따라 마음으로 와 닿게 됨이었다. 아내는 남아있는 가족 생각하여 하나님께 거듭 요청하여 하루라도 일찍 서둘러서 하늘나라로 부르심을 요청했음이라.

　가족과 호흡하며 빚어온 미완의 명작(아이들)을 남긴 채 서둘러 떠나간 아내에 대한 정한과 애틋함이기에, 마음의 상처도 크고 울림도 크다. 졸지에 서럽게 버림받아 짝 잃은 비익조는 추억을 안고 - 이 세상 오직 한 사람, 아내에게 - 저 하늘 어딘가에 있을 아내를 찾아 비록 뒤뚱거리는 한쪽 날개이긴 하지만 바람에 실려 훨훨 날아가고 싶었다.

　아내를 떠나게 했던 죄 값을 받으리란 생각엔 지금도 조금치의 의심 없고 미련은 추호도 없음이다. 아직은 갈 수 없는 나라. 돌아올 날 기약

없이 이별하였으니, 아내의 모든 체취 고이 간직한 채 먼 훗날 아내와 해후할 수 있는 희망이 있기에 그 날을 기약한다. 아내를 만나면 용서를 구한 뒤 포근한 그녀 가슴에 묻혀 그간의 미뤄 둔 잠을 실컷 자고 싶다.

아내는 나를 애달픈 마음과 그리운 마음을 가슴에 보듬은 채 기억하고 기다려 줄 것이다. 내게서의 아내에 대한 믿음은 타의 추종을 불허할 것이다. 그렇기 때문에 내가 팔불출로 사는 이유일 것이다. 훗날 기억이 닿지 않는 시간이 내게도 분명 올 것이다. 아니 불현듯 자의 아닌 타의로 올 수도 있을 것이다. 일상에서 자식들과 여느의 일상을 살며 시공의 간격과 간격이 더 벌어져 현세에서의 시각마저 아주 지워질 때가 올 것이다. 그때엔 천국의 땅 그곳에서 열 일 제쳐두고 연리지 내 사랑 순이는 맨발로 달려나와 분명 알리바이가 되어줄 것으로 믿는다.

"내 남편입니다."라고.

오늘도 시커멓게 타들어간 가슴 뒤로한 채 우리 아이들 있는 곳으로 다시 돌아가야만 했다.

때가 되면 꽃비처럼 내려와 내 마음을 촉촉히 적셔줄 다신 없을 단한 사람. 그대.

우리 다시 만나는 날, 그때는 영원히 헤어지지 않을 테니깐.

열두 번째 이야기

회상回想 2

참 이상도 하지, 한밤중 시간도 아닌 오전 12시 조금 안된 시간인데 왜 이렇게 마음이 쓸쓸할까?

집안 청소를 다 끝내고 햇빛 스며드는 커튼을 재끼며 베란다에서 아파트 주변을 물끄러미 눈 내리어 쳐다보았다. 한때 아내와 정담이 오가던 사람들의 모습에서 하얀 웃음들이 정겹게 펼쳐진다.

무슨 얘기들을 저토록 맛있게 하는지 주부들이 삼삼오오 짝을 지어 웃는 모습, 철부지 어린아이들이 공차며 뛰노는 모습, 포터 차에 좌판 벌여놓고 상인과 주민들이 흥정하는 모습, 아이들의 그네 타는 모습에 시선을 떼지 않는 엄마의 미소. 이런 정겨움이 아파트단지 내의 바닥에서부터 모락모락 피어오른다. 내게도 내면에 잠재워둔 정겨움이 분명 있음인데 아직은 떠올리는 자체가 과분한 사치란 듯 머리카락 흐트러지는 바람이 불어와 뺨을 스치고 지나갔다. 그래선지 스멀스멀 피어오른 감정을 억누르며 찾아온 쓸쓸한 기분을 외면할 수가 없는 것은 왜일까?

돌아서서 소파에 앉아 길게 심호흡을 해본다. 커다란 액자에 담긴 아내의 스냅사진. 클로즈업된 미소 짓는 얼굴을 보자니 못내 마음이 시려 온다.

지금쯤 여느 주부들처럼 집안 청소 등을 다 끝내고 잠시 휴식을 취해 커피 한 잔 하고 있을 아내. 한 달 이상을 아내가 해온 가정살림을 대신 하고 있다. 일을 하면서 그녀의 체취를 느끼기도 하고, 또 그녀가 했을 일 하나하나를 찾아 그녀의 행동 속으로 젖어들어가 보기도 했다.

혼쭐 빼내는 아침 전쟁. 남편과 아이들이 다 빠져나간 썰물 때의 고 요함처럼, 혼쭐 빠진 그녀는 긴장 풀어진 처진 몸으로 잠시 소파에 앉아 기운을 보충했을 터이고, 이내 앞치마 다시 두르고 식탁에 남겨진 음식 과 밥으로 간단히 배를 채우고, 그릇을 모아 주방 설거지통에 모아놓고, 이내 안방과 애들 방으로 직행해서 헝클어진 머리카락과 나자빠진 이불 등을 털어내며 뭐라 중얼중얼 삶에 겨운 소리를 해댔을 아내.

각 방에서 벗어 놓은 옷가지와 이곳저곳에 처박아둔 어지러운 물건 때 문에 또한번 어느 나라 언어인지 모를 해독 불능한 중얼거림. 분명 누구 한테 하는 말인 듯한데.

세탁기에 쑤셔놓고 2시간짜리 세탁 보턴 눌러놨을 테고, 쌩하니 주방 으로 걸음해서 설거지 다 끝내고, 윙- 소리 나게 청소기 돌려가며 각 방과 거실을 라디오 음악의 리듬에 맞춰 엉덩이 흔들며 방 먼지를 털어 냈을 아내.

이어서 물 한모금 들이키고, 물걸레로 곳곳의 먼지와 바닥에 떨어진 얼룩을 닦고 지웠을 아내. 이마에 흐르는 땀 손등으로 닦아내면서, 하늘 한번 쳐다보면서, 쳇바퀴 돌 듯 매일 반복되는 일상에 갇혀 사는 '여자 의 일생'에 푸념 늘어놨을 아내.

아침 일 끝날 즈음, 세탁기 울어대는 알림소리에 후다닥 달려가 세탁

물 바구니에 담고, 빨래건조대에 팔을 너울대며 춤추듯 탁- 탁- 털어 내어 널고는 이마에 밴 땀 닦고 허리를 펴면서 '만세 삼창'했을 아내.

이제는 조금 느긋한 마음으로 옷가지 등을 개어놓고, 점심 차려먹기 귀찮아 김치반찬 하나에 밥을 물 말아먹고, TV 켜놓고 연속극에 심취하여 눈물 한 바가지 떨구어냈을 테고, 이 닦고 세수하고 기초크림 한번 바르고 하루일정 머리 굴렸을 아내.

마지막으로, 헤이즐향 그윽한 커피 한 잔 들고 베란다와 소파 드나들며, 가까운 벗에게 전화하며 수다를 떠는 것으로 하루 일과를 시작했을 아내.

또한, 가슴 일렁이는 곳곳마다 아내가 남긴 손 탄 것들과 반짝반짝 윤이 나고 땀 밴 흔적들이 있는 집기비품들의 이름에 밑줄을 그어본다.

너무나 성급하게 이 병원 저 병원 뛰어다니며 아내 수술 일정을 타진하지 않았다면, 혹 수술을 안 했더라면 적어도 올해까지는 아니, 그 이상을. 민간요법이나 대체의학요법을 활용하여 효험 있었다는 분들과 암을 극복한 체험사례들을 찾아 치료하는데 써보았으면 아내가 건강을 되찾아 우리 곁에 있지 않았을까 하는 미련과 후회만 든다.

암과의 투쟁을 벌이고 있는 아내에게 보다 더 따뜻하게 담긴 말 한마디를 전하지 못함과 지극정성으로 간호를 하지 못한 것이 왜 이리 내내 한스러웠던지. 이렇게 병상에서 급하게 떠날 줄 알았으면 살아생전에 먹고 싶다한 것들을 다 해줄 걸 하는 아쉬움, 가고 싶다던 여행지에 가서 아내에게 큰 추억이나 만들어 줬을 걸 하는 후회스런 생각만 자꾸만 떠오른다. 좀 더 잘해주지 못한 후회로 먹먹해진 가슴만 후려칠 뿐.

이 모두가 나의 불찰이었음을. 정기검진을 빠트리지 않았던들. 뒤늦게 후회하는 바보 같은 남편 때문에. 하늘이 주신 아내의 수명은 분명 100살이었거늘, 뜻하지 않은 병 생기어 어긋난 운명으로 영원한 이별을 하게 되었으니 한스럽고 통탄할 일이었다.

오호, 통재라! 뒤늦게 후회하면 무슨 소용 있을까마는 너무나 아프게 하늘로 떠난 아내를 생각하면 가슴이 저미어 온다. 살아서 숨 쉬고 있는 나로서는 미안한 아내에 대하여 최대한 성의를 다 못한 죄스러움과 속 끓는 괴로움과 미칠 것만 같은 심정만 남아 남들에게 말 못할 후회와 속죄하며 살아가야 할 과제만 쌓이게 되었다.

상처를 입고도 성내지 않고 넓은 가슴으로 품어주는 아내가 있어 미덥기만 하다. 뒤틀린 심사도 모두 접어버리고 아침 햇살을 만져보는 혜택도 누려보는 것은 포근하고 넉넉한 아내의 품에서 뿜어져 나오는 보호본능의 기운에 의한 버팀목 때문이 아닐까?

오늘도 거실 벽에 걸려있는 아내의 영정과 웃음 짓는 스냅사진을 보며 되뇌며 속말을 해본다.

'과연 나는 아내처럼 가족에게 열과 성으로 희생하고 살아온 생활에 올바른 반려자 역할을 해 왔을까?'하는 반문을 하며 서글픈 반성을 해본다. 친구들에겐 '나는 아내를 사랑한다.'며 거침없이 말해오곤 하여왔지만 지금은 이 말이 위선적이고 가식적인 말이었음이다. 그녀에게 주어서는 안 될 슬프고 가슴 아픈 일들을 많이 해온 것 같다.

인생살이에 기쁨과 노여움과 슬픔과 즐거움을 아울러 이르는 말 – '희로애락喜怒哀樂'이라는 단어. 아내가 이 단어를 모르진 않겠지만 기쁘고 좋은 일만 떠 올리고 하늘나라에서는 행복하고 다시는 아프지 않고 살아갔으면 하는 진솔한 심정이고 간절한 소망이다. 아내 없는 이 원통하고 한스러운 세상. 하늘가신 아내는 말이 없지만 이승에 남아 짝 잃고 애절한 신세인 나로서는 앞으로의 생활설계를 어떻게 펼쳐 나가야 할지 걱정만 앞선다. 언제까지 아내에 대하여 다 못한 후회와 괴로움의 늪에서 허우적거리며 빠져나올 수 있을까. 아마도 빠져나온다 할지라도 생명 다할 때까지 가슴에 영원한 상처안고 살아갈 것은 자명하다.

아내가 주고 간 모든 것….

'희생하는 사랑'에 대하여 후회와 반성을 하며 새로운 각오를 한다. 아내가 남긴 뜻 따라, 나는 우리 애들한테 아내의 '무조건적인 주는 사랑'의 반만큼이라도 애비로서의 역할 직분으로 '가시고기'같은 인생을 살아가며 사랑을 듬뿍 주고 훌륭하게 키운 후엔 아내의 곁으로 갔으면 하는 바람이다.

더 이상의 후회하는 인생을 살지 말고, 내 아내의 간절한 소망인 아이들의 인생에 든든한 나무가 되어 사회의 훌륭한 동량이 될 수 있도록 뒷바라지 하면서 한 가정의 가장으로 최선을 다하며 살아가기를 소원한다.

열세 번째 이야기

황홀하게 펼쳐진 기억들

   그윽한 향기에 취하는 커피 한잔을 들고서 소파에 기대며 얼마 전까지 함께 마시고 정담 나누던 아리땁고 청초했던 아내의 일상 모습을 반추한다. 좀 전까지 불안해졌던 마음들이 사르르 녹아내려 간다.

   제주도 거북바위에서 턱을 괴고 바위에 쭈그리고 앉아 환하게 미소를 짓고 있는 아내 모습.(처녀적 탈렌트 길거리캐스팅에 불응한 게 순전히 나 때문이라고 한다. 진짜 이런 포즈를 보면 가능성은 있었을까)

   바람이 드세게 부는 거제도에서 한 남자의 가슴에 파묻혀 다정한 포즈를 취했지만, 바람에 날린 그녀의 긴 머리카락으로 정작 내 얼굴을 완전히 덮어버린 사진속의 모습.(그때 ♡모양을 두손으로 지으며 웃는 아내의 얼굴은 기차게 잘 나왔다. 지금도 궁금하다. 그때 사진사는 무슨 생각으로 나를 그렇게 찍어줬을까)

   지리산 노고단 정상에선 몹시 거센 바람이 불어왔지만, 자기는 새털같이 가벼워 날아갈 것 같으니 손 좀 꼭 잡고 다니라고 하던 아내— 순전히 자기의 불어난 뱃살 때문에 붕 뜨지 않는다는 것을 아는 본인이기에 겸연쩍어하며 씨익— 하고 웃음 지어대는 아내 모습.(아마 베테랑 연기자도 이 표정만큼은 못 지을 걸)

제부도의 펄에서 달아나는 게 잡겠다고 발을 헛디뎌 앞으로 거꾸러져서 얼굴에 원하지 않던 갯벌마사지를 흠뻑 받아야만 했던 아내 모습.(그땐 천방지축, 좌충우돌의 15살 소녀처럼 울먹이는 포즈 — 두 아이의 엄마였음에도.)

천제연폭포에선 신혼 때는 새털같이 가볍게 업혔지만, 애들과 함께 다시 간 그곳에서 업어보니 다리가 휘청휘청, 후들후들. 짜부러지고…. 아내는 얼굴이 겸연쩍어 빨갛게 달아오르고.(그땐 무지 무거웠다. 이후부터 아내는 다시는 안 업혔다)

노래방에서 딸은 통통 뛰는 춤을, 아들은 개다리 춤을, 아내는 다리를 모은 채 청초한 몸짓으로 그녀의 18번 '신사동 그사람'을 마이크 잡으며 개성(?) 넘치게 부르던 아내의 모습.(노래만큼은 여엉~. 그뒤 한 노래를 한 30번 정도 부르니 박자와 제 음이 나왔다. 이후론 가는 곳마다 이 노래로 줄창…. 윽!)

이런 소박한 모습들이 부부의 생에 아름다웠던 추억으로 하나 둘씩 떠오르더니 저도 모르게 입가에 미소가 띄워진다. 아내의 아름다운 순간 포착의 순수하고 예쁜 모습이었다. 가식 없는 행동, 때 묻지 않은 깨끗하고 순수한 웃음 띤 미소, 행복할 수밖에 없었던 옛 시절의 추억이었음을.

12월의 겨울 어느 날.

렌트한 차를 타고 몇 일간 제주도를 일주하며, 가족의 사랑을 담아내고 속삭이던, 지금도 가슴에 아롱지게 새겨진 추억의 시간이었다. 그 중에 아내가 남기고 간 스냅사진 중 하나인 아내의 '웃음 띤 미소'는 모나리자의 미소보다 더욱 아름답고, 뭇사람의 성난 마음을 시나브로 녹여주며 행복에 겨워하는 생애 최고의 걸작인 황홀하고 사랑스런 한 폭의 그림이었다. 우리 예람과 예찬이의 엄마만이 만들어 낼 수 있는, 자연스럽게 표출된 고상하고 아름다운 표정의 순도 100%의 청순한 자태를 뽐내고 있음이다.

내게는 또 잊을 수 없는 풍경과 기억으로 스치고 지나가는 이야기가 있다. 추억의 곳간에 떨리는 가슴 안고 살며시 들어갔다. 그 곳에는 빛바래고 희미한 또는 선명하게 쟁여진 수많은 지나간 추억의 필름들을 쌓아두었다. 그 중 하나를 들추니 올올이 풀어져 나오는 실타래처럼 한 컷 한 컷의 그림들이 파노라마처럼 펼쳐지는 장면들이 폴라로이드 카메라에 조금씩 모습을 드러내기 시작했다.

― 처음부터 아내의 얼굴이 클러즈업 되더니 가슴에 장착된 투명렌지 앞으로 끌려 들어왔다.

아침 일찍 일어나 분홍색 앞치마 두르고 식구들이 먹고 갈 음식을 준비하며 허둥대는 장면이다. 아침에 남편과 아이들의 혼쭐 빼는 거센 폭풍이 지나가니 그제야 길게 호흡하는 소리가 들리는 것만 같다.

기독교 방송에서 흘러나오는 찬송가 소리가 들려오고 흥겨운 몸짓으로 설거지하는 장면이 들어와 앉는다. 아이들과 남편이 이리저리 던져놓고 간 옷가지들을 정리하는 모습도 잡힌다.

청소기 돌리며 방바닥을 윤나게 걸레질하며 닦는 모습이 무척 힘들어 보인다. 흘러내리는 땀을 닦는 모습도 잡힌다.

청소 끝낸 후 고요하고 평화만이 오가는 시간이다.

뒤늦게 밥과 김치쪼가리 몇 개 놓고 혼자 아침 먹는 모습이 무척이나 쓸쓸함이 묻어 나온다.

가족들이 흐려놓은 옷가지들을 주섬주섬 모아 세탁기 돌리며, 얼룩진 몇 점의 옷가지들을 쭈그려 앉아 손빨래하는 모습이 가슴 시려온다.

　지역 교인들과 모여 예배드리며, 가족들의 건강과 부모를 위한 기도하는 소리가 들려오는 듯하다.

　가족의 건강을 위해 영양 보충시킬 재료를 찾아 장바구니 들고 이곳저곳 기웃이는 정겨운 모습이 묻어난다.

　가게 주인과 비싸니 싸니 깎아 달라고, 덤으로 조금 더 달라고 흥정하는 전형적인 아낙네의 모습이 정겨워 보인다.

　행주치마 두르고 찬송가를 몇 가락 흥얼거리면서, 맛있는 반찬과 찌개를 끓이며 한 점, 한 숟가락 입에 넣고 간이 됐는지 시식하는, 뭔가에 만족해하는 표정과 혼자 짤막한 탄성을 지르는, 황홀하고 아름다운 표정이 멋들어지게 연출되는 클라이맥스 장면이었다. 고무장갑, 비닐장갑 끼지 않고 김치 담는 고춧가루 물들은 빨개진 맨손이 줌으로 확대되어오는 애틋한 감정이 생겨나 달려가 따뜻한 물에 씻겨주고 싶은 충동이 들 정도로 가슴 한 자락에 들어와 앉는다.

　병마와 씨름하는 아내에게 시한부 삶이라는 가슴 찢어지는 소식을 전할 때, 아내는 그리 큰 동요 없이 나지막한 소리로 진작부터 암보험을 들어서 마음이 놓인다고 한다. 이런 큰일엔 보험이 큰 도움이 될 것이라고 10년 전부터 암보험 등을 들어왔던 터이다. 아내의 지혜스러움에 감탄이 뿜어져 나온다. 병원비가 상당치 되었지만 보험금으로 보충되고도 남았다. 하늘에 있는 아내에겐 무슨 도움이 되랴. 아내의 지혜로 세상에 남은 가족에게 유무형의 재산을 남기고 떠났지만 아내에 대한 슬픔으로 무담시 마음 둘 곳 몰라 허둥대기만 해왔다. 내게 두 손잡고 인자하게 미소

짓던 아내의 마음이 내겐 시린 가슴에 구멍을 만들게 했다.

  어느새 이런 예쁜 풍경과 기억이 담긴 영상이 빠르게 스쳐지나가고, 정겹고 아름다운 추억과 씁쓸한 추억의 모습들이 몰려왔다. 아내의 아름다운 모습에 흠뻑 잠기어 발걸음 멈추고 지나간 흔적들을 회상하니 아내에게의 고마움과 희생이 겹겹으로 쌓여 고개 숙여 감사함을 표할 뿐이다.
  나와 우리 아이들. 특히 나 만이 가진, 내 가슴속에 보물1호라는 존재를 가진, 내 주민등록상에 또렷이 등재된 배우자로서의 이름을 가진, 내 법정호적등본상에 "윤○○의 처"라는 지칭에 아내 이름이 오롯이 새겨진 독점적인 내 사랑으로서, 샛별 같은 독립된 이름이 아닌 '~씨와 함께하는 ○○○여사'라는 아내의 이름이 남편 이름 옆에 불려지기 바라는 마음이다.
  그녀의 아름다운 모습이 아로새겨진 추억으로 찾아갈 수 있다는 것에 대해 하나님께 감사드린다. 내 사랑, 내 아내에게 비추어지는 기억들이 아름다운 모습들로 나와 자식과 가족에게 아내로서, 엄마로서, 며느리로서, 큰형수로서, 큰형님으로서 영원히 가슴에 자리하기를 소망한다. 이해할 수 없는, 수긍 못하는 운명의 이별이었지만, 그래도 아내가 보고 싶을 때마다 언제든 그녀가 있던 시점으로 필름을 돌려 옛 추억이 알콩달콩 하면서 오손도손 산 부부이야기로 물들여진 영상을 나 혼자만이 보면서 황홀함의 기억들을 만끽하고 살리라.

열네 번째 이야기

사랑하지 않고 떠났다면…

　산하 들녘의 만산홍엽은 어인 일인지 한숨을 쉰다. 어느새 반질반질 윤이 나던 울긋불긋한 색동을 입었던 초목들도 몸을 움츠리며 진저리를 내지른다. 다른 곳의 초목들은 누렇게 황금색 물결 이는 조끼로 포개 입고 빛바랜 회색치마를 걸친 듯하다. 살랑살랑 손짓하던 벼들도 뒤늦게 철들었음인지 누렇게 고개 숙인 벼들로 변신하며 자숙을 하고 있는 듯하다. 냇가에 우거진 갈대도 은빛 머리카락을 풀어헤치며 깊어가는 만추의 황혼으로 푸른 하늘을 향해 울부짖는 듯 좌우로 머리를 흔든다. 이 때쯤 되면 모든 사람들도 산과 들로 심사를 달래려고 여행을 떠나곤 한다. 아내도 그 무리의 한사람이었다. 왠지 모를 가슴에 조여 오는 낭만이나 무엇인가 젖어드는 세월의 동경이 일렁인다.

　오늘은 가을이 깊어가는 10월의 마지막 날이다. 아내는 이 가을을 너무나도 좋아했다. 높푸른 하늘, 형형색색으로 갈아입은 산, 황금물결 이는 만추의 들녘. 석양이 곱게 물든 저녁노을의 바다를 헤엄치듯 날아가는 철새들의 군무에 놀라고 낙조청강의 한 폭의 아름다운 그림에 탄성을 자아냈다.

　이 가을이 오면, 특히 10월의 마지막 밤엔. 가을이 향유하는 모든 것을 가슴에 안고 싶어 어디론가 훌쩍 떠나고 싶은 충동을 느낀다고 했었다. 이런 아내에게 어디선가 갑자기 찾아온 달갑지 않은 병마로 인해 이 좋은 세상의 산하를 끝내는 다 향유하지 못하고 아쉬움을 뒤로한 채 아쉬운 이별을 해야만 했다.

생전에 내게 불확실한 가슴 아픈 소리를 해왔다.

"나에게는 하나님이 계시기 때문에 그 어떤 병마도 올 수가 없다"고 일관하던 아내.

그 누구도 타고난 운명을 바꿀 수는 없었을까. 사람의 건강도 일기예보처럼 매일 미리 예측할 수 있다면 얼마나 좋을까. 세상은 변하지 않았고 아내가 인정 베푼 사람들도 각자 저들의 틀에서 잘 살아가고 있건만 아내에게만 인생이 바뀌었다. 홀연히 떠나버린 아내만.

오늘도 매일매일 아내에게 죄스런 생각으로 지내고 있지만, 현실의 앞에는 아내가 예전같이 우리의 곁에 있을 수가 없기에 쓰라린 가슴만 죄어 온다.

어젯밤에는 문득 아내에 대한 무서운 생각이 떠올라 근심 섞인 탄식하며 허둥댔다.

병상에서 병마와 굳세게 싸우는 아내에게 '시한부 삶'이란 감당 못할 무서운 얘기를 들려주어 실의에 빠져 좌절했을 아내. 그런 내게 무척이나 화나고 실망과 괴로움을 가졌을 것이다. 아내를 살려보겠다는 적극적인 의지표명은 간 데 없고, 변변한 모색도 없이, 병원에서 지시하는 쓸데없는 잔소리만 늘어놔 아내의 아픈 마음을 아랑곳하지 않아 많이 속상했을 것이라는 무서운 생각만 들었다. 그래서 아내는 나를 한평생 지아비로 생각하고 따라온 것에 무척이나 후회했을 것 같다는 생각이 든다.

아내의 손을 부여잡고 전전긍긍하는 찌질한 죄인의 마음으로 더 한층 깊은 나락으로 떨어지는 비참함이었다. 더욱이 아내가 남편에 대한 서운한 감정을 지닌 채 하늘나라로 갔다고 생각하니 너무나 허수아비 짓거리만 했던 나는 미안하고 겁나고 한스런 감정이 물밀듯이 밀려왔다.

일순간 송곳처럼 날카로운 언어로 상처를 준 적은 없는지, 그런 모순된 행동이 아내에게 가해졌다면 아내에게 용서를 구하고 싶다. 속죄하고 싶다. 한번 만이라도 내 꿈속에 찾아와 용서한다고 말 한마디만 해주면 여한이 없겠다.

아내에게 용서받지 않고 이 세상 살아간다면 남편으로서, 아빠로서 우리 아이들에게 평생 짐이 될 것 같은 생각이 무섭게 가슴이 눌려왔다. 만약에 병상에서의 마지막 날까지 나를 사랑하지 않고 하늘나라로 갔다면 어찌해야할지. 이런 무서운 생각을 하고나니 자꾸 몸이 개운치 못하고 잠이 오질 않고 아내가 불편했을 심기가 떠올라 노심초사하여 오늘도 새벽 4시경에나 잠에 들었다.

오전 늦게 10시경에 눈 떠져 샤워를 하고, 소파에 앉아 곰곰이 생각에 젖어들었지만 끝내 해답을 찾아내지 못했다. 아내가 지금까지 내게 해온 마음씀으로 보아 쓸데없는 잡생각의 기우에 지나친 일이라고 자위하면서 억지로 내게 위로를 해보곤 했다.

아내의 끈을 끝까지 잡질 못하고 떠나보내게 한 용서받지 못할 남편으로서의 자괴감에 빠진 때문이었을까. 일전에 아내에게 띄운 편지에서도 남편인 나를 얼마만큼의 믿음을 갖고 있는지, 사랑의 척도가 어느 깊이만큼인지 알고파 철딱서니 없는 아이 같은 질문을 해봤지만 그것이 아내를 시험하는 커다란 욕된 짓이었다고 깨달아 다신 물어보지 않고 오로지 그녀의 눈빛과 마음으로 읽어오곤 했었다. 허나 아내에게서 직접적인 표현의사인 말로써의 답을 못들은 나로서는 궁금하고 답답하기만 할 뿐 미칠 지경이다.

대답 대신 "글쎄에~"라는 느물하고 애매모호한 언어로 던지고선 그 따스한 손으로 내 손을 잡고 머리만 어루만져 주었음을.

"글쎄에~"라는 말의 표현을 풀 수 있을 것 같으면서도 지금까지 풀지 못하고 있는 형편이다. 형이상학적인 답변이라 단세포적인 아둔한 나로서는 도저히 해독 못해왔다. 이분법적인 사고에 젖어온 터이다. 아내만이 시원하게 풀어줄 답이었다. 삼단논법 만이라도 병설하였다면 풀었을텐데.

지금까지 마음에 걸리는 게 있다. 병실에서 장모님 앞에서 약 안 먹는다고 질책한 언사들로 아내의 마음을 아프게 함과 놀라게 했음이다. 악의를 품고 미워서 고의로 한 언행은 아니었음을 아내만큼은 알아줄까. 다른 사람들은 몰라도 아내만은 내 마음을 알아줄 거라 믿어 의심치 않는다.

하지만, 혹 아내가 마음 아프게도 나를 사랑치 않고 하늘행 열차를 타고 갔다면….

아흐, 미치고 팔짝 뛰겠다!!

열다섯 번째 이야기

사십구재의 날에

예람 엄마야!

당신이 하늘 여행 간 지도 벌써 49일째네?

날 두고 떠난 서글픔에 허덕이다 보니, 그간 막막하고 혼돈되는 상념에 갇혀 지냈나 봐. 어떻게 시간이 지나갔는지 아깝게 흘려버린 시간으로 마음만 졸여 오고, 이제는 내 스스로 생산해내지 못하는 기력을 억지로 펌프질해서라도 원기를 회복시켜야 한다고들 하는군. 어쨌든 가는 세월에 대해 누군가는 '쏜 살'같다고 했고, 누군가는 '유수'와 같다고 하던데. 생각해 보면 고개를 주억거리게 되는 표현들임엔 틀림없는 말인 거 같아.

당신, '약속의 땅'으로 먼 여행간 사이 바쁘기는 몸만 잔뜩 바빴지 뭐 하나 뚜렷이 해 놓은 것도 없어, 시간이 이렇게 흘러가니 아쉬움만 더해 지더군. 당신의 사랑, 소중히 간직하여 가슴속에 꼭꼭 챙겨두었지만, 아직은 기억해내지 못한 잃어버린 시간의 추억이 바쁘다는 핑계로 덧없이 가는 시간에 편승해 사라질 것 같아 마음이 불안해. 아직까지 다 기억하지 못한 추억이 영영 사라질까 두려워.

당신 친정 식구들, 시댁 식구들. 또 당신이 낳고 젖을 먹고 자란 자식들 모두 모였어. 오늘 당신이 안식하고 있는 이곳에서 멀고 먼 여행을 가는 당신을 위해 복을 빌어주기 위해 모두 한자리에 모였음이야. 이제 당신이 어떻게 반응할지는 모르겠지만, 이승을 떠나간다는 마지막 날이기에 49재의 추도의식을 지내주고 싶었어. 기독교 신자로서 형식에 벗어나긴 했지만 그렇게 기분이 나쁘지는 않았을 거라고 믿어. 우리들의 깊은 마음을 조금이라도 이해를 해주었으면 해. 어쨌든 간에 이제 49재라는 의례를 함으로써 내가 조금은 마음에 안정이 든다오.

그간 당신이 가족 걱정 등으로 위하여 맘 편히 쉬질 못하고, 이승에서 영혼이 떠돌아다니며 제자리에 맴돈다는 생각을 생각하면 편치 못했어. 이제 이승의 모든 것을 털어버리고 훨훨 날아서 하늘나라로 맘 편히 가 잘 지내주었으면 좋겠어.

당신이 생각하는 만큼보다 찌질이 남편은 이제껏 맘 편치 못하고 항상 미안해하며 죄스러이 지내왔어. 49재의 추도식을 하겠다고 마음 먹으니 이상하게도 머리가 맑아지는 느낌이 들더군. 그래서인가. 시시각각 떠오르는 당신의 모습과 형상이 좋았어. 그래서 당신 얼굴 떠오를 땐 행복했어. 당신 생각하면 신혼 때처럼 야릇한 전율을 느끼며 착각에 빠지기 일쑤였어. 죽도록 보고 싶을 때마다.

그런데 요즘은 무슨 시험에 들었는지 당신에 대한 반감 같은 게 들었어. 우리를 아는 사람들의 입술에서 새어 나오는, 당신은 '내게 없어서는 안 될 아내'였으며, '영원한 인생의 동반자', '잘 맞는 한 쌍의 원앙', '부러운 부부', '좋은 짝꿍들' 그리고 '예쁜 부부'라고 지인들의 입에서 거침없이 내뱉어지는 찬사들이지만, 요즘 내가 느끼는 바로는 '모든 얘기가 일순간의 허튼 소리들이었다'라고만 생각되었어. 한때 듣기 좋은 말들은 한

날 그때뿐이고 그 찬사가 혼자일 때는 영원하지 않음을 깨닫게 되니 반감이 생겼었어. 한쪽 날개만 있는 비익조가 암수 함께 만나 합동하여 양 날개를 펴고 날아야만 되듯이, 이제 당신 없이 한쪽 날개론 뭘 할 수가 없다보니 혼자 남겨진 나로선 비관하면서도 오히려 당신에게 서운한 화살이 가게 되더군.

거짓말 한 톨 보태지 않고 당신한테 말하지만 내 지금껏 어떻게 지내왔는지 알아? 나 혼자만 이런 세상에 내동댕이치고 떠난 당신에 대한 쓰디쓴 배신감도 맛보았다고 생각했고, 당신을 죽도록 사무치도록 느껴지는 보고 싶음과 당신만을 떠나보낸 나의 죄책감으로 인한 고통에 따른 괴로움, 그리고 허탈한 심정 가눌 길 없는 외로움 등으로 어우러진 복잡함의 인생으로 펑펑 울며 지금껏 살았어. 나 자신에게 반성하는 생각은 뒤로하고 내면에서와 이면에서 일렁이는 욕심 때문에 혼란스러웠어. 그 욕심 때문에 죄스러움은 상실되고 오히려 당신에게 섭섭함이 들고 미워지더라고.

병동에서 잔인한 암의 진통에 무참히 유린당하는 몸과 몸짓, 절규에서 뿜어지는 고통스런 신음소리, 온몸에서 학대당하는 당신이 떠올라 생각하면 생각할수록 미안하고 슬퍼서 미친 사람처럼 거리를 배회하고 또 허공에다 당신이름 석자를 큰소리로 불러보고 설움을 달래곤 했어.

사람들은 당신 없는 달력 한 장 차이의 짧은 시간이었다고 하지만 내게는 10, 20년 되는 아픈 긴 시간이었음이야. 그런데 그 시간을 당신 없는 헛된 삶속에서 너무나도 힘들게 무의미하게 생활해 온 것 같아. 하루하루 가해지는 당신의 빈자리가 큼을 태산 같다고 느끼지만 이렇게까지 괴롭고 외롭고 고달픈 인생여정이 되리라고는 생각 못했어. 당신이 죽도록 그리워 미치겠어. 이제나저제나 꿈속에서 "예람 아빠!"하고 웃음 지으며 찾아와 주기를 학수고대하건만 얼마나 먼 데로 여행을 갔기에 기별이 없는지. 어서 죽도록 보고 싶음을 달래주기라도 해 주었으면 좋겠어. 부탁이오, 예람 엄마! 가끔씩은 마음달랠 길 없어 나도 당신따라 무책임한 먼 여행 떠날까 싶었지만 아이들이 걸려 실행치 못하고 애타는 가슴을 당신 떠올리며 삭이고 있다오.

  오늘, 당신의 안녕과 복을 비는 사십구재!

  안녕히 잘 가요, 맘 편안히 가요. 이승에서 못 다한 일, 다 털고 하늘나라에서 하고 싶었던 일, 실컷 해보며 맘 편안히 잘 지내고 있어요.

  단지 당신에게 부담 줄 것 같아 얘기 안하려 했지만, 조심스럽게 부탁하고 싶은 게 있어요. 우리 딸이 대학입시 수능시험이 초읽기에 들어갔고, 지금 당신에게 예람이는 못 왔지만 지금쯤 집에서 수능 공부하느라 힘겹게 씨름을 하고 있을 게요. 내 나중에 딸이 수능시험 끝나면 당신이 그토록 예뻐하고 사랑하는 자식들인 예람이와 예찬이를 꼭 동반하고 올게.

  오늘 당신 보러 못 온 큰 딸과 아들을 이해해 줘요. 아마도 당신도 나와 같은 생각일 거요. 당신이 꼭 예람이에게 힘이 되어 주었으면 좋겠어. 수호천사가 되어 꽉 보듬어 줘요. 우리 온 가족들이 당신 딸에게 촉각을 곤두세우고 있다오. 최상의 컨디션을 유지하게, 수능시험을 잘 보도록 비상한 관심과 기도를 하고 있다오.

  예람이를 믿지? 나도 믿어요. 우리 큰딸이 큰 부담을 같지 않고 평상시대로 컨디션을 유지한 채로 그간의 닦은 실력을 최대한으로 발휘할 수 있도록 기도를 해줍시다.

  그리고 나도 당신 없는 날들을 매일매일 지탱하기에 너무나도 버거웠지만, 당신이 못 다한 아이들의 장래를 위해 몸을 추스르며 살아보도록 하겠소. 아이들에게 남기고간 유서의 내용처럼 우리 아이들도 당신을 영원히 잊지 않을 것이고, 그 애들도 당신 뜻에 따라 학업에 정진할 것이고, 사회에 기여하는 훌륭한 인재가 될 것이라고, 아이들이 두 주먹을 불끈 쥐고 다짐을 한 것으로 나는 알고 있소. 부디 우리들의 걱정일랑 잠시 접어두시고 맘 편안히 하늘나라에서 쉬면서 즐겁게 지내고 있어요.

당신, 이 성경 구절 잘 알지?

> 지극히 높은 곳에서는 하나님께 영광이요,
> 땅에서는 기뻐하심을 입은 사람들 중에 평화로다 하니라.
> • 누가복음 2장 14절

이제 당신은 하늘나라에서 영광스럽게 살고, 땅에 있는 당신의 식솔들은 당신이 남긴 과제를 생각하며 열심히 살아 갈 것이니 걱정 붙들어 매고 편히 쉬시면서 안주하고 있어요.

당신과 내가 빚어놓은 빛나는 결정체! – 예람이와 예찬이!

그들에게 사랑이, 그들에게 용기를, 그들에게 현명함을, 그들에게 지혜를, 그들에게 영민함을, 그들에게 건강을, 그들에게 겸손을 아는 인간이 될 수 있도록 길을 터 줍시다. 당신에게도 그간의 아픔과 걱정, 다 떨치고 하나님 계신 하늘나라에서 즐거운 생활을 영위해 나가도록 남아있는 우리가 기도하겠소.

이승에서 맴돌지 마시고, 멀고 먼 하늘나라 여행길에 안녕히 잘 다녀오시구려. 내 사랑 연리지 사랑, 이 여사님!

열여섯 번째 이야기

아내의 생일날에 즈음한 비감 悲感

내 뼛속까지 사랑의 리듬 전율도 느낄 수 있는 여인 — 저의 아내 얘기랍니다. 이곳 제 아내가 거하는 안처에서 아내의 생일날에 즈음해, 그리울수록 억울하고 분하고 원통하여 누군가에게 푸념을 늘어놓고 있네요.

어느덧 가을인가 싶더니 벌써 겨울로 성큼 다가와 있습니다. 길거리에도 집 앞의 나무들도 인정사정 없는 추위의 무서움에 기세가 꺾인 듯합니다. 부들부들 떠는 양 오금을 못 필정도로 낙엽을 매일 한 움큼씩 떨어뜨립니다. 곧 다가올 동장군의 사신을 맞이할 알록달록히 수를 놓은 예쁜 양탄자 준비를 하고 있는 듯합니다.

속이 아린 가슴속 깊은 곳에서는 찬바람만이 냉냉하게 요동을 칩니다. 제 마음에는 언제나 구수한 된장찌개를 끓여놓고 기다리고 있을 아내가 더욱 그립기만 합니다. 이러한 날에 정성이 듬뿍 담긴 구수하고 칼칼한 된장찌개를 다시는 먹을 수가 없다고 생각하니 너무나도 슬프기만 합니다.

아무리 생각해봐도 너무 억울해서 저절로 흘러나오는 눈물만 펑펑이랍니다. 왜 우리 부부가 이런 엇갈린 공간에서 살아가야만 하는지요. 이 좋은 인생, 우리 부부가 얼마든지 수평생활하면서 백년해로할 수 있는 나이인데 왜, 왜…. 너무나 억울해서 돌아버리겠습니다.

　사람이 살고 죽는 것은 하늘만이 안다고 하지만, 우리같이 꽃다운 인생에서 달콤한 맛을 알 시기에 이런 감당 못할 불상사를 만들어 놓은 흉악한 모든 악마에게 저주할 따름이랍니다. 한 인생의 희로애락의 결정체를 생이별이라는 저주스런 훼방꾼인 악마(암)로 하여금 절대 원하지 않는 강제적인 사별을 하게 되었습니다. 이로 인해 저는 오늘도 뼈 속까지 깎이는 아픔을 느끼며 가슴 아파하며 애달파하고 있습니다. 우리 부부는 하나님이 주신 그간의 시련이 여러 번 있었지만은 모두 딛고 일어섰으며, 이젠 어느 정도 행복하게 살아갈 인생계획을 논하는 시간이 주어졌습니다. 수순대로 오순도순 손자들의 재롱을 보며, 삶의 원칙을 준수하며, 아름답게 노년을 손잡고 살아갈 수 있게 정녕 할 수가 없었을까요. 그렇게 셀 수 없는 죄 받아도 될 무수한 속물 인간들이 많건만, 왜 하필 우리 같은 평범히 준법을 지키며 열심히 살아가는 가족에게 와서, 큰 시련이 아닌 큰 사별이라는 큰 고통을 그것도 순수했던 아내에게, 악마는 왜 억울한 누명을 씌워 만고의 씻지 못할 죄악을 저질렀을까요. 기가 막히고 분하고 원통할 따름입니다. 예전에 '모든 것이 예정되어 있다'라고 어느 철학자가 책임지지 못할 가볍게 내뱉는 말이려니 하고 콧방귀 뀌며 무시한 바 있습니다. 인간이 어떤 예정된 틀 안에서 권리와 자유를 순응하며 살아가는 사회적 존재는 아니라고 봤습니다. 이 말을 뒤집을 긍정적인 사고로 다가온 철학자 데카르트의 말에 용기를 얻어 앞만 보고 달려온 바 있습니다.

　데카르트는 이렇게 말했습니다.

"주어진 운명에 따르기보다 자신의 한계를 극복하기 위해 노력하라." 했습니다. 언젠가 저에게 시련이 온다면 데카르트의 말처럼 그 운명에 굴하지 않고 한계를 뛰어넘는 사람이 되겠다는 마음가짐을 다지며 임해 왔습니다. 그런 제게는 '주어진 운명'이라는 개념은, 한 선남선녀가 만나 알콩달콩 살아가는 인생으로 축복을 받고 백년해로 한다는 평범한 인간의 일생을 감사하며 살다가 자연으로 가는 사상 정도로만 생각했습니다. '주어진 운명(틀)'이란 급조된 언어엔 부정을 하고 남의 얘기로 치부하며 인정치 않았습니다. 그리고 이 삶보다 더욱더 노력하며 보다 더 나은 삶을 위해 주어진 운명(틀)의 한계보다 더 열심히 개척하며 최선을 다하는 도전적인 삶을 해왔습니다.

그런 긍정으로 아내를 만나 구름에 떠다니는 행복한 축복을 받아 너무나 기뻤고, 아내와 함께 영글어가는 삶의 인생을 설계해오면서, 삶 속에 피어있는 '환희의 꽃'이라는 우리 아이들이 있어 행복함에 감사했습니다. 그런데 제가 생각해오던 의지와는 달리 우리 부부에게 불어 닥친 현실의 시련에서 잊혀진 '주어진 운명'이라는 언어가 제게 다가와 이렇게 크나 큰 '헤어짐'이나 '사별'이라는 무서운 단어로 닥쳐올 줄을 감히 생각지 못했습니다. 털끝만큼도 제게 해당될 수도 있다고 정의해 보지도 않았고, 상상조차 해보지도 않았습니다. '주어진 운명'이란 게 이런 건지. 강제적인 이별이란 아픈 구절에 제 아내도 추호도 생각지 못했을 겁니다.

아! 정말 어처구니없는, 헤어져야 한다는 운명을 왜 하필 제 아내에게 명부사자가 왔어야 했는지 힘없고 나약하고 단순명료한 저로서는 납득할 길이 없었습니다. 이해조차 안가는 상식의 소통이 아니었습니다.

아내는 어느 누구 못지않게 삶의 애착을 느껴왔고, 좀 더 잘 살아 보려고 오늘날까지 무던히 고생을 참고 열심히 살아 왔고, 하나님께서 주어진 일이라 하면 반론도 제기치 않고 무조건적인 순종을 하며 직분을 가지고 또 사명을 가지고 열심히 일해 왔습니다. 이제 와서 철학적인 인생의 반론을 제기해봤자 무슨 소용이 있겠습니까마는, 우리에겐 너무나 억울해서 누구에게 하소연 할 길 없어 저 혼자 되뇌며 자문하고 또 분을 삭이고 있습니다.

제 눈에 보이는 모든 사람들의, 제 주위에 사는 사람들의, 제 이웃에 사는 사람들의 행복스런 정겨운 풍경들이 제 눈에 환하게 비쳐질 때마다 부러웠고, 마음을 항상 울적하게 만들고 있어 그 어디에 안식할 수 없는 괴로움과 아픔만 더 해옵니다.

현세에서 제 명까지 다 살지 못하고 떠나간 19살 순정의 순수했던 저의 아내였습니다. 언제나 불쌍하다고 생각하면 할수록 가슴이 저미어오는 아픔만 눈덩이처럼 쌓여만 갑니다. 이 모든 것이 남편 잘못 만난 이유 때문 아니겠는지요?

이 무능한 남편이 자기 처 하나 잘 관찰하지 못하고, 건강검진을 그때 그때 잘 하였어도 아내에게 이런 통탄할 일이 없었을 테고 이렇게 사무치게 머리를 쥐어박지도 않았을 텐데 말입니다.

아! 바보 같은, 무능한 남편의 한계가 여기까지였나 봅니다. 아내에게 언제 속죄를 하여야 할까요. 현세에선 어려울까요?

그런데 아내에게 이상한 루머가 들려오데요? '약속의 땅' 그곳에서 어떤 남자천사님과 매일 희희낙락 한다네요, 글쎄. 인물값 한다고 바람난 거 아니겠지요? 돌아버리겠네요, 으윽-. 아닐 겁니다. 누군가가 우리의 사랑이 배가 아파 퍼뜨린 시기성 소문일 겁니다. 그런데 제발 좀 그랬으면 좋겠어요. 나도 바람 좀 피우게. 하하하. 제 아내는 그럴 분이 아니거든요. 저의 20년을 살포대며 살아온 확실한 믿음!

어쨌거나, 오늘은 아내의 생일 전날인 일요일, 아이들과 시간이 모처럼 일치돼서 아내의 안가로 찾아와 보니 오랜만에 만끽하는 기분으로 매우 기뻤습니다.

오늘 아내는 어땠을까요?

매년 아내 생일날 가족 외식을 하여 왔기에 오늘도 아이들을 데리고, 아내와 즐겨가던 음식점을 찾아가 애들 엄마 얘기로 꽃피우며 즐기고 돌아왔습니다. 젖가슴 갈라지게 키우던 엄마 없어 마음 편치 못한 아이들이 모처럼 밝게 웃음 띤 표정이기에 좋았습니다. 이렇게 우리는 그럭저럭 아이들과 함께 의지하며 살아가고 있지만, 정작 아내는 하늘나라 어디쯤인지 모르겠지만 '약속의 땅'에서 춥지 않게, 즐겁게, 행복하게, 따뜻하게 안착해서 잘 지내고 있는지 궁금하기만 합니다.

여보! 당신을 사랑합니다. 46번째 생일을 축하합니다.
해피버스데이 투유~. 아이러브 유~. 유 러브 미?
안녕, 마이 달링!

열일곱 번째 이야기

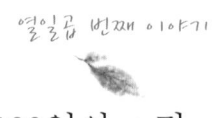

100일의 유감 $_{有感}$

 코트 깃을 여미게 하는 쌀쌀한 날씨인 만큼 늦가을인 정도로만 알았다. 그런데 어느 사이에 이우는 햇살을 등지고 바스락 대는 세찬 바람에 움츠러지는 겨울이 왔다. 살짝 불어오는 바람에 칼날이 서렸는지 목 주변을 세차게 베어왔다. 반사적으로 자라목처럼 감추듯이 한껏 웅크린 상태로 아내가 머문 안식처에 기대어 앉았다.
 아내와 이별보다 더 아픈 사별을 하게 된 지도 벌써 100일이 되었다. 며칠 전부터 아내에게 띄우려는 편지를 써 보려고 하는데 영 글이 써지질 않는다. 무슨 말로 어떻게 써야 보고픈 마음을 담을 수 있는지 답답하다. 워낙 필력이 딸려 아내를 향한 진정한 마음을 그릴 수 없는 아마추어 실력이다. 차라리 아내가 머문 곳으로 찾아가 숨결을 직접 느끼는 게 나을 성 싶다는 생각만 가지게 되었다. 아무리 아내를 떠올리며 하얀 백지에 그려보려고 했지만, 요사이 들어 애절한 감정의 분출이 예전 같지 않아 정말 답답했고 내 간사한 감정에 화가 나곤 했다.
 27살의 꽃다운 처녀 나이로, 5남 1녀의 고만고만한 형제들 있는 대가족에, 오직 나 하나만 믿고 시집 온 아리따운 아내. 대식구를 건사하자니 맏며느리로서 눈물바람깨나 흘려온 아내. 서러움보다는 고추보다 맵다는 시집살이가 더 견디기 힘들었다고 추억담을 얘기해주던 아내. 이런 힘든 생활에서도 오로지 나 하나만 믿고 살아온 내 분신인 아내였다. 머리를 책상에 몇 번이나 쥐어박으면서 적어도 자기 분신에겐 배은망덕하고 안일한 태도를 보여서는 옳지 않다는 생각이 머리를 스치고 지나간다. 그렇게 가슴앓이를 하며 손바닥만 한 수첩에서 웃음 띤 얼굴로 바라보고 있는 아내의 사진을 보았다. 내내 나만 바라보고 있는 것 같다. 소중한 아이들보다 먼저 눈길을 내게 보냈다고 생각하니 미안한 마음이 울컥댄다. 근 20년간 자나 깨나 보듬고 살아온 나의 분신인 아내였다. 그간의 나태해졌던 마음이 발가벗겨지는 느낌이다.

필력 딸린 글로써 아내 사랑하는 마음을 진정으로 담는 다는 것은 내 능력의 한계임을 알기에 아이들을 꼬드겨 무조건 아내에게 왔다. 아내 곁에 있으면 그 누구에게 말 못한 감정들이, 답답했던 마음들이, 언제부터인지 모를 뒤엉켜진 실타래가 한올 한올 풀리듯이 술술 풀어졌다. 우리 아이들은 엄마가 머문 안식처에서 무슨 생각을 하는지 자못 궁금했었다. 그러나 그것은 어려운 일이 아니었다. 아이들의 눈에서 읽혀지는 표정을 보노라니 엄마를 향한 그리움이 보고픔의 간절함으로 눈물에 굴절되어 투영되는 색깔은 슬픈 색의 측은지심이었다. 눈언저리엔 맑은 호숫물이 넘실되고 있었다. 제 엄마의 사랑을 먹고 자란 자식들이라 그런지 순수하고 바르게 자라줌에 아내의 얼굴이 떠오르고 고마운 마음이 들었다. 아내도 흐뭇한 미소를 애들에게 보내지 않았을까.

지난날을 회상할수록 마음만 아파오고, 현실과 맞닿고 살아가자니 너무나 외로워 내 자신의 모습은 먼지 낀 거울에 흐릿하고 초라하게 비틀어진 모습으로 비춰진다. 연말이 가까워져 올수록 점점 이런 느낌이다. 이때쯤은 동창회다 모임회다 하여 아내와 함께 부부로서 즐거운 시간을 보냈었다. 지금은 그녀가 없어 즐겁지 않고, 초라한 모습 보이고 싶지도 않고, 아이들이 걱정돼 모든 모임회는 불참하기로 하고 자중지애하면서 우리 애들과 조용히 연말을 함께 하고 있다.

　오늘도 한권의 책을 읽듯 가까운 사람들의 마음을 읽어 나간다. 내 일이 아니면 쉽게 잊혀지는 것이 세상인심이었던가. 짧지만은 않았던 시간들. 아내가 사랑하던 사람들, 아내를 사랑했던 사람들. 사람들은 나의 아내를 까맣게 잊혀가는 것처럼 보였다. 그것은 내 자신도 예외는 아니었다. 시간은 덧없이 흘러가고 아내를 향한 애절했던 사랑과 연민의 불씨가 전 같지 않게 시나브로 하는 나태함이 보인다. 이러한 나의 표리부동으로 혹시나 하는 마음이 불현듯 떠올라 나의 신경을 눌렀다. '남편에게 향했던 사랑이 실망으로 기대가 어긋났다면 어떡하나'하는 생각에 자칫 놀라곤 했다. 그 두려움의 생각과 한낱 전설로 승화되어 가는 현실이 무서우리만큼 섬뜩해진다. 그런 생각이 들 때면 초조하고 긴장되어 식은땀이 나곤 한다.

　하루하루를 주어진 시간 속에서 직업의식 때문인지 몰라도 정신없이 살아가니 아내에 대한 연정의 농도가 예전 같지 않음에 다시 한 번 각성하며 반성한다.

　생전에 아내는 우리에게 거듭 주는 내리사랑을 해 왔으나 나는 아내에게 못 다해준 사랑이 무수히 많음을 살면서 느껴온다. 이런 생각이 들면 들수록 아내가 만들어낸 사랑의 결정체인 우리 아이들만큼은 아내에게서 멀어져가는 불효를 저지르게 해서는 안 된다는 경각심을 심어주어야 할 것 같았다. 아내 묘소에 다녀와서 우리 애들에게 엄마 생각나면 엄마에게 편지를 써보라고 요청을 했다. 그간에 우리 애들은 아빠를 위로해 주고 싶다는 철든 행동을 보여 왔다. 엄마 얘길 잘 안하고 눈치를 봐가며 몰래 엄마사진첩을 꺼내보며 눈물짓는 광경이 여러 번 목격되었다. 죄지은 양 급하게 앨범을 덮어버리는 자식들을 볼 때면 불쌍하고 안쓰러운 마음이 들어 조용히 문을 닫고 많이 울었다. 그래서 그리운 엄마한테 보내는 편지를 여러 번 써 놓지 않았을까 하는 기대감이었다. 애들의 가슴에서 빽빽이 둘러 싼 엄마에 대한 그리움을 풀지 못한 응어리 된 정한을 풀어줄 겸 해서였음을. 아마도 두 자녀는 벌써 엄마에게 보낼 편지를 다 써놨을 것임을 나는 안다.

그런데, 나는 지금껏 헤매고 있다. 아마도 나의 나태함에서 비롯된 것이 아닐는지 조용히 눈을 감고 반성한다. 오늘처럼 아내가 보고 또 보고 싶어지는 날이면, 비록 하늘나라 먼 곳에 있어 닿지 못하는 편지이긴 하지만, 편지지에 그리운 마음을 가득 담아 바람에 띄어 보내곤 한다. 아내가 머문 '약속의 땅' 그곳의 빨간 우체통에 바람이 넣어주기라도 한다면, '지성이면 감천'이라는 말도 있듯이 하늘나라에 하늘하늘 띄워져 아내가 읽지 않을까 하는 작은 소망이다.

나와 아이들의 편지를 읽고 나만이 아닌 아이들에게도 자주 좀 꿈속으로 와 주기를 갈망할 따름이다. 잠시만이라도 좋으니 얼굴만이라도 비추어주면 좋겠다. 좀 웃는 얼굴로. 수수한 향기를 머금고 있는 빙그레 꽃 같은 환한 웃음이 아니더라도 자애한 미소라도 좋겠다.

꿈에서의 아내는 예전 같지 않게, 요즘 들어 나를 생각해서인지 아니면 멀리할 심사인지 몰라도 나를 너무 혼내고 인상 쓰는 모습만 보여주고 있다. 뭔가 못 마땅한 부분이 있었나 보다. 그러면 그럴수록 아내에 대한 사랑을 더욱 갈망하게 되는데 왜 모르는지.

하나님에 대한 절대적인 신앙심으로 믿고 따르는 아내와 우리 아이들. 그런 아내에게 너무나 가혹한 암이라는 병과 그것도 모자라 큰 '시한부 삶'이라는 감당 못할 '선고'라는 처방을 내리신 주님은 매우 야속한 분이라고 나는 부정적인 생각으로 미워했다.

나에게 주어진 나만의 시간이 찾아왔다. 병원에서 아내와 딸 예람이가 한 말을 떠올려봤다. 아내 몸의 등 쪽으로 암덩이가 퍼져 고통의 시련을 받아 너무나 아파할 때,

"예람아빠! 나를 하나님께서 더 큰 사업에 쓰시려고 이런 큰 시험을 주신 것 같아." 이렇게 긍정적인 생각으로 천사 같이 말을 하는 아내.

또한 큰 딸 예람이의 말처럼,

"하나님이 날개를 달아 주시려고 하나봐요.", "하나님이 우리 기도를 안 들어 주실 정도로, 엄마를 아주 사랑하시나 봐요. 하늘나라에서 천사님이 한분 부족해서서 급히 엄마로 자리를 채우시려고 하는 거 같아요."

라는 예쁘고 고운 말이 왜 하필 이제 떠올랐을까.

나의 아내가 하늘오름 백 일에 즈음해서 많은 상념에 잠겼다.

오늘은 크리스마스이브 날.
'고요한 밤, 거룩한 밤, 어둠에 묻힌 밤, 주의 품에 안겨서…'
여보! *MERRY CHRISTMAS*!

열여덟 번째 이야기

그해 2002년 12월 32일

나에게 있어 다사다난했던 한 해의 시간들이 말없이 흐르는 강물처럼 유유히 흘러간다.

이제 수 분간만 지나면 2002년이란 세월의 멍이 옛 시간의 뒤안길로 사라진다.

그 짤막한 수 분간 속에 아내와의 살아왔던 시간들이 한 통의 필름 속에 담겨져 펼쳐지는 인생 파노라마가 스크린에 형상화된다.

아내와 함께 삶을 꾸려왔던 나날들… 과거의 어제와 오늘.

생각하기 싫은 아내의 정지된 삶, 그 해 - (봄) 아이들 학비 명목의 아르바이트 - (여름) 청천벽력 시한부 선고. - (가을) 가슴 뚫린 아내와의 사별. - (겨울) 땅 꺼지는 딸내미의 대학 수능 성적.

이 2002년이라는 한 해를 말없이 보내야만 되는, 눈물과 한숨 섞인 고통스런 시간들. 그 시간을 보내긴, 보내야만 되는 줄은 알지만 다시는 올 수 없는, 아내의 숨이 서려있는, 아내의 시간이었기에 일순간만이라도 동아줄에 묶어놓고 나 혼자만이라도 간직하고 싶다. 사람은 두 번 다시 똑같은 세월의 강물 속에 들어갈 수 없다고 했다. 시간은 흐르는 강물 같아서 우리 곁을 한번 스쳐 지나가면 그때의 시간은 두 번 다시 돌아오지 않는다. 지금 이 순간 너무나 가슴 아픈 사연이 깃든 한 해를, 과

거의 시간으로 떠나보내야만 하는 나로서는 공자님이 하신 것처럼 강가에 앉아 눈물을 흘리며 탄식을 아니 할 수밖에 없다.

  사무실 밖에서는 직원들이 웅성웅성 댄다. TV의 음파를 탄 재야의 종소리가 콘크리트의 벽을 뚫고 은은히 들려온다. 오로지 오늘 처리해야 되는 기획안에 전념하려고 애를 쓴다. 댕. 댕. 댕-. 밖에서의 웅성거림이 곧 이어 탄성으로 터져 나온다.
  나 혼자만의 욕심일까? 2002년, 이 해를 잡아두어 꽁꽁 묶어두고 싶은 마음.
  아! 덧없이 흘러가 버리는 이 시간을 정녕 잡아 둘 수가 없단 말인가? 어느덧 깊은 밤의 괘종시계가 1시를 알리기 위해 둔탁한 망치로 맞은 양 한번 큰소리로 댕- 하고 된소리를 머금고 울기 시작한다. 나의 마음은 전혀 아랑곳하지 않고 2003년의 새로운 시간은 벌써 이만큼 와 있었다. 흐르는 눈물도 막을 수 없는, 나약한 육체의 한 덩어리가 어찌 거창하게 박수 받으며 떠나는 한 세월을 잡아두려는 고집을 피웠을까. 내 의도와는 달리 멀어져 가는 것들에 대해 괜한 화를 내어 집어던져진 볼펜과 서류들. 천장을 수 분간 쳐다보며 분을 삭히지만 내 생각대로 되어 지지 않는 서운함으로 눈시울이 붉어진다. 항상 곁에서 말없이 위로해주며 일만 도와주던 애꿎은 문구들에게 내팽겨침으로 인한 민망함으로 겸연쩍게 쳐다보니 그들은 책상 끝에서 억울함에서인지 흐느끼며 널브러져 있었다. 그들만큼은 내 맘을 알아주었는데…. 뜻대로 되지 않고 살아가야 한다는 모든 것이 속상해 이유없이 어느샌가 눈물이 흘러내렸다.

우리 애들은 지금 이 시간에 무엇을 하고 있을까. 자고 있을까. 송구영신 예배 갔을까?

'2002년', 아내가 우리를 위해 아파했던 해를 떠나보낼 수 없는 안타까움. 예람 엄마의 형안이 떠오른다. 오늘따라 이 시각에 왠지 아이들이 보고 싶다.

이제는 공식적인 2003년 1월 1일이지만, 나는 2002년 12월 32일로 명명했다. 내게 자기최면을 걸어 위로한 만큼 이제 발걸음을 집으로 향해 볼까한다. 하지만 예전만큼 따스한 온기가 없을 공간이지만, 아직은 2002년을 동아줄로 꽁꽁 묶어 잡아두었다는 안도감에 가벼운 발걸음으로 우리 아이들이 있는 집으로 향한다.

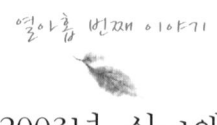

2003년, 신년에

　예람 엄마!
　나야, 철딱서니 없는 남편!
　사람들은 오늘이 2003년도 1월 1일이라고 하네요. 새로운 해로 바뀌었다지만 나에겐 별로 반가운 일은 아니고 낯설기만 해요. 왜 그럴 때 있지? 이상하게 마음이 어수선하고 갈팡질팡한 거. 그래서인지 오늘 늦잠 자는 아이들을 부랴부랴 깨워 당신한테 가는 중이었어. 안타깝게도 운전 부주의로 차량이 4중추돌이 생겨 차 범퍼가 떨어지고 본넷이 조금 손상되어 버렸지. 아이들은 천만다행으로 안전에 이상이 없었지만 정초부터 기분이 영— 상했음이야. 서로간의 안전거리 미확보로 합의 본 후 당신한테 찾아가질 못하고 파손된 차로 되돌아 왔어.
　미안해요, 항상 당신이 걱정하는, 귀따갑게 듣는 안전운행 당부!
　너무나 마음이 아파. 당신을 보려고 가는 중이었는데…. 그때 갑자기 이런 생각이 들었었지. 올해도 나에게 좋은 운이 따라주지 않겠구나하고. 근데 딸내미는 또 다시 나의 잘못된 생각을 바로 잡아주더군.
　"새해 첫날 사고로 올해는 큰 액땜을 일찍 하신 거예요."
　딸내미의 어른 같은 소리로 깜짝 깜짝 놀라며 나의 그릇된 생각을 바로 잡았지. 애비보다 생각하는 게 가상하고 낫더라니까. 딸내미의 긍정적인 사고에 또 한번 놀라 대견스럽다는 마음도 들고 모처럼 애들 때문에 많이 웃어본 날이었어요. 어쨌든 하나님 계신 하늘나라에서 새해 복 많이 받으시고 아프지 않고 즐거운 마음으로 편히 쉬고 있길 바라오. 오늘은 종일 집에서 쉬었어. 아이들의 친가도, 외가도 가질 않고 우리 아이들이 해야 하는 일들을 도와주며 조용히 집에서 지냈다오. 그러다가 아이들과 함께 모처럼 쇼핑을 했소. 필요한 생활용품과 먹을거리들, 아이들의 옷도 사고. 아이들이 참 즐거워했어. 오랜만에 기분 좋은 쇼핑을 마치고 집에서 당신이 잘하는 김치찌개를 딸내미랑 상의하면서 맛있게 끓여 한 냄비를 뚝딱 다 비워냈다오.

예람 엄마!

나 말야, 그동안은 어떻게 지냈는지 잘 모르겠어. 정말이야. 기억나는 건 눈물과 한숨을 재우고 어떻게든 아이들과 살아보려고 정신없이 지내다보니 예전의 참다운 가족 훈기를 느끼지 못하고 지냈더군. 근데 차량 사고로 인한 계기로 가족간 훈훈한 정이 꽃 피워지는 것 같아 좋았어. 오늘 당신이 사전에 기획하고 만든 한 편의 훈훈한 가족 시나리오인 것 같은, 각본에 의한 연출된 작품인 듯한 느낌이 들었어. 비록 차는 공장행이었지만 기분만은 아주 좋았어. 당신이 곁에서 수호천사 역할을 하고 있는 게 틀림없다는 생각이 들었어.

오늘 정초에 앞 범퍼만 떨어지게 된 경미한 추돌사고였기 망정이지 큰일 날 뻔했어. 애들이 다 타고 있었는데 가볍게 올해의 액땜을 치러서 다행이었어. 당신이 우리 곁에 있는 게 틀림없다는 믿음이 들어. 고마워요.

올해는 우리 아이들과 함께 당신 없어 아쉽지만, 그래도 우리의 가슴

속에 예쁘게 살아있는 당신을 생각하며 오손도손 한번 살아보도록 노력하겠소. 금명간 당신에게 아이들과 함께 다시 찾아 가겠소.
그럼, 안녕하게 잘 지내시고 계시오.
여보, 안녕!

스무 번째 이야기

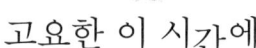

고요한 이 시간에

예람 엄마 별일 없었소?

요즘, 이 추운 날씨에 어떻게 지내시는지 당신 생각나 몇자 글을 올리오.

지금 시각 새벽 1시 45분, 이제 예찬이도 오늘의 학과 수업이 있어 잠에 들었고 복돌이도 깨끗하게 목욕을 시켜 지쳐서인지 개운해서인지 자기 자리로 가서 푹 퍼져 잠이 들었다오.

예람이 소식은 왜 없냐고요? 지금 예람이는 집에서 멀리 떨어진 곳, 춘천에 있다오. 어제 아침 일찍 할아버지와 할머니랑 같이 C교대 논술시험 보러 떠났다오. 그간 논술공부를 열심히 하더니만 예상했던 시사문제가 나와 어렵지 않게 잘 써내려갔다는 기분 좋은 소식이 들려왔다오. 당신이 원하던 대로, 사회에 공헌하는 훌륭한 교사가 되기 위해 오늘도 딸내미는 최선을 다하며 열심히 공부하고 있다오. 내일은 면접날이라오. 당신이 함께 하여 주시구려. 여러 명의 면접관이 예람이한테 정신없이 질문을 할 텐데 차분하게 답변하도록 당신이 곁에 있어주면 좋겠소. 이번에 C교대가 경쟁률이 4 : 1이었다오. 1차 관문은 성적으로 인한 정시모집은 통과하였고, 2차 논술도 걱정 없을 것 같고, 3차 관문인 면접도 잘 하겠지요. 그래도 면접도 시험인데 마음이 안 놓인다오. 애비도 수험생이 된 듯합니다.

예찬이도 요즘 뭔가 느낀 것이 있는지 공부에 전념하려고 노력하는 것 같아요. 방학 중인데도 불구하고 여러 과목을 학원 등록하고 독서실에서 살고 열심이 생활하고 있다오.

여보! 2003년은 우리에게 무언가 좋은 일이 생기려나 봐요. 시작이 좋지 않나요? 당신이 하늘나라에서 우리를 못 잊듯이 우리도 당신을 영원히 잊지도 못할 거예요.

나, 당신 남편!

우리 사랑 영글며 당신이 남기고 간 결혼반지! 언제나 나의 몸과 마음에 존재하고 있어 아직도 행복한 남자! 어쩌다 외로울라치면 손가락에 끼어있는 반지에다 입술을 대면은 새로운 사랑이 깃든다오. 그때는 당신의 방끗 웃는 얼굴과 아이들 얼굴이 떠올라 위안을 받는다오.

지금 이 시간, 고요한 이 시간에 당신 생각 나 복받치면 아직도 눈물이 나오는구려. 이제는 눈물샘도 바닥나 말랐을 법도 하건만. 열심히 살아가야지. 암, 열심히 살아야지.

당신이 끼워준 결혼반지로 위로 삼으며…

당신의 딸, 예람이의 파이팅을 기대하면서.

스물한 번째 이야기

아내의 묘소에서

여보!

오전엔 세찬 날씨였더니만 지금은 그런대로 지낼만한 기후네요. 뜨겁고 더운 날씨라 하여도 나에겐 가슴시리긴 매 한가지겠지만, 오늘은 아이들까지 애비 가슴에 서운함의 찬물을 부어 놓구다. 이 녀석들이 밉고 속상해서 서운한 기분이 아직도 풀리지 않네요. 그래서 오늘은 나 혼자 왔소.

아이들이 예전만 같지 않구려. 며칠 전부터 분명히 엄마에게 간다고 얘기까지 해두었는데 약속이 있다고, 교회에 일이 있다고…. 엄마를 보러 가는 일에 대해 너무나 소홀히 생각하고 무관심해 가는 것 같아 속상하기만 하다오. 약속한 시간에 온다는 시간은 훨씬 지나가고, 무정한 시간은 한 시간 두 시간씩 획획 지나가고, 무작정 기다리자니 초조한 마음 가눌 길 없고, 끝내는 화가 스팀이 되어 머리 위에 수증기가 픽픽 소리까지 나매 더 이상 기다릴 수 없어 나 홀로 이렇게 당신 찾아 왔소. 이제는 아이들도 컸다고 제각기 자기 기분으로 지내려고 그러는가 보오. 한편으로는 아이들을 이해 못하는 건 아니지만 엄마를 결코 잊지 말아야 될 터인데 하는 괜한 걱정이 다소 든다오. 이 걱정이 기우로 끝났으면 좋겠다는 생각뿐이라오.

어쨌든 간에 당신에겐 내가 있질 않소. 그렇기 때문에 내가 왔지 않소. 섭섭한 마음일랑 푸시구려. 다음에는 우리 아이들과 함께 오겠소. 그런데 당신에겐 애들보다 내가 더 좋지 않나. 뭐시라, 아니라고? 애들이 더……? 에이‥, 끙—!

그나저나 당신에게만 오면 응어리진 마음들이 확 풀리는 것은 웬일인지 모르겠소. 너무 좋아. 날씨가 많이 풀렸어요. 선대들이 말씀하신 삼한사온이라는 말이 실감나기도 하고 당신 주위에 따스함의 기운들이 몰려오는 것 같아요.

당신 곁에 앉아 하늘을 바라보고 있노라니 철새들이 한가롭게 떼를 지어 날아가곤 한다오. 오늘 모처럼 당신과 오붓하게 많은 시간을 가지고 교감을 나누니 맘이 편안해지고 좋았다오.

우리의 만남부터 시작하여 아이들 낳고 살아오기까지의, 바로 엊그제 일 같은 병상에서의 고달픈 투병생활까지의 기나긴 인생살이 얘기들, 웃고 울린 그간의 시간들. 근 20년간의 기나긴 세월의 시간들이 주마등같이 흘러갔소. 지난번에도, 내 다시는 당신 앞에서 울지 않겠노라고 다짐을 했건만 당신 앞에만 서 있으면 내 마음이 늘 당당해지질 못하고 죄인처럼 처지고 괴로운 마음만 생기는 것은 어쩔 수 없나보오.

지난 세월 – 지금까지 당신에게 잘해준 일 보다는 마음만 아프게 했던 – 잘해 주지 못한 일만이 더욱 크게 떠오를 뿐이라오. 그러니 남들은 허허하며 웃으며 지낼 때에 나는 당신 앞에서 오늘도 고개 숙이며 울 수밖에. 내 인생의 마지막 사랑인 당신! 이 못난 철부지 남편을 용서해 주시구려.

오늘은 당신과 오붓하게 깊은 정담을 나눴으니 우리의 아이들이 있는 곳으로 가보아야겠소. 오늘은 참 따뜻합니다. 내 마음도 한결 편해졌음이야. 당신도 마음이 한결 편해졌는지 손 흔들어주는 것 같아 좋았어요.
안녕, 금명간 또 오리다. 그동안 잘 지내고 있어요.

여보! 설날이야

여보! 그동안 잘 지내고 있었는지요?

언제나 당신을 갈망하며 그리워하면서도 당신 머문 그곳을 마음대로 갈 수 없는 처지에 있는 나를 이해해 주시구려. 우리가 못 다한 아이들의 뒷바라지. 당신도 다 완성치 못하고 남기고 간 그 숙제를 혼자 풀어가야 하자니 점점 버거워갑니다. 하지만 그렇게 걱정하지 말아요. 아비로서 최선을 다 하고 있으니까요.

어저께가 설날이었어요. 당신과의 이별 후에 처음 맞는 명절이었지요. 항상 이때는 모처럼 온가족이 모여 와자지껄하며 요란스럽고 즐겁게 지내는 명절이었지요. 큰 머느리가 있어야 할 자리에 당신 없는 허전함과 아픔을 부모님과 동생가족들이 의식하고 있어서인지 예전처럼 즐겁게 지내던 설 명절의 분위기가 되지는 못했지요. 거기에는 나도 한몫을 한 것 같은 생각이 듭니다. 물론 본가에 오기전까지도 온가족들에게 의기소침한 표정을 띠우지 말고, 가족들이 의식하지 않게끔 하여 잘 지내려고 노력했지만, 이런 즐거운 때에 당신 생각이 안 날 수 없고, 가족들도 내 눈치를 보며 지내니 그렇게 화기애애한 분위기가 이뤄지진 않은 것 같습니다.

이제 대학 입학하는 딸내미에게, 고3된 아들내미에게 할아버지·할머니·숙부·숙모·고모부·고모들의 깊은 사랑과 관심으로 우리 아이들에게 용기를 불어 넣어주고 축하를 해주었다오. 그리고 아이들의 외할머니와 이모부·이모들도 축하와 각별한 격려를 해주었다오. 정말 뜻있는, 감명 깊은, 정담이 오간 날이었지요. 그렇지만, 왠지 마음 한구석엔 그렇게 즐겁지만 않는 것은 웬일이었을까요? 그 어떤 일시적 즐거움을 느낄 수는 있었어도 당신 없는 행복함을 진정으로 느낄 수 없는 것은 당신에 대한 그리움이나 사랑이란 내면의 가치가 마음 깊이 깔려있어 그랬던 것일까요. 당신 애정이 곳곳에서 묻어나 피어오르기 때문이겠지요.

그런데 내가 최근 들어 당신에게 모순에 찬 이율배반적인 행동을 하고 있다는 생각이 들었어요. 그렇게 당신을 향해 말로만 죽고 못살 정도로 사랑한다면서 설 연휴 기간에 당신이 머물고 있는 산소를 찾아가지 못했다는 게 아이러니컬하지 않소? 정말 나 자신이 한심합니다. 미안해요. 당신 무척이나 학수고대했을 텐데, 애들이 보고 싶었을 텐데…. 다음 주도 딸과 함께 대학을 방문하여야 함에 갈 수가 없고… 어떡해요, 어떡해. 진짜로 당신보고 싶은데…

여보! 내 당신을 사랑하는 맘 진심이란 걸 알지?

일상적인의 가정의 가사는 하루하루가 버겁기는 하지만 그런대로 시행착오 겪으면서 부딪쳐나갈 수 있겠어요. 요즈음같이 몸에 추위가 철썩 달라붙어버린 듯한 감촉을 받을 때는 당신의 자리가 너무나 커서 그런지 힘에 부치기만 합니다. 가족들의 모든 촉각이 내게로 쏠려만 있고, 일거수일투족을 주시하고 있는 것처럼 느껴지고 있는 것은 웬일일까? 동서남북으로 쌓여있는 높은 담장 사이에 나 혼자 남아있는, 홀로 그곳의 돌파구를 찾아 빠져나가야 될 고립된 투쟁, 극한 외로운 투쟁 속에서 탈

출구는 지붕 없는 높은 담장 사이의 하늘 쪽! 그러나 그곳은 껑충 넘기엔 너무나 큰 역부족. 모든 눈들이 내게로 주시된 듯해 점점 마음만 황폐해 가고 있다오. 내 나름대로 당신이 남긴 삶의 발자취 그대로 시늉을 내며 그때그때 처신을 잘해 나가고 있다고는 하지만 그들의 눈에는 위태위태해 보이는가 보오.

이 내게 모두 쏠리는 관심은 그 누구도 당신을 대신할 수 없는, 오로지 당신만이 감싸주던 끈적끈적한 끈끈이 사랑과 포근한 솜이불 같은 덕성을 20년간 함께 살아온 나만이 전수받을 수 있다고 또 당신을 그렇게 지켜 가야만 한다는 무언의 압력이 아닐는지요. 지금 내 심정만 장대하게 늘어 놔 당신 짜증나지 않았는지 모르겠네요. 미안하게 생각해요.

그래.. 영육을 넘나드는 당신이 머문 그 곳에서도 가족이 함께하는 명절이 있겠지요? 따뜻한 낙원에서 즐겁고 행복하게 일가친척 분들과 옹기종기 모여 친지들과 정담 나누며 잘 지내고 있는지요. 더욱이 조부조모님·지중 숙부님·조카 석훈이도 당신 있어 행복하고 즐겁게 설을 잘 보냈겠네요. 그곳에서도 당신의 사랑이 그분들께 감동으로 다가가는 큰 역할을 하였겠어요. 그리고 장인어른과도 해후상봉하며 잘 해드렸는지요. 항상 느끼는 일이지만, 대가족의 맏며느리로써 모든 일을 도맡아하고 고생만 하고 이별한 당신을 생각할 때면, 내 마음 깊은 곳에서부터 알 수 없는 무엇인가가 저미어 올라와 심장박동이 요동친다오. 이것이 나에게 시집와서 고생만 시키고 떠나게 해야만 했던 나의 근거 있는 죄 값이겠지요.

우리 함께 했던 추억들이 세월이 흐를수록 빛이 바래기보다는 더욱 선명해지는가 봅니다.

우리 함께하던 추억들이 어제의 일처럼 생생하기만 합니다. 그렇게 애지중지 하던 큰 딸 예람이, 아들 예찬이 공부하는 학생답게 최선을 다하며 명랑하게들 잘 지내고 있답니다.

당신이 남긴 옷장의 유물들이 세월 흘러 삭아 없어질 때까지 사랑하고픈 내 사랑아!

가끔은 좀 더 잘해주지 못한 후회로 가슴 치기도 하지만, 내 생전에 속죄의 값을 다 못 치르겠지만 살아 숨 쉴 때까지는 언제나 당신을 생각하며 아이들 훌륭히 키우며 열심히 살아가겠소.

한적한 이 한밤중에 당신을 생각하면서…

스물세 번째 이야기

주어진 삶과 다가올 삶을 위해

내 사랑, 여보! 그간 잘 지내시고 있었나요? 요즘같이 변덕부리는 꽃샘추위에 멀리 떨어져 있는 그 곳에서는 어떻게 겨울을 나며 어떻게 지내고 있는지 궁금하기만 하답니다.

당신에게 그간 숱한 글을 띄웠지만 내게 돌아온 것은…. 그나마 돌아온 것은, '수취인 불명'이라는 빨간 고무인에 '반송'이라는 글자가 선명한 되돌아 온 편지들이었지요. 다행히 '주소지 불명'이라는 것만은 아니라는 데에 다소 위안으로 삼는답니다. 그 '약속의 땅'이라는 주소지로 당신에게 계속 편지를 띄우면 언젠가는 그곳에서 나의 소식을 접하겠지요. 나의 노력이 헛되지는 않았다면…. 비록 멀리 있어, 우리 얘기 담은 편지를 읽지 못한 반송된 편지들로 차곡하게 쌓였지만, 꿈속으로 찾아온다면 헛되지는 않았다고 생각할 겁니다. 왜냐면 분명 당신은 그곳에서 내 소식 접하고 꿈에 찾아올 테니까요. 와서는 반송된 편지를 다 읽고 사랑의 표시로 머리를 쓰다듬어 주겠지요. 아니면 엉덩이를 토닥여 주던가.

새로운 해로 바뀐 지 엊그제 같은데 벌써 2월도 끝자락에서 서성이고 있군요. 콧날 시리게 스쳐가는 바람결의 감촉에서도 당신의 기운이 느껴져 오는 듯합니다. 당신과 함께 했던 병상에서의 비애들이 가슴 속으로 파고드는군요. 한동안 당신이 그 곳으로 간다고 하기에 세상 모든 희망, 공든 탑 다 무너져 버리는, 헛되고 헛된 인생, 말로는 형언할 수 없는 파경지경에 놓여 모든 것을 자포자기 하고 싶었던 삶이었지요. 단 1%의 희망이라도 찾기 위해 갖가지의 정보와 효험 있다는 약재로, 그것 또한 효능 없다면 하나님께 떼를 쓰거나 협박을 하고, 그것 또한 여의치 않게 되면 간절히 빌기도 하는, 온갖 치료 방법을 써보긴 했으나 다 무용지물이었음을 알았지요.

우리 아이들에게 남길 유서를 쓰면서 남몰래 흘렸을 눈물. 인간이기에 삶을 갈구했을 말없는 기도와 절규와 고뇌. 큰 두 눈동자에서 투영되는 촉촉한 호소. 그 눈빛을 애써 감추려고 미소 짓지만 그 미소에도 슬픔이 배어있음을 당신을 잘 아는 내게는 애간장 찢어지고 터지는 아픔이었음을.

사랑하는 여보! 세상 어느 누가 우릴 갈라놓았을까요? 왜 하필 나와 당신에게 예정치 않은 강제적인 이별로 갈라놓게 했을까요? 무정한 하나님께선 우리에게 무슨 시샘이 있어 한 가정의 불행을 주어야만 했을까요. 당신이 그렇게 좋았을까요? 이제는 이런 마음도, 이런 의혹도 시간이 흐르고 보니 우연한 시간에 깨달음으로 답이 나오고 절대 주이신 분께 증오라는 과격한 표현을 썼음에도 그럴 수밖에 없었던 상황이었다고 이해를 해주시어 감사한 마음으로 기도하며 살아가고 있지요.

내 사랑, 여보! 오늘처럼 당신 생각나는 날이면, 물론 당장은 답장이 없는 편지라 할지라도 이렇게 편지지 가득히 써 내려가 그리운 마음을 담아 보기도 합니다. 얼마 만에 써보는 글일까요. 한동안은 당신 따라가고 싶은 무책임한 충동도 있었고, 담뱃불로 손등을 짓이겨도 보았고, 짓눌린 삶의 무게로 애비의 책무를 포기하고 싶은 때도 있었지만, 이제는 우리 아이들이 밝혀주는 빛과 용기로 힘을 얻고 새로운 직장에서 밤낮으로 정신없이 몰두하고 지냅니다. 어언 당신과 살을 비벼대지 못한 다섯 달이라는 시간이 말없이 흘러갔군요. 짧지는 않지만 긴 시간이라면 긴 세속의 시간! 이제 입춘도 지나고 예람이도 내일 모레면 자기의 계발을 위하여 춘천으로 가야할 시간이 된답니다. 아직도 아비 품에서 떨치기에 어리기만 한 딸 예람이를 당신 생전에 희망했던 교육대학교로 보내고자 하니 연고 없는 객지로 홀로 보내야만 하는 또 다른 아픔이 옵니다. 그 불쌍한 어린아이를 4년씩이나 떨어져 지내야 하는 아비의 마음이 아려옵니다.

여보! 나 이제 어떻게 살아가야 하나요? 철없는 맏딸 보내면 이제는 예찬이만 남겠지요. 지금도 텅 빈 가슴과 텅 빈 공간에 혼자 있는 게 느껴지는데 그 삭막함 속에서 남자 둘만 남게 되다니요.

여보! 어제는 예람이의 장래를 위해 객지로 떠나보내야만 될 상황인지라 가족사진이 담긴 큰 액자를 찾아오게 되었지요. 찍을 때와 찾는 날, 왠지 모를 가슴이 덜컹 내려앉는 한스러움과 아쉬움이 있었지요. 사진을 차 앞좌석에 세워놓고 집으로 돌아올 때 만감이 교차합니다. 습기 찬 것 같은 희뿌연 금테안경 사이로 조건 없이 흘러내리는 눈물 — 무엇인가 대단히 잘못되었다는 생각, 당신이 있어야 할 그 자리였소. 아이들의 슬픔이 감춰진 해맑은 미소가 담긴 사진 — 당신 닮은 예람이의 커다란 눈동자, 예찬이의 부자연스런 웃음, 내면에 깔린 아쉬움이 담겼어요. 차 안에서 3인의 가족사진 보고 미소 띠어보지만, 그 미소 무슨 미소인지 모르겠어요. 하여간 처음 보는 이상한 미소였지요. 어쨌든 그렇게 됐다오. 해독 불가능한.

보고 싶은 여보!

이 땅에서의 삶이 아무리 길다 해도 영원한 우리의 삶에 비하면 한 점과 같은 것이고, 당신 없이 지내는 시간들이 너무도 외롭고, 함께 나누지 못하는 안타까운 마음이 가득하지만, 앞으로 영원할 우리의 시간에 비하면 한밤의 꿈속에서 잠깐 괴로워 한 것에 불과할 거라는 생각으로 내 자신에게 위로하며 지내고 있답니다. 난, 지금 이렇게 기도하고 있어요. 나의 남은 날들이 결코 길게 느껴지지 않도록 해주십사 하고.

쇠하고 낡아가는 이 연약한 육신의 몸으로는 영원히 살 수 없다고 생각해요. 나이 들면 주름살 생기고 보기에도 결코 아름답지 않은 늙고 병약한 몸으로 영원을 산다면 얼마나 불행하고 추하겠어요. 낡아가고 쇠하여 가는 연약한 육신을 떠나는 날, 당신 있는 천국에서 영원히 살아 갈 새로운 몸을 주시는 하나님이 있어 얼마나 감사한지요. 당신과 비록 잠시 동안의 이별로 겪는 이 큰 상실의 아픔과 슬픔으로 인해 내 몸이 쇠해간다 할지라도 얼마 후면 다시 만날 소망의 날이 있고, 슬픔과 고통의 눈물을 씻을 날이 있으니 내겐 얼마나 큰 소중한 소망이겠어요. 이 소망함이 없다면 어떻게 이 긴 이별의 터널을 견디며 또 건널 수가 있겠는지요.

여보!

하지만 현 세상에서 숨 쉬고 있는 내게 아직도 먼 길을 가야하고 외롭고 고독한 시간을 얼마간 더 감수하고 지내야만 된다고 합디다. 이 나그네 인생길을 마감하면 나도 지금 당신이 누리는 천국의 기쁨과 이토록 사랑하는 당신에 대한 열정적 그리움으로 인해 달려가 재회하면 기쁨이 배가 되겠지만 지금은 장벽이 있어 너무 힘듭니다. 당신은 낙원에서 보낸 시간이 세월 가는 줄 모르게 즐거워 비록 짧다고 생각하겠지만, 당신과 재회할 주어진 시간동안 하나님의 뜻을 따르며 아이들을 위해 최선을 다하는 애비로서 남편으로서의 소임을 다 하렵니다.

우리에게 주어진 시간은 우리가 이 땅에 영원히 살기위한 것이 아니라 우리의 영원한 시간을 위해 준비하는 삶이잖아요. 당신은 정말 영원한 삶을 위해 짧은 시간동안 참으로 복된 준비를 다했지요. 당신 자신이 필요한 것을 아끼어 어려운 이웃을 향해 베풀어 주던 사랑의 봉사, 아프고 힘든 사람들을 위로하며 참된 이웃이 되어 주었던 당신.

당신은 내가 가장 가까이서 보았던 작은 천사였음을 확실히 인정하고 있지요. 오늘은 작심하여 당신에게 장대한 글을 쓰겠다고 마음먹고 썼지만 아둔한 생각으로 욕심을 부렸는지 횡설수설하여 장장 5시간이나 흘러갔네요. 내일은 바쁜 일이 있어 일찍 출근하여야 되는데 수면 할 시간이 1시간 30분정도 밖에 남지 않았구려. 그래도 왠지 마음만큼은 상큼하고 가뿐합니다. 여기서 줄이고 다음에 봅시다.

안녕, 내 사랑!

스물네 번째 이야기

문득 스쳐가는 순간의 생각들 1-8

1 훨훨 날아가고 싶다.

그리운 이가 있는 곳에서 얼마간 쉬었으면 좋겠다.

의지할 곳이 없어 그런지 외롭다. 힘이 부친다.

아직은 중년으로선 한창 젊은 나이이건만 배우는 청소년들과 가르치는 젊은 선생들의 열정 사이에 동떨어진 중년.

이들 사이에서 운영의 묘를 짜내며 처신하려니 나이에 맞지 않게 망가질 수도 없고 그렇다고 목에 깁스만 할 수도 없고 또 학원 경영자의 흑백논리에 마냥 따를 수도 없으니 대형 학원의 기획실장 겸 부원장 직함 버리고 단순한 사무직 맡으면 안 될까.

아내와 우리 애들과의 소통이 그립다.

이런 내가 안하무인격의 자기중심적 사고일까. 모르겠다.

어쨌든, 우리 애들과 바람에 실려 어디론가 날아가고 싶어라.

2 요즈음 아내 초상화의 얼굴이 이상하리만큼 변한 것 같다.

아침에 일어날 때면 그제보다 어제가, 어제보다 오늘이, 점점 야위어져 가는 것 같이 보이는 건 웬일일까?

혹, 아내 신변에 또 무슨 문제가 생긴 것일까?

자꾸 걱정이 된다.

3 내가 받아야만 될 수식어들.
외톨이, 비겁자, 이중인격자, 눈물쟁이, 방랑자, 나그네, 철딱서니 없는 남편, 청개구리, 홀아비, 멍청이, 우물안의 개구리, 무능력자, 바봉이, 못난이, 병신, 쪼다, 철부지, 찌질이, 잉여인간, 한심한 낭군…

4 아들 예찬이 녀석, 대견하고 측은하다.
아침 일찍 콩나물국에 김치하나 덜렁 놓고 먹고 갔다.
심지어는 안 먹고 갈 때도 있다.
고3이라서 잘 먹고 가야 하는데….
자명종에 시간 맞추고, 벨소리에 일어나 허겁 지겁이다.
아내는 따뜻한 밥에 든든히 음식 먹여 보냈는데.
안쓰럽고 측은한 아들. 마음이 아프다.
한 주 내내 쉬는 날 없는 대형학원이라는 직장, 가끔씩 이런 생각을 해본다.
먼 훗날의 행복을 위하여 정작 소중한 우리 아이들의 사랑을 놓쳐 버리는 것은 아닌지…. 훗날의 행복을 위하여 손에 쥔 직업을 반납한 채 현재의 아픔을 참고 견뎌야 하는지. 과연 행복은 아픔을 참고 희생해야만 먼 훗날에 비로소 누릴 수 있는 것일까. 아이들에겐 가장 힘든 때가 지금일 터인데….
내세울 것 없는 손에 잡힐 듯 말 듯한 행복이겠지만, 아이들에겐 행복을 느낄 수 있는 따뜻한 손길이 그리울 건데.

아들 얼굴 보기 힘들고, 관심 멀어지는 지금 이대론 안 되겠지.
중요한 고 3인데. 소리없는 정이 그립다.
무슨 방법을 강구해야겠다.

5 오늘 딸 예람이가 자기 둥지로 찾아온단다.
1주일간 지내보니 하숙생활은 적응되었다고 하지만 아직은 아닌가 보다. 그래도 천진난만하게 낭랑한 소리로 보금자리 찾아오겠단다.
녀석에게 오늘 맛있는 것 해주어야겠다.
나도 빨리 보고 싶다.

6 아내에게 이 얘기하면 뭐라고 할까? 또 아이들은 뭐라 할 거고.
생애 처음으로, 하도 답답해서 올해 토정비결을 보았다.
운수가 어떨까 하고.
글쎄, 이사를 가란다. 아니면 집 환경을 확 바꾸란다. 아내는 또 한 마디 하겠지. 어떻게 기독교 신자가 이런 운세 따위를 보냐고. 그런데 보질 않았으면 모르지만, 보고나니 왠지 꺼림칙하다.
어쨌든 간 13년 이상을 한 집에서 살았다. 오늘 보니 집안 분위기가 칙칙하고 벽지 색깔들도 많이 바랬다. 또 장판도 그렇고 싱크대도 노후화 되었다.
인터넷 운세를 떠나서 이번 기회에 아이들을 위해 건강해 보이는 가정의 환경으로 한번 바꿔보고 싶다. 집기와 가구들의 위치도 바꿔보고 싶고. 그 변화에 아내가 알면 핀잔을 줄 것만 같다.
또, 아이들 얘길 들먹이며 입바른 소리 하겠지?

쓸데없이 돈 낭비 한다고. 사치라고 반박하겠지. 예람이 대학 등록금이며, 내년에 있을 예찬이 대학등록금을 준비해야 하지 않느냐고.

"하지만 지금은 집의 변화가 필요할 때라고 당신 시누이도, 처제도 말합디다."

"이번엔 꿈에 와서 아무리 회유해도 안 될 걸. 이번 기회에 집안 분위기를 변화시켜 보겠어."

꿈 속에 뿔난 모습으로 찾아오면 그땐 한번 도망가면 되겠지 모-. 큭.

7 오늘 불현듯 이런 생각이 들었다.

아내는 올해로 46살이 된다. 동안이라 갓 40세의 여성처럼 젊어 보인다. 하나님이 애들 다 키워 놓고 아내한테 가라 명하시면, 그땐 머리 희끗한, 몰골 또한 앙상하고, 쭉정이만 남아 있을 나의 모습일 텐데…. 아내는 지금의 사진처럼 젊고 예쁜 모습 그대로 있을 텐데.

그 때 애들 엄마 찾으면 날 알아볼 수 있을까. 날 한 눈에 바로 찾을 수가 있을까.

외견상으로 쭉정이 된 나를 몰라라하고 발로 '뻥!' 내처버리지 않을까. 내쳐져 버리면 그곳에서… 노.숙.자….? 아흐-.

불현듯 떠오른 생각, 갑자기 덜컥 겁이 난다. 가슴이 콩당콩당 뛴다. 하늘에서 노숙자가 되는 건 아닌지.

그래도 남편인데…. 쩝-.

8 미래를 예측할 수 없는 불확실한 현실 생활에선 때론 실패를 각오하는 용기가 필요하리라. 매일 넘실대는 현실의 파도를 넘어간다. 하

지만 곳곳에 숨어있는 암초들이 많다. 좌초되지 않도록 하루하루 암초를 비껴간다.

한 때는 논리적이지도 않고, 이성적이지도 않고, 다분히 자기중심적이었다. 확신과 효율성을 지나치게 추구하다보니 기회를 놓쳐왔다. 이제는 우리 애들과 함께 불투명한 미래를 긍정적으로 바라보며 달려간다. 이제부터 돌다리 두드려가며 장애물을 넘어서 오늘을 만족하면서 살아가련다.

하나님께 기도한다. 더도 덜도 말고 우리 아이들 건강과 함께 학우들과 잘 지내게 해달라고…. 아이들은 밝고 건강하게 생활하고 있다.

하지만 마음에 걸리는 게 한 가지 있다. 시간의 흐름 속에 가려진 아내에 대한 열렬했던 갈증과 사랑도 흐르는 강물처럼 흐르고 흐르면 그리움과 보고픔이 언젠가는 걸러지며 희석된다고 뭇사람들이 쉽게 말을 한다. 경험담을 말한 것일까. 그렇다고 세월에게 원망만 돌릴 수는 없지 않은가. 풍랑과 함께 온 파도에게 우리 한마음의 배를 좌초시켜서는 안 되겠다. 적어도 우리 가족의 마음속에선 이렇게 잊혀져가는 사람이 되어서는 안 될 아내이기에.

누가 뭐라 해도 나는 슬픔을 감추고, 몸과 마음을 바쳐 영혼의 동반자로서 아내를 묵묵히 지켜 주리라. 그리고 아내가 내 준 숙제에 감사하는 마음으로 행복을 반추하며 살리라.

거친 파도로 지쳐 기운다 해도 반드시 일어서리라. 영원하라, 아내여!

스물다섯 번째 이야기

그대가 내 가슴에 머물던 자리

젊은 시절 삼양동 언덕배기의 십자가가 우뚝 솟은 길음성결교회를 다닐 때였었습니다.

집사님으로 계신 어머니의 권유에 의해 집에서 가까운 신앙이 꽃피는 교회를 다녔습니다. 그 곳의 교회 청년부와 친숙하게 지내며 선교활동이 왕성하던 때입니다. 어느 날인가 친구같은 박학용 선배(지금은 길음교회 장로로 재직중)와 성가대의 대원 몇 사람을 소개받고자 방문하게 되었습니다. 성가대실 그곳에서 한 여자를 보았지요.

첫 눈에 "아! 참, 예쁘다."라는 감탄과 함께 그녀의 용안 주위에서 금빛 찬란한 후광이 뭉게뭉게 피어올라 순간적으로 그 빛에 감전되어 제 눈동자가 마취된 듯 정지되었습니다. "어쩜 저렇게 사람이 아름다울까?"라는 생각에 눈이 석고상의 인물처럼 되어 그녀를 응시한 채 굳어졌지요. 선배에게 누구냐고 물어 보았습니다.

"음, 성가대 서기야! 참 예쁘지? 신앙심도 깊고 심성도 곱지."
라고 대답하고는,

"꿈 깨, 이 사람아! 지금 사귀는 사람이 있어!"

선배의 말에 그녀에 대한 아름다운 환상이 한 순간에 무너져버렸습니다. 아쉬움을 떨궈야 했습니다.

시간이 흘러 군대에 입대하였습니다. 일병 계급시절 때부터 교회의 성가대원들, 교회 청년부들이 면회를 자주 왔지요. 외출허가를 받으며 군대 생활을 재미있게 했습니다. 교회에 소문이 퍼졌답니다. 재미있고 좋은 사람이라고요. 그래서 청년부나 성가대 남녀 청년들이 자주 면회 왔지요. 나중에 안 사실이지만 그녀도 얼굴은 모르지만 같이 오고 싶었다네요.

그런데, 그 어느 날부터 교회 소식지가 오는 거였습니다. 누구인지 빠짐없이 주마다 매 번 보내주는 것이었죠. 보내주는 정성에 감복했죠. 감사한 마음이 들었고 보내주는 분이 누구인지 궁금했었죠. 병장 말년 휴가 때 교회를 방문했습니다.

"누가 지금까지 교회 소식지를 꾸준히 보내주는데, 고맙다는 인사를 하고 싶은데 알려 줄 수 있어?"

선배에게 물어봤지요. 그때 마침 여자 성가대원들이 가운을 입고 들어오는 거였습니다. 손으로 선배가 가르쳐주더군요. 그녀였습니다. 심성이 곱다는 예쁜 그녀였습니다. 웬일인지 가슴 속 깊이 흐뭇한 마음이 일렁이더군요.

"제가 윤○○입니다. 소식지 잘 받아봅니다. 고맙습니다."

군복 입고 그녀 앞에서 처음으로 말을 건네며 감사했단 말을 전했습니다.

"어머, 그러세요. 얘기는 많이 들었어요. 정말 멋지신 분이시네요?"

그렇게 짧막한 인사 몇 마디하고는 또다른 약속이 있어 그녀 이름도 물어보지 못하고 친구 만나고 바로 부대로 복귀했습니다.

그 후 얼마간의 세월이 흘렀습니다. 제대 후 직장에 들어가 바쁘게 지냈습니다. 그런데 어느 날 퇴근 후 우연히 동네 버스정류장에서 그녀와 마주쳤습니다.

"어? 안녕하세요."

"제대하셨어요?"

사소한 몇 마디로 대화하며 헤어지고, 또 어느 날 교회에서 마주쳤지만 간단한 인사나 목례를 건네고 헤어졌지요. 물론 주일마다 그녀가 성가대석에 앉아있는 것을 매주 봐왔지요. 어느 때부턴 반바지 차림으로 집에서 휘파람 불며 내려 올 때에도 만나게 되고, 우연히 동네에서, 또 정류장에서 만나게 되고, 수차례에 걸쳐서 마주치게 되니 예사롭지 않은 묘한 기분이 들더군요. 사귀는 남자가 있다하기에 아쉬움을 접고, 신경을 꺾어버렸지만, 군생활에 고마운 마음이 있어 차 한 잔쯤은 해야겠다 싶어 다방에 들어가게 되었지요.

"사귀시는 분은 바쁘신가 보죠? 매번 볼 때마다 혼자이십니다."

"네…? 제가 누굴 사귄다고요?"

그녀 말을 듣는 순간 '뭔가 잘못 되었구나' 싶었습니다.

"아, 제대하시기 전에 보내주신 편지 잘 받았어요. 수취인 이름 없는 편지 보내주신 거…"

"아, 네. 그거요…. 그 땐 죄송했습니다. 제대하기 전 고마움을 표시해야 하기는 해야 했는데 얼굴은 알지만 성함을 몰라서 그만 서기님이라고…"

"그때 어처구니없는 그 편지 받고 많이 웃었어요. 하지만 제가 오히려 고마웠는데요? ○○씨에게 감사편지 받은 게 처음이었거든요. 그런데 글을 참 잘 쓰시던데요."

겸연쩍어 머리를 만지며 둘이서 모처럼 같이 웃고 넘어갔습니다. 교회의 수많은 청년들이 많았지만 그녀가 매사에 용모가 단정하고 수려해서 감히 근접할 수 없어 모두가 사귀는 사람이 있는 걸로 지레짐작하여 체념을 했나봅니다. 그런 연후로 '이 여자가 내 여자다'라는 욕심이 배인 생각이 순간적으로 스쳐 지나갔습니다. 얼마 간의 궁리 끝에 과감한 행동이 이성에 감전되어 이끌리면서 돌발사건을 계획된 일로 일으켰습니다. 퇴근할 때 버스 안에서 그녀를 또 우연히 만났습니다. 자연스럽게 인사 몇 마디 나누다 그녀의 눈빛에 사로잡혀 그녀의 핸드백을 확 낚아채어 그 핸드백에 볼펜으로 제 전화번호를 적어놓고 황급히 버스에서 내렸습니다. 그때 생각하면 아찔하고 무모한 행동이었죠. 그런 연후부터는 그녀에게서 전화오기만을 학수고대했고, 그녀를 자주 마주치는 장소쯤에 가면 괜히 심장박동이 뛰어지더군요. 아마 그것이 그녀를 좋아했다는 시초였었나 보죠?

그녀를 만났다는 것이 우연이 아닌 인연이었기에 너무나 형언할 수 없는 행복함 그 자체였어요. 그녀의 눈을 보며, 나란히 손잡고 다니는 그 즐거움은 나의 청춘에 찾아온 최고의 선물이었답니다. 날아갈 것만 같고 세상의 모든 것이 다 내 것인 것만 같았습니다.

매일매일 보고 싶고, 헤어지면 또 보고 싶고, 얼굴이 아리삼삼하게 그려지고, 며칠 못 보게 되면 미칠 것 같고, 집에 배웅해 주고 돌아올 때는 아쉬움만 커졌지요. 이런 마음을 연애하는 사람들은 다 느끼겠지요. 너무나 예쁜 그녀. 왜 그 땐 이런 여성을 길에서 목례만 하고 침만 꿀꺽 삼키고(?) 보내야만 했는지. 두 번 다시 그녀를 놓치고 싶지 않았습니다.

결혼하여 꿈같은 시간을 보내고 아이 낳고 오순도순 깨소금 풍기며 고소하게 살아왔습니다. 내가 좋다고, 나 하나만 믿고, 식구 많고 궁핍

한 대가족의 장남에게 시집와서 남몰래 눈물 많이 지어왔고. 흘러내리는 땀구슬 닦는 시간도 없이, 허리 펼 시간도 없이 대가족의 한 명 한 명 들어오는 동생들의 밥상을 군소리 없이 차려주고, 모든 수발을 다 들었던 시절. 그 고생을 누가 알아주랴?

그 많은 동생 녀석들은 과거의 이때를 알까나? 나 하나 보고 시집와서 고생만 직사로 했지요. 어느덧 동생들도 전부 짝지어 독립하고, 아내의 희생은 한낱 과거에 묻히고, 그 때 그런 시절이 있었다고 웃으면서 얘기하던 다정다감한 여자, 내 사랑이었지요. 이날 이때껏 나 하나만 바라보고 살아왔던 그녀. 웃으면서 동생 많은 장남에게 다시는 시집올 게 못 되더라는 얘길 하던 아내.

지금 이 자리에서 가슴 깊숙이 울려 퍼지는 메아리는 아마도 진정한 사랑이라는 메시지일 겁니다. 아내가 내 가슴에 깊숙이 머문 이 자리는 아마도 영원히 아물지 않는 사랑의 상처인 성 싶습니다.

동생들의 섭섭함, 부모님의 서운함. 무엇이 아내의 마음을 아프게 하였을까. 시부모님을 모시며 동생들을 뒷바라지한 사실을 까마득히 잊고, 언제부터 각기 새로운 가정 이루게 되니 서로의 잇속으로 이악스럽게 자기중심적인 사고의 이율배반적 행동들이 꿈틀거려져 화기애애했던 집안의 우애들이 조금씩 앙금이 생기는 것에 안타까워했습니다. 언제까지나 우리 가족의 부모님과 형제들이 돈독한 사이가 되어 지길 소원했습니다. 우리 대가족만큼은 큰 형수로서 큰 며느리로서 그들의 마음속에 살아있는 기억된 전설로 영원히 남아있길 바라는 마음입니다. 그녀가 어루만지던 그 자취는 영원히 우리들의 가슴에 숨 쉬며 남아있게 될 것이며, 각자 동생들의 생활하는 터전에서도 가끔씩은 생각나면 미소를 머금고 기억을 해주며 아내가 거하는 안식처를 방문해 주었으면 하는 바람입니다.

평소 사랑이라는 단어보다도 '좋아함'이라는 단어를 떠올리며 살아왔지만 이제야 텅 빈 그녀의 자리가 너무나도 크다는 게 느껴지게 되고 '사랑'이라는 절대절묘한 언어가 무색하리만치 큰 사랑이었음을 알게 되었습니다. 나로서는 아내에게 이처럼 '사랑'이라는 명사에서 형용사적인 관용구의 표현으로밖에 더 할 수 없다는 것이 못내 아쉬움이요, 답답함이랍니다. 세상사 흘러가는 예정된 시간대로 살아간다지만 이토록 슬프기만 하는 아쉬움을, 바로 덮어버릴 수 있는 망각기능은 왜 만들지 않았을까요. 다행히 단세포가 아닌 생각하는 인간으로 태어났기에 천만다행으로 생각한답니다. 아내를 만나 살붙이며 살아오던 시간의 테두리 속에서만이라도 항상 잊지 않고 생각하는 삶에서 그 정이 오가던 모든 추억을 하나하나 떠올리며 때론 위로하며 살아가렵니다.

그 시절, 그 추억으로만 남는 흑백으로 단장된 흑백스크린의 영상처럼 되어서는 아니 될 우리들의 애정사. 적어도 나에게 만큼은 총천연색으로 비추인 아내의 그 모습을 언제라도 만날 수 있는 그 시간의 공간이 매일 되었으면 하는 바람이랍니다. 처녀 시절 때의 청초하고 우아했던 그녀의 그 모습, 세속에 물들여져서 실주름이 가늘게 보이지만 인생의 황금기에 못다 핀 꽃의 아름다운 자태의 고운 모습. 지금도 그때 그 모습 생각하면 후광이 비쳐지는 눈부시고 아름다움으로 보여 옵니다.

아내에게 다가 설 때는 언제나 미안한 마음이, 밀려오는 바닷물의 밀물에 긁힌 상처로 제 심장이 쓰려옵니다.

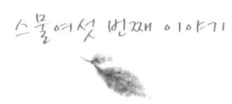

콩나물 비빔밥

하루하루를 혼돈되는 상념에 갇혀 자신과의 의지싸움에서 악다구니를 쓰며 버텨왔다. 어느덧 세월은 바람따라 물따라 소리소문없이 조용히 흘러 달을 타고 해를 넘고 저 멀리 돌아올 수 없는 산등성이로 넘어갔다.

높푸른 하늘을 올려다보니 가을의 중간쯤 와 있는 것 같다. 흔히들 가을은 남자의 계절이라고 낭만적인 소릴 하지만, 나는 이맘때만 되면 가을을 타는 우울한 감정이 꿈틀거려 허전하고 센치멘탈해지는 고질병을 앓곤 한다. 이맘때 이별한 사람들만큼은 한번씩이라도 그런 마음을 알 수도 있을 게다.

고개를 숙인 채 다님길(늘 다니는 길)인 늘솔길(솔바람 부는 길)을 무심코 지나가는데, 어디에선가 구수한 참기름 냄새가 솔바람타고 나의 코끝을 쫑긋하게 자극하였다.

오늘따라 왠지 가슴 한 구석 갑갑한 마음이 웅크려져 무언가에 터뜨려버릴 카타르시스를 내질러 버리고 싶었다. 그래서 그런지 잊지 못할 그날의 그맛인 시콤매콤한 콩나물 비빔밥이 억눌려 있는 감정을 해소하는 덴 적격일 것 같아 무척 먹고 싶어졌다.

순간적으로 스치고 지나가는 그 옛날 추억이 생각났음이다.

'큰 대접에다 콩나물과 무생채, 버섯과 열무김치를 넣고 고추장을 얹히고 참기름과 깨소금 뿌려서 비빈 후 맛깔손(요리솜씨 좋은) 있는 아내가 한 숟가락 푹 퍼서 입속으로 쏘옥- 넣어 주었을 때. 그 맛… 죽였다!'

그 생각에 군침이 샘솟듯하여 혀끝이 입술에서 춤을 추었다.

"에라, 모르겠다."

지금껏 내 손으로 콩나물 비빔밥을 해 보지는 않았지만 이번에 꼭 해 먹어야만 될 성 싶다.

"해 먹어보지 뭐."

휭하니(주저 없이) 가게로 달려가 콩나물 1,000원어치 사다가 물에 삶아서 꺼내어 고추장, 열무김치, 버섯 등 참기름과 함께 버무린 양념 묻힌 빨갛게 된 손(옛날 아내 생각에 비닐장갑을 사용치 않음)으로 한 점 입속으로 쏙- 넣고 맛을 보니, 아니 웬걸 아내가 해주었던 그 맛이 안 나는 걸.

"밥에 비벼 먹으면 맛있겠지 뭐!"

거섶(비빔밥에 섞는 나물)은 없지만 고추장에 참기름, 열무김치 간조롱히(가지런히) 넣고 비벼먹는데 콩나물 쪽에서 맛이 비릿하게 나며 씹혔다. 뭐가 빠진 걸까? 황소눈(크고 굼뜨게 꿈뻑거리는 눈)은 됐지만 고추장 맛으로 구뿌게(먹고 싶어 입맛이 당김) 황소처럼 먹었다. 오늘따라 유독 한뚜리(혼자) 식탁에서 이 비빔밥을 먹자니 허우룩하여(허전한 모양) 눈샘에 이슬이 맺혀졌다. 아내와 함께 하지 못함인가. 아니면 매워서 눈물이 고임이었을거니…. 남 몰래 흐르는 눈물. 그냥 꾸역꾸역 먹자니 목에 자꾸 걸려옴이다.

예그리나(사랑하는 사이)하던 아내와 나 - 큰 대접에 비벼 서로 한 숟가락 더 먹겠다고 머리 부딪혀가며 옥신각신하던 그 때. ― 지금 생각하니 정다웠던 가시버시(아내와 남편)한 호시절이었다. 아내는 얼마 안 먹고 배부르다며 내 생각하여 숟가락을 내려놨지. 입 속에 한웅큼 넣고 우적우적하는 나를 싱긋 웃으면서 바라보던 단미한(사랑스러운) 아내.

 그 모습이 뭉글뭉글한 비눗방울처럼 차올라 하나둘 톡톡 터져 간지럼을 태우며 배시시하게 웃음꽃이 피어오른다.

 아내와 함께 음식 만들어 먹고 가을 풀벌레 소리 들으며 별빛 총총한 밤하늘을 거닐던 때가 있었음을.

 오늘은 오랜만에 배터지게 실컷 먹고 싶어서 큰 대접에 머슴밥(수북하게 담은)처럼 안다미로(넘치도록)하게 밥을 두 공기나 넣어 비벼 놓았는데 반 정도밖에 못 먹었다 ― 나머지는 아내 몫임을.

 모처럼 장을 봐와 아들 녀석이 좋아하는 볶음김치와 두부지짐, 계란조림과 장조림, 콩나물 무침, 콩나물 국, 참치 찌개, 김 등을 조리해 놓았다. 내일 힐조(이른 아침)에 혼자 일어나 냉장고에서 꺼내어 한뚜리하고(혼자 먹고) 가겠지. 불쌍한 녀석. 아침에 정성어린 손길로 따뜻한 음식 먹이고 학교를 보내어야 하건만.

 '열심히 살아야겠다'는 게 어떻게 생활하며 살아야 한다는 걸까. 누구를 위함도 아니고 오직 우리를 위함이니 궁금하기만 하다. 직장일에 쫓기어 얼굴을 자주 못보고, 한무릎(열심히 공부하는)하고 있는 고3 아들과 살아도 사는 것 같지 않는, 녀석의 제 어미 닮은 눈을 제대로 본 지도 오래되었다. 아들과 아비의 만남의 시간이 교차되는 시간이라곤 새벽에 들어와 아들의 한지잠(한곳에서 깊이 든 잠) 든 모습을 보는 시간이다. 고3 아들에게 이런 희비 엇갈린 시간으로 마음을 아프게 하면 안 되겠지. 열구름(지나가는 구름)이었으면 좋겠다.

 오늘은 먹고 싶은 콩나물 비빔밥을 해먹었다. 비록 맛은 실패작이었지만 그럭저럭 먹었다. 그래서인지 가슴 한 구석 웅크려진 감정은 다소 해소되었음이다.

 다음에는 아내가 요리하던 방식을 꼼꼼히 생각해 재현해서 맛있게 먹을 수 있도록 재도전해 봐야겠다. 그땐 우리 아이들과 함께….

스물일곱 번째 이야기

이제는 더 이상 울지 말아요

항상 아내를 위한 마음으로 살고 있지만 갈기갈기 찢기는 마음만으로는 아내에게 속죄를 다 할 수 없어 선뜻 다가갈 수 없는 그 무엇이 있었다.

그 어느 날인가 내가 급성 맹장염에 걸리어 한 겨울밤 복통으로 뒹굴었을 때 놀라 당황하며 슬프게 눈물을 짓던 아내의 모습을 보았다. 그렇지만 나로선 제어할 수 없는 아픔으로 인해 아내의 촉촉한 눈망울에 맺힌 이슬방울을 아랑곳 않고, 죽을 것 같은 아픔에 이리저리 뒹굴기만 했다.

맹장 수술 후 눈을 떴을 때 포근하고 여린 마음으로 다듬어진 따뜻한 아내의 미소가 포착되었다. 온화한 눈빛의 미소로 손을 잡고 있던 그녀의 모습이 아직도 눈에 선명하게 아른거린다.

사슴처럼 목이 길고 수정같이 맑은 그녀의 그 큰 눈동자의 옥안에서 비쳐지는 내 모습이 보였다.

"아! 살았구나."

아내의 따스한 손에서 느껴지는 포근함과 안도감으로 살았다는 느낌을 받았다. 나는 무조건적인 내리사랑을 받기만 하고, 아내의 가슴 애이는 심적 고통을 느끼게 한 거에 어떻게 보상했는지, 무엇으로 위로를 했는지 하나도 생각이 안 난다. 어느 날 치질로 입원하였을 때도, 또 내가 한밤에 담석증으로 119에 실려 갈 때도 그때 또한 얼마나 놀라고 속 멍들도록 울었을까나. 속 깨나 울렸던 남편, 이렇게 여러 번 아파 놀란 가슴 보듬으며 속 타들어갔던 아내였슴이다.

그런데 이번엔, 아내가 아프다. 너무 큰 아픔이 아내에게 큰 병으로 왔다.

아내는 암과 투병 생활하는 병상에서 이런 얘길 했었다.

"당신과 아이들의 아픔과 속썩힘은 얼마든지 감내할 수 있었지만, 그 좋은 직장(은행) 사직한다고 할 때와 사업한답시고 실패했을 때는 피를 말리는, 그 누구에게도 말 못할 아픔이었어!"

아내는 내가 직장사표 냈을 때 새벽녘까지 어두운 거실 한 켠의 소파에서 다리 웅크리며 올려 앉아 흐르는 눈물 닦아가며 어떤 생각에 잠겨 왔음을 나는 안다.

아! 그 한마디 — 얼마나 아팠을까?

직장에서 사표 수리가 안 되어 이상하다 싶었더니만, 나 몰래 회사 임원까지 만나 2-3회에 걸쳐 사표를 저지시켰던 아내.(당시는 직장에서 모든 업무에 인정받고 있는 시기였고, 아내도 임원의 부인들과 교유하던 때였음)

사업 실패로 고개 숙여있는 내게는 '괜찮다고, 걱정하지 말라고, 다시 당신은 일어설 수 있다'고 책도 사다주며, 연구하라고 도서관에서 빌려다주고, 여러 가지 정보내용을 복사해서 참고하라고 전해주며, 용기와 격려로 일관하여 왔던 속내 깊은 아내였다. 당사자인 아내는 얼마나 가슴 졸이며 아파했을까. 불 꺼진 거실구석의 소파에서 한숨 섞인 한탄과 눈물을 섞어 가슴 치며 울었을 테고, 하얗던 가슴에 검게 타들어간 숯덩이마냥 깜깜한 막장에서 두려움으로 떨어왔을 텐데. 이 철딱서니 없는 남편 때문에 얼마나 힘들고 멍들면서 살아왔을까.

아! 사랑할 수밖에 없는 나의 사람아.

홀쭉하게 고개 숙인 갈대 앞에 감당치 못할 청천벽력 같은 통보 – 아내의 위암으로 시한부인생 선고!

잔인하게 기습하여 짓밟아버리는 악랄한 병마病魔로 인해 힘없이 당하고 있는 아내의 처절한 신음소리 – 통증에서 오는 고통소리 – 절규…. 내 심장의 비수를 꺼내서 직접 그 악랄한 암덩이를 싹둑싹둑 잘라내어 통증을 없애주고 싶은 마음이었지만, 인간의 한계로서는 아니 정확히 말해서, 현대의학으로는 여러 장기로 전이되어 있는 암덩이를 속수무책으로 지켜보아야만 되는 현실에 분통을 터뜨리며 발만 동동 굴러야만 했다. 그 고통을 아무런 대안 없이 불가항력으로 곁에서 지켜 봐야하는 남편으로서는 천 갈래 만 갈래의 갈기갈기 찢기는 심정이었다. 도무지 어떻게 해볼 수 없는 막막궁산이 아닐 수 없었다. 그저 남편으로써 해줄 수 있는 것이라곤 인위적인 진통제 주사제와 아내를 안고 우는 것밖에 할 수 없는 한심하고 무능력한 남편이었다. 초조히 좁혀져 오는 그 얼마 남지 않은 시한 속에서도 자기의 걱정은 전혀 하질 않고 오직 아이들과 내 걱정으로 눈물짓곤 하던 아내였다.

"아이들은 고3, 고2니 키울 만치 다 키웠지만 당신이 걱정되네? 당신, 좋은 사람 만나 잘 살아야 할 텐데…"

20년간 한 이불 포대고 살아오면서 슬픔보다는 사소한 것에서부터 시작하여 행복했다고 느껴지는 순간들이 많았다고 얘기하는 아내를 보면서도 속 끓는 나의 심정을 이해하는 양 그 예쁜 얼굴에 홍조를 띄우며 미소 짓지만, 눈가에 감추어져 맺혀있는 이슬은 아내도 막을 수 없는 어쩔 수 없음이랴.

오직 하나님을 의지하면서 또 쳐들어오고 또 다시 기습하여 오는, 잔혹하고 악랄한 병마를 이겨내려고 외롭게 이를 악물고 고군분투 하고 있는 아내를 지켜 볼 때마다, 잔학무도한 병마 앞에서 의연함을 잃지 않으려는 아내를 볼 때마다, 남편인 나로서도 너무나 놀랍고 당당한 아내가 여간 자랑스럽지 않을 수 없었다. 하루하루 힘들고 고통의 시간에서 방어하며 힘들게 승리를 쟁취했건만 아내에게 돌아온 공적은 고작 빨갛게 달아오른 얼굴과 온몸에 흥건히 땀에 젖어버린 가운복이다. 악마가 쓸고 간 자리에서 남는 것은 상처뿐인 초죽음 상태, 정신력 하나로 버티어 일궈낸 안도감에서 오는 피로감. 아비규환 속에서 얼마나 무섭고, 힘들고, 고통스럽게 울었으면 아리울 정도로 그렇게 눈언저리가 빨갛게 달아올랐을까. 그 호수같이 맑은, 청량하게 비춰오는 눈동자에서 흘러내리는 아려오는 눈물 - 곁에서 지켜보고 있는 배우자도 창자가 뒤틀려 엉켰음인데. 아내의 그 소리 없이 흘러내리는 슬픈 눈물의 결정체는 무엇이었을까?

그렇게 절대주께 '나의 사랑'을 우리 곁으로 보내달라고 절규하며 수십 차례 간청하고 협박도 했지만 나의 기도를 야속하게도 들어주기 어려웠었나 보다. 나의 기도가, 그 기도가 어렵다면 하나님께 '나의 사랑'을 진정으로 사랑하신다면, 주의 사업에 주된 종으로써 더욱 중시하며 영입하셔야 된다면, 그 아픔의 고통에서 하루 속히 벗어나게 해달라고 간청을 했었다. 하루라도 빨리 고통의 늪에서 벗어나올 수 있게….

고마움보다는 야속함이 많은 주님의 빠른 응답으로, 두 아이에게 따로따로 유서 남길 시간이 주어지고, 아내가 보고 싶어 했던 가족과 친구들 그리고 지인들을 보고, 우리 아이들의 숨소리를 들으며 홀연히 하나님 계신 저 멀고 먼 '약속의 땅' 하늘나라로 새가 되어 훨훨 날아갔다.

아! 나의 반쪽, 나의 사람아.

예정된 시간 속에서도 그 갈 길 먼 곳까지 가기도 버거울 텐데, 마른 눈물샘에서 흘러나오는 영원한 작별의 서글펐던 두 줄기의 눈물. 먼 곳 떠나면서까지 우리의 안위가 걱정되어 눈을 제대로 감지 못하고 떠난 내 사랑 아내.

아내가 그 '약속의 땅' 하늘나라에서 정착한 지도 어언 여섯 달이라는 세월이 흘러갔다. 그 세월 속에는 아내의 자랑인 딸 예람이의 어려운 대학수험 시기라 걱정을 했지만, 아내가 학수고대하던 경쟁력 높은 교대에 당당히 합격하여 대학생활에 충실하고, 아들 예찬이도 고3이 되어 아내가 유서에 남기고 간 바람대로 오늘도 열심히 학구생활에 정진하고 있음이다.

나의 사람, 예람 엄마야!

당신, 이제는 우릴 위해 다시는 울지 말아요.

눈 크고 눈물 많은 여자라 어디에 가 있던지 우리 생각에 여념이 없을 줄로 알고 있지만 혹여 하나님 계신 그 곳에서 만큼은 따뜻한 기후에 즐겁고 행복한 생활을 만끽하며 편히 지내기를 간절히 바랄 뿐이라오.

한때나마 당신 없는 빈자리가 너무 커 실의에 빠진 적 있었지만, 이제는 조금씩 조금씩 당신 없는 빈자리를 딸과 아들과 합심하여 서로 위해가며 살아가고 있다오. 나는 아직도 당신에게서 죄지은 것이 많아 허우적거리며 헤어 나오질 못하였지만 그런대로 한세상 버텨가며 아이들과 같이 살아가려고 노력하고 있다오.

내 사랑! 이제 우릴 위해 울지 않았으면 해요.

당신이 걱정한대로 내 비록 가정생활에 할 줄 아는 게 없지만 조금씩 배워가면서 아이 키우는 법, 빨래·세탁하는 법, 집안 청소하는 요령, 밥하고 조리하는 법 등은 이제 나 혼자서 시행착오 겪으면서 깨우쳐 조금씩 할 수 있게 되었다오.

집안 곳곳에 남기고 간 당신의 향그런 손꽃내음을 보물찾기 하듯 하나하나씩 채취를 하며 떠올리곤 하지요.

'아, 이럴 땐 가족에게 당신이 이런 마음을 담아 이렇게 일을 했었겠구나.' 하는. 주방에 서서 쌀을 씻을 때, 음식 조리할 때(된장, 김치찌개류, 비빔냉면, 칼국수, 수제비, 국 등), 설거지할 때, 피아노 앞에 설 때, 화장대 앞에 서 있을 때, 옷가지를 정리할 때, 많은 난초에 물을 줄 때, 혼자 밥을 먹을 때, 찻장에 가지런히 놓여 있는 그릇들을 볼 때마다 당신이 손닿은 세세한 모든 것들의 당신 표정이 읽혀지는 듯하더이다. 여보! 어때, 나 대견하지 않우? 이 정도면 입신의 경지에 오르지 않았을까.

처음엔 당신이 없어 무섭고 두려워 무작정 당신이 머문 안식처로 달려가 도움요청을 했었지만, 이제는 짧은 시간임에도 불구하고 당신이 함께함을 느낄 만치의 도를 닦은 거 같지 않나요. 그리고 당신을 잊을 새라 예쁜 사진을 걸어 놓고, 이제나 저제나 꿈속으로 찾아 올 것만 같아 항상 잠자리에 들 때마다 긴장을 풀며, 즐거운 마음으로 기다리고 있다오. 으앙— 나 이쁘지?

오늘 꿈속에 오겠지. 오늘은 오겠지. 오늘은 꼭 오겠지…. 당신을 기다리는 마음으로 오늘도 직장에서 품에 간직한 당신 사진 꺼내보고, 집에서도 벽에 걸려 있는 당신 모습 보면서 아이들 식사거리를 만들고 있다오.

여보! 이제는 나를 보고 슬프게 눈물 짓지 말아요.

당신에게 진 마음의 빚을 잊지 않고 자숙하며 우리 아이들과 최선을 다하며 살아갑니다. 그런데 왜 당신은 자꾸 속죄하는 내게 오히려 선물을 주고 따뜻한 마음을 전해 주는지….

내게는 아직도 당신을 젊은 나이인 46세에 하늘나라행 이별 열차 속으로 태워보낸 나의 죄책감이 살아있는데….

내가 당신 울지 말라했는데, 왜 자꾸 날 울리니?

스물여덟 번째 이야기

아직도 정신을 못 차렸나요?

　푸른 하늘에는 솜 같은 흰 구름이 한가히 떠돈다. 지상에서 만발한 봄꽃을 환한 웃음으로 내려다보며 하늘과 땅에서 봄의 향연을 펼치고 있다. 가고 오는 계절이지만, 봄은 언제나 그 진한 향기로 사람들의 마음을 들뜨게 한다. 사람들이 야단법석 피워도 이해될 듯한 4월의 화창한 계절 중순이다.

　주변의 많은 사람들이 꽃구경 간다고 꽃잎 나풀대는 것처럼 들썩인다. 아파트 입구에 꽃밭처럼 서 있던 알록달록한 관광차가 사람들을 태우고는 꽃망울이 미풍에 흔들리는 것처럼 흔들거리며 어디론가 떠나간다. 긴 겨울 맨몸으로 추위와 싸우고 또다시 싹을 틔우고 꽃을 피운 그 꽃나무의 향기는 진하디 진하다고 했다. 그 향기를 맡고 그 향기 속에 취해보면 사람들은 행복과 기쁨을 느낀다. 여느 때 같으면 우리도 간소한 여행복 차림으로 그 행렬에 줄을 대고 있었을 것이다.

　물렁물렁한 순한 감정과 감격에 겨워 꽃향기에 도취하고, 열아홉 살 소녀 같은 순수하고 순박한 모습을 자아내게 하던 아내의 그 환한 미소가 생각난다. 진해항의 벚꽃놀이, 지리산의 철쭉제, 일산의 꽃축제, 관악산 초입의 진달래동산 – 19살의 상큼 발랄한 순정에 젖어들며 강아지 마냥 호들갑 피우며 껑충껑충 좋아하는 모습들.

그간 가족들의 뒷바라지에 묶여, 갇혀있는 답답한 생활을 해왔던 아내이기에 도심탈출의 일탈을 하자하면 함박꽃이 벌어질 정도로 좋아하였던 한 순수한 여자였다. 하지만, 지금은 그 때처럼 갈 수도 없고 가고 싶지도 않다.

오늘도 그러하듯이 매년 이때쯤 되면 내 가슴 한복판에 아로 새겨진 아내의 순수했던 마음이, 적셔져 가는 손수건에 차곡차곡 쌓여 간직되고 있다.

이ㅇㅇ! 이름처럼 순수한 열정을 지닌 범절 있는 집안의 요조숙녀로 동갑나이인 나만 믿고 층층시하 형제들이 많은 내게로 시집와서, 고생시키지 않겠다는 그 말에 속았다고 눈 흘기며 웃음 짓는 앙탈 부리는 나의 사랑 아내였다. 생활의 어려움이 발생될 때마다 동동촉촉 하면서 고비 고비 슬기롭게 대처해 나가는 나의 여왕이었다.

그립다! － 단 하나뿐인 사랑스러웠던 아내!

불원천리길 마다 않고 아내에게 달려왔지만, 정작 주인은 어디가고 방문객만 홀로 묘지에서 허황하게 방황하고 있는가. 하늘에는 새들이 삼삼오오 짝을 지어 끼륵끼륵 소리 내며 평화롭게 줄을 지어 날아가고, 땅속에는 꿈틀꿈틀 움트기 시작하는 풀들이 목을 살며시 내밀며 속삭이고, 지상에는 화려한 자태를 뽐내는 꽃들이 향기 뿜으며 제각기 자랑하건만 당신 머문 자리는 어찌하여 적막감만 도는 것일까. 이제는 아내를 대신하여 내가 슬픈 눈망울을 터뜨려야만 되는 것일 게다. 직장생활이나 일상생활을 하다보면 항시 좋고 나쁜 일들이 있기 마련이지만, 아무리 내가 거짓부렁 웃음을 짓고 있어도 은연 중에 나의 눈에서 표출되는 것을 족집게처럼 집어내고 등을 토닥이고 마음을 어루만져 주던 그런 아내였다. 부부는 일심동체一心同體라 했거늘 오늘의 내 시린 가슴은 아직도 이곳저곳 흩어진 상태로 제자리를 못 잡고 헤매고 있다.

　이제는 영영 우리 사는 세상으로 돌아올 수 없을 아내.
　20년을 아내에게 의지하며 살아왔다. 생활의 모든 것을 아내에게 의지해왔던 철딱서니 없는 나로서는 아직도 해답을 구할 수가 없다.
　"당신은 아직도 정신 차리려면 멀었어요. 나이가 몇인데 아직도 어린애마냥 찾아주고 먹여줘야만 하는지, 내가 없으면 어떻게 살까? 정신 차리려면 아직 멀었어!"
　그랬다. 우리 부부는 감동 있는 순정 앞에서는 아내도 철부지 소녀가 되었고, 일상생활의 안주에서는 나도 분에 겨워 아내에게 의탁하는 헐떡이는 소년이 되어 있었다. 그러나 이제 와서 생각하면, 우리 둘은 철부지 어린 아이같이 순수함의 동격체이었지만 본질적인 내용면에서는 사고개념 그 자체가 전혀 다른 이심동체인 것이었다. 분에 겨워서, 아내에게 의탁하는 게 좋아서, 더 사실대로 얘기하자면 아이들에게 밀려난 나도 아내사랑을 받고 싶어서 반복적인 행태를 일부러 부려볼 때마다 헛소리 끌끌 차는 "쯔쯔!" 하는 소리가 왜 그렇게 듣고 싶고 귀엽고 좋았는지. 어쨌든 내가 좋아서, 어리광 부리며 알미운 짓하는 응석부림을 옆에서 지켜보는 아내는 동정심의 발로인지는 몰라도 남편의 수발을 다 받아주는 훌륭한 내조자인 것만큼은 지당하신 언어의 꼭 맞는 수사법이다.
　지금도 아내가 해주는 의타심에 젖어, 하고 싶지 않은 일이 많지만, 아내가 없는 현실 앞에서는 아이들이 이젠 내게 의탁을 하니 어쩔 수없이 솔선해야만 하는데 무정하게도 일상의 생활은 골치 아픈 결과를 내가 도맡게 됨이었다. 조금이라도 신경을 쓰지 않으면 매일 집안의 생활 주변은 어지러워지고 지저분해진다.

내가 게을러질 때마다 내 아내는 "아직도 정신 못 차렸나요, 쯔쯔"라고 나를 힐책했다.

아! 그래도, 그래도…

아내의 그 소리, 단 한 번만이라도 듣고 싶다!

스물아홉 번째 이야기

잠시라도 내 곁에 머물다 갔으면…

여보, 예람이 엄마!

참으로 오랜만에 글을 띄우네요. 당신이 안식 취하고 있는 그 곳에선 잘 지내고 있소?

어디 불편하거나 아픈 데는 없었는지요. 이곳에 남아있는 우리들은 당신이 남겨준 과제를 풀면서 당신을 생각하며 살아가고 있다오. 벌써, 당신이 가족을 떠나 멀고 먼 이국의 하늘에 가 있은 지도 어언 1년하고도 6개월이 지났네요.

그 동안 큰아이 예람이는 2학년의 대학생이 되었고 예찬이는 올해로 어엿한 1학년의 대학생이 되었다오. 당신의 소망대로 아이들은 꿋꿋하고 믿음직한 청년으로 자랐고 학구생활과 가정생활에 충실히 잘 하고 있다오.

두 녀석이 그 힘들게 고생하던 고3, 고2 생활에서 탈피하여 대학생이 되고나니 지금은 조금 마음이 놓입니다. 이제 우리 아이들이 참으로 듬직해 보이고 대견스러워졌다오. 가끔씩은 녀석들이 자아내는 함박웃음에 너무나 기특하고 행복합디다. 그래도 아직은 아버지 생각하여 들킬세라 표를 안 내지만, 당신의 젖을 먹고 자란 아이들이라, 나 몰래 당신의 사진을 유심히 보면서 엄마의 그리움에 눈물짓는 건 어쩔 수없는 인지상정인 게지요. 그 아이들의 깊은 상처가 조금씩 아물어 가면서 아픈 만큼 성숙해져가는 믿음직한 청년들로 커 갔으면 좋겠어요.

　여보, 예찬이 엄마!
　한동안은, 당신의 빈자리가 너무 커서 나 홀로 우리 아이들의 뒷바라지에 힘이 부쳤지만, 내 자신이 아이들에게 보여 주지 말아야 될, 하지 말아야 될 걱정과 슬픔을 안겨주면 안될 것 같아 이를 악물고 주야로 내 자신과의 싸움으로 앞만 보고 최선을 다해 달려 왔다오. 이렇게 사는 중에도 가슴 아린 커다란 마음과 허전한 마음이 여러 번, 아니 숱한 마음이 스쳐갔었지요. 아무것도 하고 싶지 않은 게으른 마음이었지요. 하지만 당신이 나에게 위로한 말이 생각나더군요.
　"어려울 때 일수록 앞길 대로로 나아가야 한다.", "아이들이 당신을 바라보고 있다"라는 말이 떠오를 때마다 정신이 번쩍 들곤 하였지요. 다리에 힘을 주어 일어서다 보니 이제 쌓인 경험으로 어느 정도 시나브로하게 마음에 안정이 되어가고 있다오.

　나의 사랑, 여보야!
　나는 아직도 마음이 아픈 걸? 아직도 당신 병상에서 힘들고 괴로워했던 그때의 상황이 자꾸만 내 뇌리에서 떠나질 않네요? 옆에서 지켜보는 남편으로써, 그 가슴 찢어질 듯한 절규와 몸부림….
　「그 어려운 고비를 시간시간 넘길 때마다 손수건으로 머리를 닦는, 다시 얼굴을 닦는…. 수건을 뒤집어 차곡차곡 접어 눈언저리를 자꾸만 누르곤 하였지. 눈앞이 흐려졌었지. 나도 손으로 내 눈언저리를 눌러야

했었지. 당신의 눈 속엔 눈물이 가득 차 있었지만 웃으면서 말을 했지. 나도 함께 멋쩍은 웃음을 지었지만…. 젖은 수건으로 내 눈물을 닦아주던 당신의 눈을 보았고 그런 당신의 눈은 내 시선을 피했지.」

이제 와 생각해 보니까 투병 중이던 당신이 나에게 주고 간 아픈 미소는 슬픔 아닌 너무나 아름다운 미소였고, 너무도 가슴이 아리지만 그 아픈 슬픔은 아름다움 자체의 당신이었어요. 지금도 그때를 생각하면 아리지만 아름다웠노라고…. 마치 눈이 오듯 하염없이 솟아지는 별빛들이 당신의 땀과 눈물을 비추고 위로하려는 듯하였지요.

우리 푸르렀던 날, 내가 당신에게 흠뻑 마음이 뺏긴 게 크고 초롱한 눈과 미소라고 얘기했지요? 지금도 당신 생각나면 별빛 반짝이는 하늘을 보곤 빙그레하니 웃곤 한답니다.

내 사랑하는, 여보야!
이 시간에도 어디선가 묻어 나오는 당신의 향기가 나네요. 바람타고 쏜살같이 온 건가요?

내 손안에 있는 것처럼…. 산바람, 하늘바람 타고 와서는 당신의 체취가 코끝에 내려앉은 거 같아요. 잠시라도 내 곁에 머물다갔으면 해요. 나도 지쳤지만 당신은 더 지쳤을 것 같아요.

그 먼 곳에서 이곳까지 찬바람 쏘이며 왔으니 얼마나 피곤했겠어요.

남편으로서 인생의 동반자로써 당신을 무한정 사랑했지만, 당신은 나를 조건 없이 무한정 주는 아카페적인 사랑을 했을 거라고 생각하고 있지요. 아니 이보다 더 에로스적인, 에피터미아적인, 아카페적인 사랑을 합친 절대적인 사랑을 주었음을 나는 알지요. 또 그 사랑을 우리 아이들에게도 주고 떠났음을 잘 알지요. 하여, 지금도 당신은 하늘에서 나와 아이들 생각에 젖어 눈이 와도, 비가 와도, 바람이 불어도 가슴 조이며 잠 못 이루는 날들이 많았을 거예요.

 여보! 하늘에서 모든 일 제쳐두고 우리 있는 보금자리로 바람타고 달려와 내 팔베개 노래 들으며 그동안 못 잔 달콤하고 깊은 잠 자고 편안한 맘으로 다녀갔으면 해요.

서른 번째 이야기
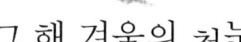
그 해 겨울의 첫눈

  안녕, 예람 엄마야!
  앗싸~! 첫눈이 내려요, 첫눈이.
  당신 보고 있어? 당신이 그토록 좋아했던 눈이 내리고 있어. 올해 들어 첫눈 치고는 온 세상을 단숨에 덮을 것 같은 기세로 하늘에서 하얗게 펑펑 뿌리네. 벌거벗은 나뭇가지에도 벌써 많은 눈으로 하얗게 옷을 입힐 정도야. 정말 대단하네? 당신과 추억서린 벤치의 한쪽에서는 연인으로 보이는 한 쌍이 눈을 뭉쳐 서로의 사랑을 확인하는 양 던지면서 행복하고 환한 웃음소리를 자아내고 있어. 또 다른 사람들은 손을 호주머니에 집어넣은 채 자라목처럼 움츠리고 구부정하게 빠른 걸음을 재촉하고 있고. 베란다 창에서 보는 나도 당장 뛰어나가 입을 벌려 떨어지는 하얀 눈을 받아먹고 싶은 충동을 느꼈어.

  앗싸~! 눈이 많이 오네.
  당신, 내가 왜 이렇게 호들갑 떠는 줄 알아? 너무 그러지마, 또 무슨 소리를 하려고 그래?
  철딱서니 없는 짓한다고. 아직도 정신 못 차렸다고 하려고?
  옛날 생각이 자꾸 나서 그래. 당신하고 결혼한 그 해 겨울, 첫눈 오는 날이었지 아마? 당신이 나한테 그때 고백한 얘기 있었지?

　　1980년 어느 늦여름 날, 손톱에 봉숭아물을 정성스럽게 물들였다고. 그래서 첫눈 오는 날까지 손톱물이 남아있게 해달라고 기도했다고 했지. 그때 당신은 몸이 아파 교회를 다녔다고. 첫눈 오는 날 처음 만나는 사람이 흰 눈에 실려 하나님이 내려준 내 낭군이 될 사람이라고 알려 줬으면 좋겠다하면서 기도했다고. 또 그 사랑이 꼭 이루게 해달라고 기도했다는 얘기. 그런데 아이러니하게도 12월의 첫눈은 함박눈이 아닌 진눈깨비가 내렸는데 내게서 편지가 날아왔다고 했었지. 내용인즉 '12월 말에 제대한다고. 감사했다고. 받는 이의 이름은 쓰지 않고 '매주 주보 보내주시는 예쁜 서기님께'라고 써 보내서 교회 사람들과 많이 웃었다고.' 그래서 내 이름을 기억했다고. 그래서 나를 만났다고 했지.

　그 동화 같은 얘기가 첫눈 오는 오늘 왜 그렇게 가슴 시리도록 와 닿는지.
　당신의 기품 있는 얼굴에 너무나도 예뻐 반했지만, 희고 가지런한 손가락에 봉숭아물이 새겨진 그 손톱이 왜 그렇게 내 마음의 심장박근을 쿵쾅쿵쾅 요동치게 했는지…. 무슨 말이 필요하겠어. 섹시해서 그냥 확 돌아버렸지 뭐. 아, 한 마디로 말하자면 '뿅!' 그거….
　그래서 내가 죽자고 버스 안에서 당신 핸드백을 빼앗아 가방에다 크게 잘 생긴 이름과 전화번호를 써놓고 도망갔잖아? 그리곤 내가 당신의 마음을 쟁취했었지.
　당신 얘기 듣고 보니까, 내가 첫눈 오는 날이 아닌 일찍이 앞당겨진 구세주 왕자였지만 내가 그때 눈에 콩깍지가 끼었었나봐. 당신의 바람대로 내가 장단에 맞춰 놀아났나봐. 왜 내가 그날 핸드백 빼앗아 더 큰 보상을 하게 됐는지. 어후-(ㅋㅋ)

뭐? 첫눈 오는 날, 비마타고 내려온 멋진 왕자님이 아니라 조금 실망은 했지만 그런대로 쓸모 있는 왕자님의 흑기사쯤은 된다고? 그래, 그렇게 나랑 20년 동안 살아보니까 비마 탄 멋진 왕자님 같지 않았어? 당신, 병상에서 순간순간 추억을 떠올려 그동안 지내왔던….

사소한 것 전부가 다 행복했다고 했잖아? 이 사람아, 당신만 그렇게 생각한 게 아니었어! 나도 그랬어, 나도 무지 행복했다고! 나는 당신을 만나 너무나 행복한 삶을 가졌었어. 당신 앞에 마냥 철부지처럼 어리광만 부려 철딱서니 없는 애아빠란 소릴 당신에게 들어 왔지만….

여보! 사랑해~ 어서 빨리 당신 있는 그곳으로 가 당신 품에 안기고 싶다. 당신 품만큼 넓은 세상과 따스함이 없을 거니까…

앗싸~! 한 겨울 나무들이 핀 눈꽃이 너무나 아름다워, 황홀해!

심야경에 비춰진 하얀 세상, 또 다른 설국의 이미지가 피어나는군! 내년에도 이곳에서 당신의 첫눈 오는 날을 또 다시 기다려 볼까나?

나도 한번 올 여름에 예람이에게 부탁해서 손톱에 봉숭아물 들여 첫눈 오는 날을 기다려 볼까나? 혹시 알아? 당신 만나게 될지….

뭐라고? 남자가 무슨 봉숭아물이냐고? 뭐시라, 철딱서니…? 헐!

3부
나무이야기

바람과 나무이야기

첫 번째 이야기
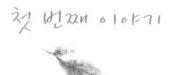

안쓰러워요! 우리 딸 예람이가

여보, 안녕?

요즘 같은 맹추위가 요동치는 엄동설한에 당신은 어떻게 지내는지 궁금하네요?

어제는 당신이 그렇게 좋아하는 탐스럽고 아름다운 함박눈이 펄펄 내려 온 세상을 하얗게 감싸 안은 듯했답니다. 아파트의 지붕은 왕관을 두르고 나뭇가지에는 눈꽃이 피고 아파트 공원엔 가슴에 숨겨둔 설렘과 함께 소복소복 하얗게 내려 싸였답니다. 처음 진눈깨비로 인해 바닥은 젖었고 콘크리트 집들의 알몸은 그대로 들어내 놓은 상태이지만 어느새 심술이 난 걸까. 함박눈으로 탈바꿈되어 당신이 볼수록 탄성을 자아내던 나무에 핀 눈꽃은 그런대로 환상적이었다고나 할까요. 당신의 생각이 절로 나더이다.

그런데, 여보!

요즘 우리 가족 중 제일 힘들게 지내는 아이가 큰 딸 예람이에요. 아빠로써 위로다운 위로를 잘 해주지도 못하고, 그저 아이의 주위만 맴돌고 있답니다. 어린 나이에 왜 이런 시련들이 자꾸 오는 걸까요. 자꾸만 딸을 보면 볼수록 안타깝고 안 된 생각만 든답니다. 아빠의 퇴직과 사업 실패로 인한 가정의 기울임, 엄마의 아르바이트 근무, 청천벽력 같은 엄마의 병환과 죽음. 이 모든 것이 아이의 대학 수능을 앞둔 시기에 큰 시련과 충격이 가중되었지요.

큰 딸로서 예람이의 말 못할 스트레스와 충격으로 수능 성적이 예상 외로 떨어졌지만 대견하게도 예람이는 당신처럼 꿋꿋하게 자기에게 오는 시련을 헤쳐 나가려고 무던히 애를 쓰고 있습니다. 그런데 웬일인지 대학수시 전형에 K대, S대, E여대 줄줄이 예람이에게 손을 들어주지 않네요. 그간의 학교생활의 뛰어난 내신 성적은 아이의 담임선생님도, 내가 근무하는 학원의 선생님들과도 상의해보지만 너무 안타깝다고 할 정도로 굉장히 좋았지만, 우리 부모로 인해 수능 성적의 하락으로 학교 지원하는 데에 어려움을 겪고 있답니다.

당신이 생전에 예람이에게 교대에 진학하기를 희망하여서 그 방면으로 진로를 바꿨답니다. 물론 딸에게도 적성이 맞을 것 같습니다. 그런데 그것도 여의치가 못해요. 요즘은 교대가 엄청난 경쟁입디다.

하지만 여보!

우리 예람이는 당신도 알다시피 슬기롭게 어려움을 잘 헤쳐 나갈 겁니다. 나도 요즘 우리 딸에게 무척 신경을 쓰고 있어요. 그렇지만 아빠로써 자식을 보는 관점에선 무척 우리 딸 애가 힘들어하고 불쌍하다는 생각만 듭니다. 아빠의 마음을 읽는 듯 오히려 예람이는 가족에게 엄마의 빈자리를 메꿔보려고, 예찬이에게 엄마같은 누나로, 또 아빠에겐 믿음직한 맏딸 노릇하려고 무던히 노력하려고 하는 것이 엿보입니다. 딸 아이의 모습을 지켜볼 때마다 빙그레 미소도 띄워지고 대견도 하지만 안쓰러움도 볼 수 있는 아비의 마음 아닐는지요. 하지만 예람이가 어린 나이임에도 불구하고 가상하지 않습디까. 아빠로써 우리 아이들한테 물질적인 충족보다는 정신적인 자상한 아빠로 되어 주는 쪽으로 노력을 하고 있습니다. 그것이 나에게 바라던 당신의 원함이요, 훌륭하게 사회의 일꾼으로 키워 달라던 당신의 바람이었지요. 그런데요. 여보! 내가 요즘 예람이에게 여러모로 미안한 생각이 든다는 것입니다. 예찬이에게 도요.

늦은 시각인 밤 2시경 이후에 들어오면 우리 애들 얼굴을 볼 때가 극히 없다오. 직업이 직업인지라 학원 근무가 여러모로 일이 많답니다. 공휴일도 나간답니다. 될 수 있으면 공휴일은 우리 애들과 지내려고 노력하고 있지만 잘 안되더군요. 예람이가 힘들겠지요. 한편으로 생각하면 어느새 딸과 아들 녀석이 제법 큰 것 같아요. 믿음직해 보이기도 합니다. 그렇지만 아비로써 당신자리를 요즘 들어서 해태하는 것 같아 마음이 아픕니다. 큰애가 주는 믿음 때문에서 그럴까요. 우리 애들이 아빠의 마음을 알아줄까 모르겠네요.

어쨌든 예람 엄마!

불쌍하다고, 안쓰럽다고 생각되는 우리의 맏딸인 예람이에게 용기를 내라고 격려해 줍시다.

우리 예쁜 딸 예람이 파이팅!

예람아, 용기를 내자! 엄마와 하나님이 계시니까 걱정 말고 열심히 살자꾸나. 왜 현대그룹의 정주영 회장의 회고록에 '시련은 있어도 실패는 없다'라는 말이 있지 않니? 아빠도 가정과 맡은 일에 대하여 열심히 살고, 예람이도 이번 일을 전화위복으로 생각하고 슬기로운 지혜로 이 어려운 역경을 이겨내는 참되고 슬기로운 맏딸이 되어주길 바란단다. 집안의 장손이며 대들보인 막내 예찬이도 대학 수능이라는 큰 과제가 곧 다가옴으로 최선을 다하며 전진하는 꿋꿋하고 의연한 자세의 남아가 될 수 있도록 노력하며 살자꾸나.

만약에, 만약에…. 사랑하는 딸아, 아들아! 중도에 힘들어 하면 아빠가 뒤에서 받쳐 줄 수 있지만, 중도에 너희가 포기할라치면 아빠는 누굴 믿고 살아갈 수 있겠니? 어려움을 극복하는 사람이 참되고 바른 사람이라는 것을 너희는 알고 있지?

안쓰러운 우리 딸 예람이!

힘 내거라. 어깨를 쭉 펴고 너의 인생에 대한 목표를 향해서 전진하거라! 예람이는 해낼 수 있어, 그깐 시련 이겨낼 수 있어. 이보다 더 큰 시련도 이겨냈지 않니?

이렇게 격려하면서 등을 다독여 줍시다.

여보! 얼마간 당신 안식처에 못 가뵈어 미안합니다. 미안해요! 이럴 때일수록 자주 가봐야 되는데 미안합니다. 그런데 안 가니까 오히려 당신이 꿈에 찾아와 좋았답니다. 헤헤헤

조만간 우리 아이들 데리고 찾아 가겠습니다. 내내 차가운 곳에서 어떻게 지내는지 걱정뿐이랍니다. 하나님 계신 곳이라 추운 곳이 아닌 낙원이라 생각되지마는 노파심에서 하는 소리지요. 이곳 사는 세상은 왜 그렇게 우여곡절이 많고 힘든 시련이 많은지 새삼 또 느껴봅니다. 그 높은 곳에서 우리 자식들을 잘 지켜보시고 돌보아 주시면 고맙겠소. 그리고 내 꿈속으로 자주 와 주시구려. 금명간 당신 보고파서 찾아 가겠습니다.

안녕히 잘 계시오. 안녕. 여보!

지극히 높은 곳에서는 하나님께 영광이요,
땅에서는 기뻐하심을 입은 사람들 중에
평화로다 하느니라.
• 누가복음 2장 14절

새벽 5시에 마침. 울면서.

두 번째 이야기

철딱서니 없는 남편의 일기 1
아내가 알면 염장 지를 일들

- 날씨 소슬바람에 푸른 하늘. 이보다 더 좋은 날씨가 있을까.
- 기분 한 번 불어오는 바람에 가슴 시리고,
  두 번 불어오는 바람에 눈물이 피잉—
  하늘 향한 마음 어찌해야 할는지.

꼭 1주일만이다. 사랑했던 아내가 우리 곁을 떠난 지. 금주는 참으로 나에게 서러움이 깃든 힘들고 바쁜 한 주였다.

초등학교 동창모임의 부부동반이 있었고, 아들 예찬이와 나의 위염 진료가 있었고, 또 내 목 수술 문제 때문에 진료가 있었고, 아들내미의 중간고사 시험 보는 기간이며, 딸내미의 수시 지망대학 발표 날이었고, 내 취직 건으로 동분서주 뛰어 다닌 주였고, 가장 중요한 것은 오늘, 아내가 안식을 취하고 있는 일산에서 백부님을 비롯한 친척 가족들이 모여 아내를 위시하여 그곳에 거하시는 우리 윤씨 혈족의 분들을 위해 추도하는 예배 날이었다. 금주는 참으로 빨리 지나간 것 같다. 그렇다고 아내를 잊고 산 날은 하루도 없었다. 그 바쁘게 산만큼 아내에 대한 간절한 그리움과 애틋한 연민의 정은 더욱 가중되고 밤만 되면 잠 못 이뤄 한숨짓는 나날로 보내곤 했다.

　다행이도 아들 예찬이의 위염은 헬리코박터 균이 다소 있기는 하나 그렇게 걱정될 만한 일이 아니었고, 혹시나 하여 위와 십이지장(어릴 적에 심하게 앓은 상처 있다고 함), 폐, 심부전증 등의 검사를 했다. 다행히 그렇게 큰 문제는 없었다. 대장검사가 아이에겐 어려워 이것만 하질 못했다. 딸 예람이도 조만간 아내 때문에 종합검사를 해 봐야겠는데 딸내미가 좀 채로 시간이 나질 않는다. 꼭 해 봐야겠다. 한때 위암으로 아내가 입원하고 있을 때 애들도 검사시켜보자고 했지만 한순간 아내는 아이들에게 무슨 검사를 시키냐고 큰 꾸지람을 들었지만 부모의 병 관련 유전성이 24%라는 뉴스를 들었을 때는 지금 너무 소홀이 넘길 일이 아닌 것 같다.

　한편, 아내가 하늘나라로 장기 출타 중에 있는 때에 감당치 못할 속상함이 있었다. 요즘 예찬이가 시험 기간이었는데도 공부가 잘 되질 않는 거 같다. 멀찌감치 뒷모습으로 보면 시험공부를 하는 거 같긴 한데. 집에 오면 애가 피곤하다고. 엄마가 없어 정신적 스트레스를 받아서 그런지 오기만 하면 자기 방에서 풀썩 주저앉고 누워서 무언가의 생각에 잠기곤 한다. 걱정스러워 묻기만 하면 별 일 없다고만 하니 답답하기 그지없었다. 결과는 의외였다. 최종 시험을 다 본 날은 집에 올 시간이 넘었는데 오질 않는다. 저녁 늦게 들어왔다. 시험을 못 봐 속상하여 바깥으로 배회한 것 같다. 집으로 돌아와 시험 잘 보았냐고 물었더니 갑자기 무릎 꿇고 우는 것이 아닌가.

　"죄송해요. 시험을 잘 못 봤어요, 잘 보려고 했는데 안 됐어요, 엄마에게 선물을 하려했는데…"

그 말을 들으니 괜스레 눈시울이 뜨거워졌다. 어린 마음에 심적 부담이 얼마나 컸을까. 두 자녀와 함께 부둥켜 안고 복받쳐 오는 이유 모를 설움에 울음바다가 되었다.

또 있었다. 예람이의 수시지망 대학교인 S대의 불합격으로 예람이 또한 말 못할 풀이 죽어 있었다. 전교 순위 안에 들고 내신 성적도 1등급이었는데 웬일일까. 아이들의 밝아진 성격으로 금새 원기를 되찾았지만, 아내가 없으니 너무나 힘들게 지탱해오는 거였다. 아내의 자리가 아이들에게도 크다는 것을 뼈저리게 느꼈음이다. 입술을 굳게 물고 다짐하면서 아내에게 약속한대로 실천하려고 하건만 애들도 나도 이렇게 갈수록 힘이 부치는 것 아내는 알고 있을까. 이제 나도 어느 정도 원기를 찾아 생활전선에 뛰어들어 취직을 하려 여러 곳을 알아보려 다니고 의뢰도 해보곤 하지만 나이 때문에 반응은 냉담하다. 아내가 내게 이 어려운 난관을 뚫고 나갈 수 있는 현명한 지혜와 용기 좀 불어 넣어주었으면 한다. 이제 시름에 젖어 그만 울고, 아이들을 위해 꿋꿋하게 살아갈 수 있는 멋진 가장으로써 아빠로써 책무를 다해야 하지 않을까. '가시고기'라는 어류를 아내도 잘 안다. 같은 이름으로 소설책도 있는 것 같다. 나도 그렇게 살고자 한다. '먼 훗날 아내가 뿌려놓고 가꾸고 내가 수확하고 끝나는 날' 아이들에게 참된 엄마 아빠가 있었다고 추억을 만들어 주어야겠다. 혹시 알겠는가. 아이들이 커서 자기 아이들에게 우리의 얘기를 들려주게 될는지.

아내가 알면 또 염장 지를 일이 생겼다. 초등생동창 부부동반 모임 때 내가 무척 슬펐다면 아내도 왜 그랬는지 가슴 아파할 거다. 언제나 모임때는 아내가 단연 돋보이고 친구 부인들을 잘 이끌면서 즐겁게 지내다오곤 했다. 이번엔 아내 생각으로 마음 아플 것 같아 모임에 불참하려고 했지만, 아내를 위해 많이 도와준 친구들이라 빠질 수가 없어 참석했지만 김빠진 모임이었다. 친구들도 나를 생각해 조심스레 하는 모임이었지만, 왠지 아내 생각도 나고 홀아비가 되었다는 슬픈 관념에 젖어 못 먹는 술을 퍼 마셨다. 한쪽 구석에서 서러운 복받침으로 눈물 짖고 잠이 들면서 아내를 부르며 잠꼬대를 했다 한다. 아내가 알면 명색이 남편이라는 이가 참으로 한심하다 했겠지. 봉준이가 집에까지 부축하며 바래다주었다.

이크! 또 얘기할 게 있다. 자꾸 마음 아파할 아내에게 속 뒤집어지게 하는 것 같아 미안하기만 하다. 아내는 애완용 강아지는 좋아하지만 집에 오물이며 털이 날려 다시는 강아지를 키우지 않겠다고 완강히 반대했었다. 근데 누가 강아지를 분양하겠다 하는데 키울까 한다. 아이들은 굉장히 좋아한다. 아내도 강아지 키우는 재미가 쏠쏠하다고 했다.

오늘도 영락없이 동이 트려는지 하늘빛이 조금씩 밝아지려 한다. 이제 아내에게 미주알고주알 한 주간 지낸 얘기를 다 들려주니 속이 시원하다. 아이들이 곧 일어날 시간이다. 아침 먹고 갈 계란말이며 콩나물국과 참치찌개를 조금 전에 다 끓여놓았으니 아이들이 먹고 학교에 가겠지. 아이들이 아비가 여태까지 잠을 자지 않았다면 괜한 걱정을 할 테니 눈 좀 붙여야겠다. 그나저나 요즘은 온몸이 간지러워서 죽겠다. 아무리 목욕과 샤워를 해도 그때뿐이다. 요 근래 들어 간지러워 잠이 오질 않는다. 긁적긁적 긁으니 생채기가 생긴다. 중간에서 깨면 잠을 못 잔다.

내 사랑 예람 엄마야. 사랑해!

세 번째 이야기

철딱서니 없는 남편의 일기 2
아내의 발

- **날씨** 하늘도 한증막 같은 찜통 열기에 열 받아 지쳤는지 널브러져 있다
- **기분** 내려찍는 태양의 열이 뜨겁다 못해 따갑다.
  시원한 나무 그늘 아래서 자리 깔고 한숨 푹 자고 싶다.

일요일 오후, 두문불출하며 컴퓨터 앞에만 있는 내게 뜨거운 태양은 심술을 부리고 싶은 듯 시비조로 말을 걸어왔다.
"여보쇼, 예람아빠~ 뭐 하쇼?"
"나~? 지금 내 아내 사진보고 있지~"
수영복차림으로 예쁘게 피어오른 미소를 머금고, 선서하듯 손을 펴 보이고 손짓하는 듯한 아내 모습이 담긴 추억을 읽고 있다. 그 때 찰나의 기억은 없지만 분명 나를 향해 손짓하는 제스처인 것만은 틀림없어 보인다.

"그… 왜 있지…? 당신… 발…." (ㅋㅋㅋ)
반듯하고 똑똑하게 생긴 예쁜 발. 오늘은 아내의 발이 생각났다.
"당신 그랬잖아, 예쁜 데 많은 신체 중에 왜 발만 신경 써 주냐고 투정

을 부렸지, 아마? 그건… 바붕아~, 당신이 남들도 안 하는 고생을 사서 하기 때문에 그런 거야."

이른 아침 부스스 잠 깨어 일어나, 바닥이 찬데도 불구하고 맨발로 가족들과 아침 접전을 한판 치르기 위해 아침준비 하지, 아이들과 남편 밥 먹여 학교 및 직장보내기까지 식구들이 부산스럽게 해서, 아침부터 당신 혼을 빼내곤 썰물처럼 빠져나가면 다리에 지탱할 기운 없어 축 퍼졌을 당신. 이방 저방 다니며 구석구석 방청소하지, 발 쭈그려가며 걸레로 바닥닦기 하지, 좀 쉬려면 구역예배 한다고 찾아오지, 빨래하고 널어야 하지, 하던 일 끝나면 잠깐 발과 어깨 주무르고 벌떡 일어나 장바구니 들고 장보러 가지, 장 보러 가면 가까운 델 가나? 그간 카탈로그나 전단지 등에서 수집된 할인정보로 할인티켓 몇 장 들고서 물건 싸다는 그 먼 곳도 마다않고 차비 아낀다고 발에 의지하여 갔다고 하지, 그 무거운 짐 들고 얼굴 벌겋게 떠서 돌아올 때는, 얼마나 미련 곰탱이 같던지, 순둥스러워 보이는 이런 아내였다.

"아니… 당신? 나를 부르지?"
"모처럼 당신 쉬는데 운동 삼아 갔다 온 거야."
"차, 두고…?"
한 주일간 가족을 위해 고생한 내 낭군, 내 남편 쉬게 해 준다고…. 오로지 자기 발을 학대(?) 하는 바붕이 같은 뜨거운 마음. 너무 안쓰러워 벌겋게 뜬 얼굴에 송글송글 맺힌 땀 닦아주면, 금시 살인적인 미소를 자아내며 자랑 아닌 자랑하는 종알거림 ― 어디에 얼마짜리를 얼마에 싸게 사고, 식구가 좋아하는 부식을 여기저기 찾아 쇼핑해보니 어디가 40~50% 세일해서 이참에 몇개 더 샀느니, 어디가 싱싱한 품목이 많느니, 또 그곳에서 누구를 만났느니 등으로 시간가는 줄 몰랐다고. 좋은 물건 너무 싸게 샀다고 종알종알 자랑하는 그 천진스럽고 환한 얼굴.

그랬다. 물집이 생기도록, 발이 붓도록 발품 사 고생은 했지만 가족들이 맛있게 먹는 모습을 보면 너무 좋고 행복하고 사랑스럽다고. 아내의 미련 곰탱이 같은 행동에서 우리들은 감동을 먹고 영양분을 보충하고 건강을 유지해왔다.

그 날의 전업주부로서의 저녁 일과를 다 끝내고 양팔 벌리며 "오늘 일과― 끝~!"이란 소릴 들어야 내 맘도 편했다.

쉬는 날, 아내가 주방에서 음식 조리하는 일이 바빠 보여 미안한 마음이 들어서,

"내가 뭐 도와줄 일 없어?"

"아이구~ 낭군님, 괜찮네 이 사람아~"

하고 엉덩일 두드리면서 매몰차게 거실로 밀어버리는 여우같은 아내였지만 내심 걱정이 든다. 나중에 '무슨 일로 부려 먹으려고' 하는 맘으로.

언제부터인가 백 개의 꼬리가 달린 여우같은 처가 고생하는데 무엇인가 보상해줘야겠다고 마음을 가지게 된 게 한두 번이 아니었다. 아마도 그렇게 의도 되도록 고도의 심리술을 펴게 된 것이 아닐는지.

역시나, 그날 밤의 1차 보상료는 아내가 좋아하는 발마사지로 돌아갔다. 저녁마다 발가락부터 허벅지까지 지압과 발마사지를 해주게 된 동기였다.

"당신, 기억나?"

처음엔 창피하다고…. 아이들 쪽으로 도망간 당신이 어느 날부터는 수

시로 요청해왔지.

안방 문을 얼굴만 빼꼼히 빼고선,

"예람 아빠~ 마사지…!"

어제도, 오늘도…

발을 오물딱 조물딱 만지고 간지럽히고 눌러주고 문질러주고, 크림 발라주고…. 아내의 가늘게 떨리는 눈까풀에서 피곤함이 사그라지는 모습을 보면 나도 기분이 좋았다. 다소 땀이 나고 힘은 들었지만. 마사지 다 끝났다 생각되어 발에 뽀뽀해 줄 때면 그 큰 눈을 활짝 열다가 지그시 다시 눈을 감으며,

"너무 행복하다. 넘 좋다, 예람아빠~"

라고 했던 말들이 아직도 내 가슴속 한가운데로 훈훈한 여운으로 돌아오곤 한다.

너무나 아내의 발이 예쁘고 귀엽게 몸짓하여 사랑스러웠다. 가녀린 아내의 발로 우리가 지금까지 건강해 오고 행복함을 알게 됨을 고마운 마음을 담아 "당신이 내 사람이라서 나는 너무 행복하오, 사랑하오."라고 말하기가 왜 그렇게 머쓱했을까. 결혼 20년이 되도록 힘 실어 말해보지 못하고 그냥 손만 잡아주고 마음으로만 고마워하고 칭찬하고 있으니 이 일을 어쩜 좋을까.

그녀에게 존경을 표시하던 발의 뽀뽀가 우리들의 가정에 평화와 행복과 사랑이 찾아올 수밖에 없었다는 사실을 그녀 없는 허전한 자리에서 새삼 깨닫게 된다. 아내는 세상의 그 무엇보다도 바꾸거나 대신할 수 없는 나만의 아름다운 보물이었다.

"여보, 예람아빠~ 발…"

"으이그… 알았어! 간다고…."

바람이 불어온다. 행복을 싣고 바람이 불어온다.

네 번째 이야기

철딱서니 없는 남편의 일기 3
등 밀어주기

- 날씨   심술탱이 하늘이 빼꼼히 얼굴 드러내며 태양쪽으로 계속 뜨거운 입김을 분다.
- 기분   끈적끈적, 여엉~ 꿀꿀한데 달리 내 자신을 위로할 방도가 없다.

비가 오려면 내 가슴을 시원스레 적셔놓던가 아님 세수하고 선풍기 바람에 얼굴 말리는 시원함을 주던가. 으~ 정말 짜증나게 불쾌지수만 올라간다.

'그래! 오늘 같은 날은 목욕하는 게 상책이다.'

김이 모락모락 나는 뜨거운 물에 발을 담글라치면 반사신경으로 인한 '뜨거움 속의 두려움'으로 고민하고 있을 때는 항상 뒤에서 여지없이 들려오는 앙칼진 목소리.

"당신은 남자면서 그 속에도 못 들어 가냐?"

"그래, 들어간다, 들어간다고…. 문 닫아. 그런데 왜 허락 없이 문 열고 내 몸 감상 하냐?"

되받아치는 소리가 콧노래에 실려 온다.

"뭐~ 어떠냐! 내 것 내가 본다는데…."

깔깔깔 웃으면서 도망가는 정겨운 내 사랑.
"뭐? 내 것, 맘대로 본다고? 웃겨 정말. 어디 두고 보자고…."
내 특유의 복수심이 불타려고 하는 순간,
'아니야, 아냐. 안되지. 되로 주고 말로 받게 되면…. 에궁~! 그래, 지는 게 이기는 거다. 어휴~ 불쌍한 내 신세, 사랑한다는 명목아래 여자에게 몸 바치고, 다 보여주고…. 그래, 맘 편하게 먹는 게 상책일 성싶다. 잘못하단 벌거벗은 무방비 상태에서 또 들어와 귀엽단 명분으로 엉덩짝 한 대 또 맞을라.'

그나저나 웬만한 손닿는 곳은 때를 다 밀어냈는데 등 뒤쪽에 손이 안 닿은 부분이 있다.

'나만 그런가? 왜 등 뒤쪽은 손이 안 닿을까? 에궁! 저 여우같은 와이프한테….'

아까 일보후퇴 하길 잘 했다고 생각한다. 아무리 철딱서니 없는 나로서도 잘했다는 자평을 얻어낸다.

"예람 엄마야~ 등 좀 밀어줄래?"
"뭐시라, 등 밀어 달라고? 밀어주면 나한테 뭘 해줄 건데~?"
"허거걱!…."
"아파! 살살해~"
"무슨 남자가 이게 아프다고 엄살 피우냐?"
"철썩!" -
"윽!" (이번엔 엉덩이가 아닌 등 때리는 소리이므로 수치심소리가 아님)

남편을 하늘로 생각하고 섬겨온 여자. 얼마간의 세월이 흘렀지만 두고 두고 생각나는 명품 같은 내 사랑. 동갑내기인 내게 나 좋다고 조건 없이 시집와서 층층시하 마음 고생하던 세월이 정겨운 그림으로 떠오르고, 가슴 저림 땀구슬이 밑바닥에서 스멀스멀 기어 올라와 콧마루에서 찡하게 미끄럼 타고 내려간다.
 이크!, 그런데 요 대목에서 왜 또 눈앞의 사물이 어질어질할까?

 그렇게 탱탱하던 몸.
 세월의 무게만큼 늘어진 뱃살과 젖가슴
 아내의 목욕하는 모습을 슬쩍 볼라치면 왜 그렇게 측은지심이 드는 걸까? 안 되겠다. 오늘은 한층 칭찬해서 꽃다운 청춘의 한 떨기 푸른 장미처럼 수줍어하게 해 위로해줘야 될 성싶다. 철딱서니 없는 남편의 장난기가 또 요 대목에서 한층 발동되는 순간이다.
 "여~ 당신 몸 멋진데…. 아직도 최지우인데~?"
 "옴마야! 당신, 빨리 문 안 닫아?"
 "뭐~ 어떠냐! 내 것 내가 본다는데."
 "에구! 저…."
 "자기야! 그 말…. 진짜지? 아직도 최지우 같아?"
 "하모, 하모. 당신이 최고지라~"
 '음… 오늘 저녁 밥상의 반찬들이 확 달라지겠징~?'(ㅋㅋㅋ)

 항상 목욕하면서 느껴지는 소중했던 사람과의 행복함과 어우러진 회한과 눈물 그리고 그 감촉….
 애고, 생각이 너무 깊어진다. 마음만 아프다. 그래도 하루하루를 열심히 살아갈 수 있는 것은 가장 소중하고 순수하고 즐거운 사랑이 곁에 있어 행복이라는 큰 선물을 주고 갔기 때문이라고 생각한다.

그녀의 주름진 눈가에서 찾아오는 추억의 발자취 - 토파즈 같은 보석처럼 화려하진 않지만 희망을 잃지 않고 살아갈 수 있는 행복감을 갖는다는 것. 아내가 가슴에 있기에.

그래서 내 사랑이 토파즈를 그렇게 좋아했나 보다.

에궁! 몸이 다 식는다.
"예찬아! 아버지 등 좀 밀어주라~"
"예, 아버지~ 갑니다."

다섯 번째 이야기

철딱서니 없는 남편의 일기 4
손등의 담배 흉터 두 군데

- **날씨** 새벽녘부터 굵은 장대비가 내리꽂는 걸 보니 하늘 뚜껑이 활짝 열렸나보다.
- **기분** 아내가 해주는 수제비와 부침개가 엄청 먹고 싶다.

항상 나의 사랑, 내 아내를 생각하는 마음은 변함이 없다. 지독히도 중독된 사랑스럽던 그녀.

아내: "으미~ 당신 손! 참 남자치곤 예쁘다 안 카나?"

그러면서 남편 손을 공짜라고 오물딱 조물딱 만져보고 뒤집어보고 비벼보는 그녀.(마냥 황홀해서 성희롱 죄에 고소하지 않았음)

남편: "와따메! 당신 손은 어떻고?"

감미로운 감촉 있는 곧게 뻗혀진 하얀 손. 나도 오물딱 조물딱(그녀도 고소하지 않음). 부부는 일심동체이므로 성희롱이라는 언어는 통용되지 않는다. 있다면 쌤쌤이다.

나는 팔불출이다. 넓은 세상, 포근한 품을 열고 있는 그녀가 가슴 속 깊이 자리 잡고, 자주색 치마입고 어여머리를 한 왕비처럼 우아한 자태로 내 안에서 자리를 차지하고 있는 이상 나는 그녀를 절대 순봉하는 열렬한 동반자이며 지원자이며 남편이기 때문이다. 그래서 나는 아직도 팔불출 행동을 한다. 더욱이 철딱서니 없는 남편이기에 더욱 그러하다. 친구들이 너무 지나치다고 비아냥하는 눈치다. 하지만 나를 아는 친구들은 나의 얼룩진 수난사를 알기에 추태라고 하는 이는 없을 것이다.

"냅둬! 나 그렇게 살다가게"

"이런 말 하긴 뭐하지만 내 아내는 허벌나게(?) 징하게 예쁘당게로…"

이제 막 만개하여 인생의 아름다운 향 내음을 터트릴 시기인데, 가슴 아프게 멀고 먼 하늘 길을 보내야만 했던 무능력한 남편이었던 나다. 내 사랑에게 아직도 못다 해준 사랑과 행복을 두루뭉술하게 엮어 어떻게 전해줘야 하는가. 어떻게 하면 정한어린 아내의 가슴속에 그 향기를 불어넣어 줘야할까. 그런고로 그 내 사랑에게 조금이라도 위안이 되게끔 오늘도 팔불출 행세를 하고 싶다. 그녀를 위해서라면…. 그녀가 웃을 수 있다면….

나도 그리 크지 않은 길다란 손가락을 가진 예쁜 손(나의 아내 말은 늘 진실하다. 아내가 예쁘다면 무조건 예쁜 것이다. 나는 그녀를 믿는 절대적 신봉자이니까)이지만 그 손등에 동그랗히 아로 새겨진 담뱃불 흉터는 영원히 지워지지 않을 것이다. 그래서 그랬던가. 그 두 군데의 담뱃불 흉터가 이 아픔을 되새김질하면서 그간 열심히 살아온 것 같다.

"하이고메~ 내일모레면 벌써 아내와 이별한 지 2년씩이나 되네?"

그것 참! 이 시점에서 담뱃불 생각이 왜 자꾸 날까? 그것을 생각하면 철딱서니 없는 푼수 짓을 또 한 것이 들킬 텐데.

되새기고 싶지 않은 아내와의 병동 이야기.

하루하루를 잔인무도한 병마의 엄습으로 가녀린 아내 혼자서 만이 대항하여 싸워야하는 처절하고, 고통스럽고, 무서운 암투쟁사. 피눈물과 피땀이 범벅된 외로운 사투, 그것을 발동동거리며 지켜봐야만 하는 무능력한 남편, 아내를 지켜주지 못한 것이 지울 수 없는 죄과. – 가슴 찢어지고 애간장 터지는 고통 – 으로써 도무지 어찌할 수 없는 속수무책, 사면초가. 부부의 도리를 다 못한 남편으로서의 무능함과 한스러움….

내 사랑 아내의 지쳐 잠든 틈을 타 밖에서 담배 한 모금 길게 들이킨다. 창자가 녹아내리는 아픔이 식도 깊이 잠긴다. 남편으로서 무능함에 통감하니 눈물이 난다. 담뱃불로 오른 손등을 짓이겨 버린다. 아내의 고통에 비하면 백만분의 일, 천만분의 일에도 비교되진 않겠지만 아내가 겪는 그 아픔 고통을 함께 할 수 있다면, 다시 한번 또 붉게 타들어가는 담뱃불을 오른 손등에 지졌다. 비록 두 번 밖에 못했지만 남편으로써 아내의 고통을 같이 하고 싶었다. 나의 손등의 흉터에 비춰진 아이들 엄마의 아픈 흔적. 이유 없이 어느새 두 눈이 싸해지면서 물기에 젖어 옴을 느낀다. 잠시나마 주책없이 물기에 젖은 눈이 미워지기까지 한다.

"아! 내 사랑, 내 아내, 얼마나 아팠을까? 얼마나 무섭고 괴로웠을까?"
미안해, 여보…

여섯 번째 이야기

철딱서니 없는 남편의 일기 5
풀리지 않는 숙제

- **날씨** 낮게 깔려 내려앉은 하늘아래 조용히 떨어지는 그리움의 방울들, 가로수도 목 놓아 우는 듯 잎사귀 떨군다.
- **기분** 눈물로 흐려진 빗물인데 그 무엇이 위로가 되고 희석될까나.

"으‥ 정말 모르겠다, 모르겠어! 도대체 나보고 어떡하란 말이야?"

아무리 머릴 쥐어짜도 풀리지 않는 숙제인 것을. 세상은 아직도 풀리지 않는 구름이 존재하나 보다. 그 구름이 두 개의 구름으로 겹쳐져 천하의 명탐정 셜록홈즈도 과학과 문화에 접목해도 풀지 못하고 끝내 울고 갔다 했던가.

장마철에 접어들었다. 요 며칠간 쉴 새 없는 빗줄기에 몰래 타고 들어오는 그리움이 마음을 일그러지게 한다. 그것이 그리움일까, 보고픔일까? 아님 내 개인의 허전함과 외로움일까?

피할 수 없는 현실 앞에서도 물처럼 바람처럼 시간은 흘러갔다. 죽음을 부정키 위해 억지로 과거추억을 끄집어내며 자아만족 내지는 대리만족을 느끼며 살아왔다. 너무나 허무한, 덧없는 세상이므로….

"어휴~ 이런 착한(?) 남편을 두고 시험하려는 의도는 뭘꼬?"

정이 많은 것도, 마음이 여린 것도 죄이라고 했던가. 속 시원히 말해 줬으면 안 되었을까? 꼭 이렇게 애간장 태워야만 좋을까?(으미… 이 미운 가시(아내))

"당신, 나 얼마만큼 사랑해?"(으잉? 이 무슨 김밥 옆구리 터지는 소린가 했다)
"헐!… 그걸 어떻게 말로 설명할 수 있어?"
"나는 알아, 몸으로 말해주면 되잖아. 당신 숨결은 거짓말 안 하잖아"
병상으로 누워있는 아내의 손을 잡으며 남편은 상체를 일으키며 아내의 볼에 살포시 얼굴을 갖다 대며 뽀뽀를 했다. 입술에서 코로 입술을 갖다 대며 살며시 그곳을 깨물었다.
숨 쉬는 것조차 힘들어 하던 아내. 두 눈을 감고 무슨 생각에 잠긴 것일까? 어느 샌가 가늘게 주름진 눈 자락 사이로 눈물이 흘러내리는 것은 무엇 때문일까? 내가 너무 아내를 아프게 깨물었나 생각하니 덜컥 겁이 났다. 흐르는 눈물은 인생의 깊이만큼 새겨진 목주름 사이에서 멈춰졌다.
"여보 예람 엄마야… 당신은 날 얼만큼 사랑하는데?"
아내는 씽긋 미소만 짓고 창밖의 하늘을 쳐다보고는,
"글쎄~ 훗훗!"
"응…?"
아내는 말없이 두 손으로 남편의 얼굴을 만지고는 이내 다시 머리를 쓰다듬는다.
"당신에게 다시는 마음 아프게 하고 싶지 않아. 당신같이 좋은 사람에게…. 좋은 사람 만나서 잘 살아야 될 텐데…. 걱정이다…."

"무슨 소리야~?"

"........."

남편의 얼굴과 머리를 웃으면서 어루만지기만 하지 묵묵부답이었다.

"어휴~ 그때 물었을 때 속 시원히 말해주지…. 이게 뭐야"
"나도 그렇다. 그때 왜 확실한 답을 듣지 않고 이 찌질함을 펴고 있을까"

오늘처럼 비가 칙칙하게 오고, 기분 꿀꿀하는 날에는 왜 그렇게 아내가 생각나고 그 답을 몰라 창밖의 비에게 해답을 구하려는 듯이 무심히 쳐다보는 버릇이 생겼다.

"뭐야…? 날 사랑한다는 얘긴지…? 아님 미워한다는 얘긴지…? 아니면 마음이 변했다는 얘긴지…?"

에궁~! 답답해, 속 터져…. 예람 엄마의 눈동자엔 분명 내가 들어가 있었는데, 왜 내가 그때 바로 답을 듣지 못했을까.

오늘도 그녀에게 많은 눈물로 쓰는 이야기, 많은 사랑을 남기고 간 정다운 이야기를 담아 가슴속의 우체통에 편지를 띄어 보낸다. '수취인 불명'으로 빨간 고무인에 동그라미가 그려진 채로 반송되어 왔다. 답장 없는 반송편지는 차곡차곡 가슴에 쌓여만 간다.

"아! 자우룩히 비 내리는 오늘 같은 날은 한껏 품 벌려 아내를 싸안고 싶다"

숨도 가쁘고 혀도 굳어 말하기도 힘들어 했던 아내.
이른 새벽 3시 15분, 잠자는 듯하던 아내는 갑자기,
'헉-' 하는 소리를 냈다. 두 눈 크게 뜨고 내게 뭐라 하는 듯 치아만

"탁, 탁" 두 번 부딪혔다. 그리고는…

순식간에 일어난 일이었지만, 분명 내게 무언가 말하려는 것 같아 귀를 대보았지만….
그렇게 사랑하는 아내는 아쉬움을 남긴 채 급하게 서둘러서 멀고 먼 하늘나라로 기약없는 이별여행을 떠났음이다.
아내는 무슨 말을 하려는 것이었을까? 가슴속에 맴돌던 얘기 같았는데…. 답을 말해 주려는 것이었을까. 사랑한다고? 아니면 우리 아이들에게 '안녕'을 고하려는 것이었을까? 그것도 아니면…?
으.. 자꾸 무섭고 불길한 생각이 든다. 다시 태어난다 해도 또다시 반려자로 날 택한다 했는데…. 맘이 변했다고 했을까? 아니면, 내가 미워졌다고 했을까?

아흐! 미치겠다!

일곱 번째 이야기

철딱서니 없는 남편의 일기 6
비빔냉면

- 날씨   소나기와 작렬하는 태양의 심술짓거리 사이에 호랑이가 장가가는 날인 듯.
- 기분   아내의 무릎베개 배고 잠이 들 때 그녀가 부채로 시원하게 일궈주는 행복함.

  늦더위의 찜통열기로 습한 공기가 폐 속으로 스며든다. 그 더위에 떠돌이 개도 남을 의식하지 않은 채 혀를 길게 늘어트리고 숨 가쁘게 헐떡대며 비명을 지른다. 따갑게 내려쬐는 태양으로 눈이 부셔 눈물이 나올 지경이다. 하늘은 맑고 높아만 가는데 폭염은 왜 꺾일 줄 모르는 걸까.
  가끔씩 불어오는 미풍에 실려 향기 찾아 날아가는 산부전나비도 그늘이 필요했던가 보다. 팔랑팔랑 춤추다 그늘진 나뭇가지 위에 살포시 내려앉아 잠시 땀을 닦고 있다.
  "으…. 오늘 같은 날은 얼음 넣은 비빔냉면이나 열무냉면이 딱인데…."
  식구들이 국수를 좋아해 매주 일요일에는 가족이 둘러 앉아 먹어왔다. 그 좋아하던 냉면, 특히 비빔냉면….
  아내의 손맛 비법이 담긴 얼큰하고 알칼한 양념소스. 그 냉면 한 그릇 더 먹기 위해 부자, 부녀간 보이지 않는 냉랭한 눈치작전이 돌입된다.

"자, 먹자!"

밥상머리에서 다소곳이 눈치보던 아이들도 젓가락 두세 번 오르내리다가, 중반부터 식구들은 상대의 그릇 탐색전이 시작된다. 자기 대접에 반 정도 남았는데도 상 옆의 소쿠리에서 대기하고 있는 냉면사리에 불꽃이 튀며 아수라장이 된다. 그땐 입으로 냉면을 먹는 건지, 씹지 않고 삼키는 건지, 아니면 무조건 입속으로 쳐 넣는 건지, 그것도 아니면 냉면이 입과 코 두 쪽으로 다 빨려 들어가는 것인지. 하여간 부모자식 간의 위계는 사라지고 먼저 쟁취하는 자가 승자라고 했던가. 승자는 한 그릇 더 먹는 기쁨으로 만끽하고 또 입맛을 다진다.

머리 짧은 두 남자와 머리 긴 두 여자. 코끝을 톡 쏘는 알싸한 맛으로 인해 머리통이 찌르륵- 땡기고, 쥐나고, 현기증 일어나도 한 그릇 더 먹기 위해 서로들 박치기로 옥신각신 신경전이다.

더 먹을 수 있는 승자는 언제나 사내 쪽으로 돌아온다. 언제나 한 발 늦는 딸아이는 제 엄마에게 투정을 부린다.

"엄마~! 좀 많이 해놓지. ㄷ-"

"어휴 야~, 머리 아프다. 무슨 머리가 그렇게 단단하니? (ㅎㅎ)"

"아빠는~ 그러게 천천히 잡수시지…"

"얘! 예찬아, 감정 있으면 말로하자. 너 벌써 두 그릇째야"

눈이 크면 눈물샘이 많다고 했던가. 맛있게 잘 먹어줘서 고맙다고, 감동했다고 눈물 찔끔거리는 아내. 비록, 지금은 곁에 없지만 그녀의 눈물이 아직도 내 가슴속에서 마르지 않는 샘물이 되어 흘러넘친다.

3부 나무이야기

"예람 엄마, 소스비법이 뭐야?"

"엥? 이 무슨 귀신 씻나락 까먹는 소리~ 그 비밀은 며느리에게도 알려주지 않는다고 한다는데. 비법은 무슨…? 모두가 맛있게 먹으니까 맛있겠지."

분명 정성이 담긴 손맛인데 왕겸손해 하는 그녀. 항상 평화스럽기만 하던 집이지만 냉면 먹는 날만 되면 상하를 가늠할 수 없는, 급하게 입 속으로 들어가던 물건이 다시 튀어나오고…. 안하무인, 요절복통 되는 이유이다.

"흐흐흐‥ 예람 엄마, 나 직장 때려 치고 냉면집 차릴까봐?"

그녀는 곱지 않은 시선으로 눈을 흘긴다.

"그러면 자기는 실컷 놀고 나만 뼈 빠지게 부려먹으려고? 못해! 난 죽어도 안 해."

그런 가차 없는 얄미운 소리 하면서도 주전자 두 손 받혀 육수를 소리 안 나게 따라준다. 손맛도 일품이지만 그녀가 하늘로 떠받쳐 모시는 지아비에 대한 사랑은 완성된 명품 그 자체이다.

"예람 아빠~ 더 드실래요?"

"으잉~? 머시라‥ 또 있다고라?"

아들에게 우선권을 뺏기고, 투정부리는 딸에게 덜어주어 위로하니, 내 적량이 부족했음을 아는지 아내는 덜어 둔 냉면사리 있는 주방 쪽으로 향한다.

"참~! 저 양반은 전생에 무슨 냉면 귀신인지, 아님 돼진지… 원~"

여덟 번째 이야기

철딱서니 없는 남편의 일기 7
'허리케인 박' 신당동 떡볶이집

- **날씨**   세찬 바람에 귓불이 얼얼할 정도로 매운 추위다.
- **기분**   겨울치고는 봄의 숨결을 그리워하는 양 쾌청타 못해 바람도
  따스하게 비추는 햇살 있는 곳으로 웅크리고 모여들었다.

내 인생의 찬란했던 한 순간….
불현듯 지난 추억에 새삼 미소를 띠어본다.
"얘! 예람아, 예찬아. 떡볶이 먹고 싶지?"
"와!, 아빠 웬일이우?" (으으.. 녀석 먹고 싶으면 먹고 싶다고 하지, 말은 왜 비트니?)

갑자기 생뚱맞게…. 영문 모르는 애들을 차 속으로 짐짝 부려놓듯 태우고 신당동으로 향했다.

그 과거의 푸르른 날의 옛 추억속으로 그리운 사람을 찾아가본다.
"자기야~!! 오늘 계획은 뭐야?"
으잉~?(아니, 이거이 갑자기 무슨 햄버거 옆구리 터지는 소리?)
"왜~?"

"으응…. 떡볶이 먹고 시뽀!!"

"나.. 돈~ 없으~!"(으으윽.. 어제 내 지갑속의 돈을 다 털렸음이다)

"핏~! 실망이네!"(입삐침이 뽈태기까지 치올라갔다)

에궁~!, 큰일났다. 저 삐침, 눈물 섞인 왕삐침이 될 텐데…. 딴죽 거는 덴 대책 없다. 무조건 피하고 볼 일이다. 으윽…, 할 수 없다. 무조건 저 삐침은 재워야한다.

"어이~! 날 좋아하는 사람~ 가자고!"

아내에게 필요 없이 돈 많이 가지고 다닌다고 어제 다 압수당했음이다. 최후의 수단을 써야겠지, 흐흐흐. 넥타이 속에 5만원을 꼬깃꼬깃하게 접어 감춰둔 비상금이 있음이다.(돈 없는 줄 아니까 자기가 내 주던지, 아님 카드 긁는 줄 알겠지, 뭐)

아내를 데리고 두 번째로 신당동 떡볶이집을 찾아왔다. 첫 번째는 데이트 할 때고, 또 한 번은 결혼 후 오늘, 아내의 배가 남산만 해진 때이다. 많은 남여 젊음들이 쌍쌍이 바글바글 거린다.

헐~! 메뉴판을 보니 비상금보다 더 많은 음식이 나올 것 같다. 심장이 조아려진다. 그녀의 눈알이 돌아가는 것밖에 안 보인다. 가슴이 콩당콩당…. 이것저것 시켜 오버하면 나는 묵사발 될 텐데…. 허거걱!

마음이 재근재근 거리는 때에 한 구석 뮤직 BOX의 스피커에서 느끼하고 야리꾸리한 목소리가 흘러나온다.

"안녕~하세요~, 안녕 하세요~"

혀 꼬부라지는 소리로 닭살 돋우는 느끼한 육성 — '허리케인 박'

"자기야~! 근데…. 아까 집에서 나보고 뭐라 그랬어~?"(갑자기 코맹맹이 소릴 한다, 요상하고 아리송하다.)

"왜~ 뭐가…?"

"분명히 아까…, '어이~! 날 좋아하는 사람'이라고 한 것 같은데…"(힐! 가시내 귀도 참 밝네.) 손가락 끝으로 귀를 후미며 딴청부리고 말했다.

"아니~ 고거이‥ 내가 당신을 무지 좋아한다고 하는 소리징~ 헤헤헤"

윽‥ 빌어먹을, 코 꺼도 단단히 꼈음이다. 내가 왜 저 옆지기를 낚아채서리 시종노릇하며 살아가 뿐져야 하나. 에고~ 내가 미죠, 미죠~!

국내 최고의 미모 또한 그 학교의 메이퀸 출신을 겁도 없이 작전을 걸어 "쿡"하고…. 내 것으로 만들어 놓고 이 무슨 사서 고생을 하는지. 그래서 내가 요 모양, 요 꼴의 신세이거늘. 아니지? 그래도 명색이 화이트 칼라에다 20대에 과장 대린데…. 흠, 흠‥

돈 없고 빽 없는 수수한 보통남자를 선택(?), 아니 헷까닥 하여 내게 넘어왔으니 이 얼마나 가상하고 고마운 일인가. 결혼하면 물 한방울도 안 묻히고 왕비처럼 떠받혀 살겠노라는 사탕발림에, 시댁이 대식구이자 장남인 내가 좋아 나만 믿고 결혼한다고 따라왔다. 실상은 모두 허황된 공약으로 변질되어 속았다고 눈 흘기는 그녀. 그나저나 이젠 지아비의 지위를 제자리로 원상복구 시켜줄 만도 한데, 영— 승격을 안 시켜주고 개줄에 끌려 다니듯이 질질 끌려 다녀야만 하니 원….

아니‥ 이 여자? 자꾸 떡볶이엔 관심 없고 DJ 박스에만 주시를 하네?

"음악 신청곡, 닐 세데카의 'you mean everything to me' 부탁할게요." 하고 옆지기가 종업원에게 신청곡을 내민다.

한 구석에 자리 잡고 있는 문제의 그 '허리케인 박'과 임신한 배불뚝이 여자와의 눈초점이 찌르르르하게 정조준 되어 맞춰지는 듯하다.(흥! 잘~났어 정말‥ 지들끼리 잘해 보라지? 으으윽..)

곧이어 신청한 곡이 스피커의 음파를 타고 멋진 음향으로 은은하게 흘러나온다. 인성과 내 목소리에 뽕-가 무조건 시집왔노라고 하는 입 발린 소릴 하던 그녀가 라디오 진행자 못지않게, 매끄럽게 진행하는 그 허리케인 박의 눈에 고정되어 떨어지지 않는다.

한참 끓어 볶고 있는데도 먹고 싶다고 하는 떡볶이는 아랑곳 하질 않고 아직도 눈이…(으이그.. 뭐야~ 신경질 나네. 머리에서 스팀이 팍팍..) 정작 떡볶이는 안 먹고 한참을 멍하니, 클레오파트라를 쳐다보는 안토니우스의 눈처럼 허벌래한 동태 눈깔같이 그 박스 안의 DJ를 뚫어지게 쳐다보던 옆지기가 말한다.

"자기야! 저 허리케인 박 말이야…. 얼굴에 왜 검불림이 많고 머리숱이 많이 빠졌을까. 도끼빗으로 머리를 빗을 정도로 숱이 많았는데. 아직도 젊은데…. 함 봐바. 그러고 보면 역시, 당신이 최고야, 그러니까 내가 좋아하지."

"진짜~! 나… 이뽀~? 흐미, 기분 좋은 거~, 떡볶이 식겠다. 많이 먹어."

암튼, 그 날은 꼬불쳐 둔 마지막 비상금까지 그녀 때문에 다 털렸지만 왜 그렇게 기분이 째지는 날인지. 으흐흐흐!!!

"와~! 이런 곳이 있네요? 아빠~!"

"너 뱃속에 있을 때 엄마랑 같이 왔던 데란다."

아이들이 그 매운 떡볶이를 잘 먹는 것을 보니 영락없이 그 애미의 판박이다. 아이러브 신당동 떡볶이집 – '허리케인 박'

그도 이젠 오늘 보니 50줄을 훌쩍 넘긴 지천명의 나이에 있는 사장이 되어 있었다.

아~! 그 문제의 허리케인 박이 무스에 앞가르마, 도끼빗을 뒤에 꽂은 채 느끼한 소리로 다시 DJ BOX 안에 있는 그 모습이 그리워진다. 그를 응시하던 아내가 그립다.

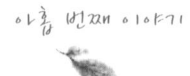

철딱서니 없는 남편의 일기 8
이상한 이야기

- 날씨 바람따라 스러질 듯 몸을 뉘던 억새가 하얗게 웃으며 다시 일어났다.
- 기분 파도를 뒤채며 울먹이는 바람을 바닷가에서 꽉 안아보고 싶다.

어느 새 내 나이 50 초반.
그러나 이제는 첫 눈에 반한다는 것…. 난 믿지 않았었다. 젊을 때, 내 사랑에게서 첫 눈에 반해 심장이 요동친 적은 있었지만, 그 뒤론 나나 또 누군가에게도 내게 첫 눈에 반한 적도 없으리라 생각한다. 사람을 좋아 한다거나 뭐 그런 느낌은 조금씩 서로를 알아가면서 자연스럽게 생겨나는 감정이라고 생각했기에.
그런데 연말이라 동창 송년 모임회나 각종 써클 모임 때문에 참석하느라 조금 바빠졌다.
이 날도 대학원 동창 송년회 모임에 참석코자 차를 팽개치고 지하철을 탔다. 난 지하철에 앉아 밖을 보고 있었다. 정류장에 지하철이 멈추어 서고, 문이 열리자, 한 사람이 클로즈업 된다. 이곳은 환승역이라 많은 사람들이 바꿔 타는 사람들로 붐비었다. 그들 중 한사람인 것 같다. 165센티 이상은 돼 보이는 큰 키에 얼마나 세련되고 지적으로 생겼는지…. 눈이 마주쳤다. 사십대의 중반으로 보이는 여성이었다. 순간, 불꽃이 팍팍 튀는 것 같았다.

그 여성은 지하철 안으로 바람에 밀려 들어왔고 우리는 뜨거운 눈길을 주고받았다. 그 짧은 순간 너무 뜨거워 내가 타버릴 것 같았다. 나보다 7, 8살이나 어려보이는 그 백인 여성과 내가 뭐하고 있었던 건지. 결국은 내가 눈길을 피하고 말았다. 그 눈길을 감당할 수가 없었다. 50초반 되어 살아오면서 그 누구에게 그런 눈길을 보내 본 적은 평생 딱 한 번. 그 이상 그 누구에게 받아 본 적도 없었다. 내 기억으로는 그렇다. 그 순간엔 피부 색깔도 나이도 아무 것도 존재 하지 않았다. 다음 정류장에서 난 허겁지겁 내렸다. 내가 무얼 하고 있었던 건지, 이 나이에 무슨 짓을 하는 건지. 또, 내가 그럴 수 있었다는 것도 놀라웠다. 이 나이에 첫 눈에 반한다는 것이 어떤 것인지 알 것도 같았다. 그 여성도 나와 같은 느낌이었을까.

내가 첫눈에 반할만한 외모는 아니지만, 제 눈에 안경이라고 했던가. 또 40대의 외국 여성들은 한국 남자들의 정확한 나이를 가늠하지 못할테니까(가늠할까…?). 그런 마음을 가질 수 있지 않았을까 생각했다. 나 혼자만의 착각이었나.

다시 만난다면 알아볼 수 있을지…. 다시 만나고 싶다거나 뭐 그런 것은 아니다.
난 그런 소모적인 일은 하고 싶지도 않고, 그저 내게도 그런 일이 있었다는 거에 놀랍기도 하고 절로 웃음이 나기도 했다. 이 해프닝을 알면 내 아내는 어떤 표정을 지었을까.

 순간이었지만 내게도 무아하고 단미한 여성에게 이성을 느낄 수도 판단할 수도 있었다는 부분에 나도 아직은 사람의 감정을 지니고 있음을 그걸 알았다는 것이다

 이제 12월을 보내야만 되면서 2010년이 간다는 것이 참 많이 섭섭하다. 왜 인지는 모르겠다.

 절대 이 글을 내 아내가 몰라야 할텐데….
 알까? 허거걱…!!

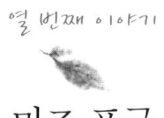

열 번째 이야기

미조 포구

나의 30대 초의 푸르름 때는 남자라면 다 씩씩하고 강인해야 한다고 생각해왔다.

그런데 모든 남자가 다 그런 것은 아니다라는 것이다. 섬세하고 고운 사람도 있었다. 정채봉이 그랬고 곽재구가 그랬다. 처음 정채봉과 곽재구의 글을 만났을 때, 아마 서른, 서른하나 그쯤이었던 것 같은데 나에겐 신선한 충격이었다. 나이든 중년의 깊고 따스하고 여린 감성을 보았을 때의 그 느낌. 오십이 넘은 남자들의 글이라고 믿겨 지지가 않았었다. 곽시인의 첫 시집은 무겁고 우울하지만 그의 첫 여행 산문집은 보석처럼 빛나는 문체로 날 유혹했었다. 순전히 곽재구 시인 때문이었다. 그의 산문집에서 유난히 기억에 남은 미조 포구를 지난 늦가을에 찾은 것은 십여 년을 벼르던 길이었다. 사실은 너무 먼 길이라 그리 오랜 시간이 걸렸었는지도 모른다.

일찍 찾아온 추위로 안양 평촌은 찬바람이 휘몰아치고 있었지만, 남해는 따사로운 미풍이 불고 그 바람결에 머문 한적한 바닷가 솔숲에는 모든 것이 둥둥 떠다니고 있었다. 금빛처럼 빛나던 햇살도, 찰랑이던 물결도, 내 마음도, 모래알처럼 잘게 부서져 그렇게 떠다니고 있었다. 먼

길 마다 않고 달려온 나의 들 뜬 마음을 다독이기라도 하려는 것인지 꿈결 같은 풍경이었다.

그리고 그곳엔 금산이 있었다. 남해 금산이…. 바다를 품어 안고 금산을 휘돌아온 작은 물 알갱이들이 소리 없이 온몸을 헤집고 들어왔다. 올올이 풀어낼 그 무슨 정한이 있는 것일까. 금산은 적막했다. 그러나 단풍은 눈이 부셨다.

혼자 산길을 내려 왔다. 무서웠었다. 내려온 길이만큼 꼭 그만큼의 어둠이 나를 따라 내려 왔고 어둠이 내려앉은 금산은 파리한 별들을 머리에 이고 날 내려다보았다. 어둠에 묻힌 산을 올려다보며 미조로 가는 버스를 기다렸고, 오지 않는 그 기다림 속에 나의 집 평촌을 생각했었다. 두고 온 아이들, 버리고 싶어도 버리지 못하는 많은 것들, 그것들은 내 발목을 잡고, 목덜미를 잡고, 내 심장을 두드려 대고 있었다. 그건 그리움의 또 다른 모습이었다.

어둠속에 미조 포구는 아주 작은 그리고 평범한 그 자체의 포구였다. 미조彌助, '미륵이 돕다'란 뜻을 가졌다는데…. 그 어둠속에선 몇 척의 배와 횟집과 비릿한 바다 내음 뿐이었다. 난 한적한 포구를 천천히 걸어 다녔다.

바다가 보이는 삼층에 숙소를 정하고 앉아 고민을 했다. 밥을 먹어야 하나 말아야 하나, 영화를 본다거나 여행을 한다거나 그런 것들은 혼자 해도 재미있다. 즐긴다는 그 자체를 생각하지만 혼자 밥을 먹는 건 정말 쓸쓸한 일이다. 그냥 맥주 한잔을 마셔보자고 일층으로 내려갔다.

낯선 포구에서 혼자 마시는 맥주. 잘 먹지 못하는 알콜이지만 천천히 마셔본다. 다른 뭇 사람들의 눈에는 세상을 다 살은, 모든 걸 버린 그런 모습으로 보였을지도 모를 상황이지만 내 나름대로는 최상의 분위기였었다. 그리고 즐겼다. 맥주 한컵을 마시며 능소화라는 단편을 생각했다.

어떤 남자가 금산에 올랐다가 내려와 미조 포구에서 술을 마시다 한 여인을 만났다고 했다. 능소화를 닮은…. 불같은 사랑을 했고 아픈 이별을 하는 그런 내용이었다. 너무 가슴이 아려 기억에 남는 소설이었다. 능소화를 닮은 여인은 어떤 여인일까? 능소화가 귀족적인 꽃이라던데…. 그런 느낌의 여인과 운명적인 만남과 사랑…. 난 운명을 믿는다. 밤새 잠을 이루지 못했다. 낯선 곳에서의 밤은 항상 그러하다.

동이 트지 않은 새벽, 새벽 안개에 바다의 짭짜름한 냄새가 풍겨온다. 통통거리는 소리에 창밖을 보니, 아기자기한 풍경이 들어왔다.

통통거리며 포구를 드나드는 배, 그 낮게 나르던 갈매기, 꿈처럼 떠있던 섬, 뭉게구름처럼 뭉실뭉실한 먹구름이 동트는 걸 가로 막으며, 하늘에 떠있는 게 아니라 바다에 떠 있었다.

포구의 여명을 보면서 '좋아 하는 사람과 나란히 손잡고 바라보고픈 풍경이구나.' 그런 생각을 했었다. 오래 잊지 못할 것 같다. 그 아침의 두근거리던 마음을. 숙소를 나오면서 어젯밤 내게 맥주를 가져다주었던 여인을 만났다.

"가시는 거예요?"

하며 환하게 웃는데 방금 일어났는지 입가에 침이 하얗게 달라붙어 있었다. 그런데 불결하다는 생각이 안 드는 거다. 그랬다. 그 여인의 웃음 때문이었다. 때 묻지 않은 박꽃 같은 순수한 웃음. 난 능소화를 닮은 여인이 아니라 박꽃을 닮은 여인을 만난 거다. 내 어깨를 툭 치면서,

"또 오세요." 한다.

미조 포구는 내게 그런 따스한 모습이었고 그 여운은 아주 길게 남아 있다. 언제나 여행은 좋은 것이다. 한 계절은 아주 힘차게 살아갈 수 있는 힘을 준다. 지난 겨울은 그 힘으로 버텼다. 그리고 봄…. 그 화려함 속에서, 내 무기력하고 나태한 일상이 나의 정신을, 생각들을, 설레임을 도둑질 한 것은 아닌지.

또 한 계절이 왔다.

이 계절은 어떤 모습으로 날 맞이할 것이며 난 또 어떤 모양과 색깔로 살아갈 것인가.

그간 아내의 약속과 자식들을 위해 하루하루를 악다구니를 쓰며 버텨온 세월.

산다는 거…

쓸쓸한 일이다. 결코 내 의지와 상관없이 살아지는 거. 비가 오고 바람이 불고나면 찬란한 햇살도 내린다는데…. 그것에 희망을 가져야 하나?

그냥 생각났다.

그 꿈같은 시간들이.

열한 번째 이야기

이제는 말할 수 있다
잠결 속의 아들 폭행사건

남녀 불문하고 특히 한 가정의 가계를 책임지고 이끌어 가는 사람들에겐 저마다 책임의식 또는 직업의식이 있을 게다. 아마추어라면 모를까 프로의 면모를 여실히 드러내 보이고 있는 우리의 중년의 처절한 삶의 무게.

그렇게 점점 무거워지는 인생 저울의 기울임 속에서 저마다 트임 속의 비집고 터져 나오는 한 줄의 햇살을 보며 희망을 안고 살아간다는 것이다.

"내일은 좋아지겠지!"

"그래, 내일은 잘 될 거야!"

이런 자기최면 속에서 나약한 우리 인간은 희망을 안고 오늘도 발 빠르게 움직이며 내일의 준비를 하고 살아간다. 생활의 윤택은 조금 나아졌다고 하나, 최근의 민감한 경기의 저하로 가계생활에 적잖이 주름살이 드리워진다. 아직도 기업들의 매출상황이 호전되기 보다는 우리네 가정의 수입수지도 예전만치 흡족치 못한 게 사실이다.

한 명, 두 명씩 아이들이 수강을 포기한다. 어느새 가계에 주름살이 쌓여 백년교육이라는 중차적인 학원교육을 포기하며 집에서 공부하겠다고 한다. 최근의 실정으로 학원에 등록하는 학생 수보다 수강을 포기하는 숫자가 우위선상에 놓여있다.

시나브로, 수차례의 학원 광고와 백여 명의 선생(강사) 소양교육과 캠페인에 불구하고 학원에 드리워진 그늘로 인해 나의 마음에 깊은 상념과 미래가 흔들리는 정황으로 연출되어 질까봐 좌불안석의 고뇌에 빠지게 된다.

미래에 대한 불예측에 도전하기 위해 깊은 생각에 잠기게 될 때가 있다. 현실의 무능과 무더위에 지친 나약한 한 가정의 가장으로서 풍족한 잠이란 한낱 사치일 게다. 하지만 어쩌랴, 인간 본연의 생리적인 이치를 거스릴 만큼 神적인 존재가 못 되어 태어난 것을. 어느 누구에게도 말할 수 없었던 '근심과 기우'. 짓눌리는 예민한 부분을 자기의 가슴속에 재워 놓고 어느 샌가 잠이 들었다.

"너희들 정신 차리지 못해? 지금 때가 어느 땐데 공부보다는 장난하고 잡담하며 산만하기까지 하냐?"

"너는 요즘 지각을 많이 하는데 왜 그러냐? 이런 정신으로 남을 이길 수가 있겠니? 지금보다 더 큰 난관이 기다리고 있을 텐데 그 곳에서 헤쳐 나갈 수 있겠냐?"

"지금보다 열 배, 스무 배 더 공부해야 할 녀석들이…"

꿈속에서도 직업의식이 발동되어 아이들을 혼내는 잠꼬대를 한다는 것이다.

몇 달 전엔 돌이킬 수 없는 큰 사건이 터졌다. 고요하고 적막한 수면의 천국사이에서 분위기를 울음으로 만들어 놓았던 이름하여 '아들 폭행사건'.

일요일 오후 2시경이었다. 평소 업무 때문에 조석으로 시간이 겹치질 않아 아들과 대화하는 시간이 사라졌다. 항상 아들에게 미안한 마음이 들었다. 눈 딱 감고 일찍 조퇴를 하여 아들과 함께 정다운 시간을 가지려는 생각이었다. 하지만 집에 와보니 아들 녀석은 피곤함에 자기 방에서 낮잠이 들었음이다. 서운했지만 깨우지 않고 그 녀석 옆에 슬그머니 끼어 누워 손 잡고 같이 눈을 붙였다. 그런데 수면 도중 갑자기,

"너희, 이 녀석들! 공부는 안 하고 왜들 시끄럽게 잡담을 해!, 엉?"
하며 우레와 같은 괴성을 지르며 곁에 자고 있는 아들 녀석에게 손을 들어올려 한 대 '쿵'하고 내리쳤다는 미궁의 불가사의한 사건이 발생되었다.

한참 피곤해 잠들고 있는 아들 녀석에게 고성을 내며 이유 없이 번갯불이 번쩍 "쿵"하고 손이 내리쳐 "깽!"하고 소리 내며 잠결에 반사적으로 깨어났단다. 그저 이유를 모른 채 멀뚱히 큰 눈을 깜빡이며 아파하는 아들의 표정이 얼떨떨해 하는 상황이었다. 아들의 비명소리에 내가 깨어났다는 후문이다. 모처럼 만에 아들 녀석에게 안쓰러움을 위로해 주기 위해 다가갔는데 오히려 애비가 아들 녀석을 팼다. 생전 처음으로 아들 녀석에게 일격을 가한 사건이었다. 그것 참! 나 원 참! 하하하하. 웃음밖에 안 나온다. 여하간 그날 저녁 아들 녀석에게 그 상황을 무마하느라고 돈깨나 들었음이다.

지금도 그 생각하면 나도 모르게 피식하고 웃음이 난다. 그 때에 아무런 이유 없이 곁에 누워있던 죄로 번개가 동반한 벼락과 천둥소리에 놀

라고, 많이 아팠을 아들에게 미안했음을 고백하며, 그래도 짐 챙기지 않고 할머니 집으로 도망가지 않은 아들에게 고마움을 전한다.

   이제는 속 시원히 말할 수 있어 가슴이 후련하다.

   그런데, 그런데… 지금도 궁금하다.
   왜 하필 그 때 그 곁에서 아들 녀석은 한 대 맞고도 "께~엥"하며 잠결에 깨더니 다시 깊이 잠들었을까나.

열두 번째 이야기

산부전나비

　세월 앞에 장사가 없다고 했던가. 그 심술이 하늘까지 극에 닿던 태양의 열기도 이제는 한숨 꺾여 조금 마음이 누그러진 듯하다. 아직도 뿜어내는 내려찍기 폭염의 심술은 그리 많이 풀어지지는 않았지만, 자연의 이치에 순응하듯 조금씩은 마음을 열고 있는 것 같다. 비록 일부지만 그 고마운 마음을 곱게 받아들여 에어컨을 꺼두고 영업장 문을 활짝 열어 두었다.
　오늘도 카프리 향 머금은 커피 한 잔을 마시며 하루의 일과를 구상한다. 매장에서 낮게 들려오는 음악소리와 그윽하게 풍겨오는 포도향기 파르펭 때문일까. 30평 규모의 비디오샵 복합매장인 영업장으로 실내 공기를 잠시 환기코자 열어 두었던 때이다.
　그때 불어오는 한들바람과 함께 동행 하던 알록달록한 산부전나비 한 마리가 들어왔다. 하늘하늘 거리는 나비가 온 매장을 팔랑팔랑 나빌내며 나풀거리고 있다.
　"우~와!"
　매장 안에 있던 손님들이 저마다 환성을 자아낸다. 손님들에게 환상적인 멋진 율동을 선보이며 아름다운 발레리나의 모습을 연상시키는 듯 온사방을 제 무대인 양 휘젓고 다닌다. 이 초가을에 어울리는 알록달록

새겨진 얼룩빼기 배꼽티를 입고 하늘하늘 거리며 신나게 춤추더니 땀을 닦으려는 듯 사뿐히 내려앉아 다소곳한 자세로 진열장에서 잠시 쉬고 있다.

"이상하다. 이게 무슨 조화지?"

내게는 처음 있는 일이라 그런지 아주 특별하고 이례적인 일인 거 같은 묘한 생각이 들었다. 엉뚱한 생각도 들게 된다.

"우리 애들 엄마가 나비로 환생하여 내게 찾아온 걸까, 어떻게 사는지 걱정이 돼서?"

아내가 병상에서 이별하기 전에 내가 영화와 책 읽기를 좋아하니 중년에 큰 힘 안 드는 비디오샵 복합매장(비디오, 소설책, 만화책 등 대여)을 하라고 권유한 바 있다. 그간 학원을 직장으로 적을 두고 있다 보니 우리 아이들과 대화하는 시간도 소홀해지고, 이제 막 커가는 아이들에게 건강한 음식을 해 먹여야 되는 안타까움과 측은지심에 이 점포를 운영하여 오던 터였다.

그런데 자꾸 그 나비가 앉아 있는 데로 눈이 돌려진다. 1시간, 2시간… 5시간…. 손님들은 오가는데 나비는 별 동요하지 않고 자기 하고 싶은대로 날다가 쉬고, 날다가 쉬고, 하며 휴식을 취했다. 시간은 흘러만 간다. 웬일인지 자꾸 나비에게 신경이 쓰인다.

비디오가 진열된 코너에 '비디오'라 쓰여 있는 표지판 코너에서 몇 시간이나 다소곳하게 쉬고 있는 나비에게 신기한 듯이 손님들이 저 마다 한마디씩 내뱉고 웃는다.

"참 예쁜 나빈데 팔자 한번 참 좋다~!"

매장을 찾아온 나비의 행운 때문인지 '댄서의 순정'과 '태극기 휘날리며'란 영화 테이프가 짧은 시간에 30장이나 전부 대여되었다.
아르바이트 학생이 내게 가까이 와서 한마디 한다.
"사장님! 저게 무슨 나빈가요? 이상하죠? 왜 나가지 않는 걸까요?"
"응~ 산부전 나비야. 이 나비는 노랗고 하얀 태극무늬옷을 입기도 하지만 동그란 점박이 옷도 입지. 그런데 이 나비는 정조관념이 높다고 알려져 왔어. 사랑하는 숫놈과 한번 연을 맺으면 한눈 안 팔고 죽을 때까지 해로 한다는 거야. 그러니 다른 숫놈들을 죽을 때까지 거들떠 보질 않는다는 거지. 오직 한 사랑만을 위해서."
땅거미가 내려앉기 시작하여 곧 어스름해지는 저녁시간이 되었다. 삼파장 전구의 불빛에 매료되어 떠나질 않는걸까? 그렇다고 내보내고 싶은 마음은 전혀 없다. 나비에게서 나만이 느끼는 특별한 정감 때문일까? 수많은 시간이 흘렀다. 다소곳한 그 자세, 날갯짓만 한두 번 하고 그대로 있다.
'저 산부전나비도 자기 거처가 있을 터인데…'
아들녀석이 학교에서 올 시간이 되어 퇴근을 해야 될 시간이 되었다.
"안되겠다! 내가 밖으로 보내야겠다!"
발소리를 줄여가며 다가가 나비의 깃을 살포시 잡았다. 나비와 함께 밖으로 나왔다. 문 앞에서 허공으로 높이 띄워 손사래를 치며 놓아주었다.
"자! 이제 너의 집으로…. 가족으로 돌아가라~!, 바이 바이"
팔랑팔랑 하며 날아가던 산부전나비가 얼마쯤 가서 옷매무새를 추수리더니 하늘하늘 거리며 또 매장 안으로 빨려 들어간다.
"이거 웬일일까? 큰일 났네. 퇴근시간 인데…"
"에궁!~ 이를 어쩌나…"

가여운 생각이 들어 보내면 다시 들어오니…. 어쩔 수 없다.
"나 좋다고 온 손님, 강제로 떠밀어 보낼 수는 없으니 하룻밤 재우고 보내는 게 예의겠지?"
아르바이트 학생에게 각별한 관심을 요청하고 퇴근했다. 집에서 매장으로 전화하여 나비의 동정을 살펴보았다. 한두 번 팔랑거리다 날갯짓을 접고 그 자리에 그대로 있다고 한다.

어제 찾아든 나비가 마음에 걸려 평상시의 아침보다 일찍 출근하여 나비가 있던 위치에 눈을 고정시켰다.
"응? 없다. 오전 1시경에도 있었다고 했는데, 죽었나…?"
주변을 어슬렁거리며 살펴봐도 보이질 않았다.
"이상하다. 어디 갔지?"
한참을 찾고 있는데, 내 의자에서 숨죽이며 자고 있는 것이 아닌가? 평온하게 새근거리며 잠자는 모습을 보니 아내의 잠든 예쁜 모습이 연상되었다.
'………'
잠을 깨울 새라 발소리 줄여가며 소리 안 나게 아침 청소를 했다. 벌써 기침을 한 걸까. 어느새 알아차린 걸까. 반갑다고 손짓하는 걸까? 내가 가는 곳마다 나풀거리고 나빌레며 따라 다닌다.
그것… 참! 알 수가 없다. 이를 어떻게 해석해야 하나? 이제는 아주… 어쭈구리다. 자리에 앉아 있을라치면 자기도 탁자 위에 넙죽이 엎드려 나를 뚫어지게 쳐다본다. 날개만 한두 번 펼쳐 보이며…. 내 행동거지를 주시하는 듯하다. 내가 그만큼 나비에게 예쁜 짓(?)을 한 것일까? 나비가 좋아하는 설탕에 물 몇 방울 떨어트린 조그만 대접을 나비 곁에 놓아두고 시끄러울까봐 곧 올 아르바이트 직원에게 전화하려고 밖으로 나왔다.
　번뜩 스치고 지나가는 이상야릇한 감정이 이는 느낌이었다.
　'이건 정말 말로 할 수 없는 어떤 우연이 아닌 인연에서 찾아든 게 아니었을까?'하고. 산부전나비와 나의 아내와의 대칭관계가 있을까?

　어제, 어떤 고객이 이런 얘기를 했다.
　"사장님! 이 나비가 전생에 사장님하고 무슨 인연이 있었나 봐요?"

열세 번째 이야기

군대 간 아들에게 띄우는 편지

사랑하는 아들 예찬이에게.

어느덧 네게 소중한 가정을 떠나 생애 처음으로 가족과 떨어져 지내야하는 건장한 청년의 재목감으로 컸구나. 국가의 부름으로 중차대함의 책임성을 인정받는 나이의 남아로 선정됨은 좋은 일이나 이 아버지에게는 좀 섭섭하기만 하단다. 물론 얼마간의 의무된 병역생활이긴 하지만 사나이로서 할 일을 다 하겠다는 군복무의 큰 문을 박차고 떠난 믿음직한 나의 아들. 굳센 마음으로 논산 연병장으로 아버지의 시야에서 멀어진 지가 벌써 11일째 되는 날이구나. 옛말에 '미운자식 떡 하나 더 주고 예쁜 자식 고생 막심한 여행을 보내라'했다. 자식을 군대에 보내서 육체적으로 단련시키고 정신적으로 올바른 젊은이로 성장시키는 것은 그야말로 자식을 사랑하기 때문이란다. 군대생활의 어려움을 상기하면 어떤 어려움도 어떤 역경도 헤쳐 나가는 담대한 사람으로 거듭날 것이다. 헌헌장부가 되어 속이 꽉찬 큰 사람이 되어 돌아온다고 했다. 그런 아들을 보며 이 아버지는 고생 많이 했다고 너의 등을 토닥여주면서 기쁨의 눈물을 흘리겠지. 잡아도 잡지 못할 그 시간 밖에서.

"아버지 우시지 않을 거죠?"

라고 일문한 뒤 활기찬 목소리와 함께 이 아비를 뒤로한 채 스포츠 머리를 한 늠름한 모습으로 연병장으로 들어가던 나의 아들!

어느덧 엄마와 아버지의 품에서 아장거리던 모습은 온데간데 없고 믿음직한 여드름 끼인 청년으로 자라난 모습을 보여준 너에게 아버지는 무척 고마워했단다. 바른 청년. 올바른 자세를 가지고. 앞만 보며 걸어가는 나의 아들 예찬! 아버지는 가끔씩 너의 굳세고 믿음직스런 자세에 깜짝 놀라곤 하였지. "우리 예찬이가 이제는 다 컸구나.", "이제 한 사회의 일원으로 건실한 청년으로 탈바꿈해가고 있구나."하고 고마운 마음을 가슴에 담고 말없이 엷은 미소를 띄워 보내곤 했었다.

한때 고초의 세월 속에서 희망과 용기를 잃지 않고 굳건히 지탱해 온 나의 아들 예찬이 때문에 아버지는 오늘의 너의 아버지로 성실히 살아왔다 해도 과언이 아니었단다. 네게는 고맙다는 말 한마디 하질 못하고 미소만 띄워 보낸 게 아프지만 나의 아들 예찬이는 이 아버지의 마음을 읽을 수 있을 거라 믿는다. 아버지 또한 예찬이를 믿는다. 2년이라는 세월의 시간이 그리 길지는 않겠으나 그렇다고 짧지만은 않을 것이다. 사회와 동떨어진 규율의 세계인 그곳에서 남아로써 독립된 많은 인생의 참 교육을 습득하며 배울 것이다. 인간관계의 중요성, 혼연일치의 단결성, 동료애와 인간성, 사랑의 의미, 또한 새로운 인생관 등을 배우고 익히고 경험하게 될 것이다.

여기 남아있는 가족의 생활은 걱정하지 말고 너의 몸과 마음과 정신에 전념을 다하여 건강하고 믿음직한 남아로 변해져 있는 윤예찬이라는 한 인격체의 건실한 청년으로 헌헌장부가 되어 있다면 좋겠다. 그러는 동안에 아빠와 누나도 열심히 살아갈 것을 약속한다. 이제 군 훈련이 본격적으로 시작되겠지. 남자라면 누구나 한 번씩은 겪어야 될 군 생활이지만 힘들고 고달파도 나의 아들 예찬이는 굳건히 잘 견디고 일어서는 훌륭한 사회의 동량으로 클 것을 확신한다. 조만간 4주 훈련이 끝나고 자대로 배치되면 연락다오. 우리 가족들이 너의 검게 그을려진 피부와 늠름한 모습을 보러 달려가련다. 그간 몸 건강히 잘 있고 용맹정진 하는 군 생활에만 충실히 다 하여다오. 나의 아들 예찬아! 자랑스럽다. 사랑한다.

오늘 의젓한 너의 얼굴을 그려보면서. 아버지가….

PS   누나는 오늘 대학졸업 여행으로 태국으로 가는 비행기 탑승했다고 핸드폰 메시지에 전송왔더구나.

2006년 4월 3일 사랑하는 아들 예찬이에게.

열네 번째 이야기

교사로서 첫발을 내딛는 딸에게 띄우는 편지

사랑하는 나의 딸 예람아!

네가 아기 천사의 모습으로 태어나 아빠의 품에 안겼을 땐 이 세상 모든 축복 중에서도 아빠만이 받는 아주 귀하고 특별한 큰 축복이었기에 무척 기뻤단다.

어느덧 행복과 슬픔과 고통이 점철되고 어우러졌던 예전의 세월은 흘러, 마침내 아빠 딸 예람이에게 오늘이란 찬란히 빛나고 열리는 인생이 찾아왔구나. 이제 너만이 갖게 되는 독립된 사회인으로서의 인생 출발점에 서 있음이구나.

교육자의 신분으로 세상을 향한 첫 발을 디디는 네게 진심을 담아 축하한단다. 과거엔 아빠가 너를 힘들게 한 적도 있을 게다. 녹녹치 못한 살림에 너의 꿈을 다 펼쳐주지 못해 늘 미안했단다. 아빠는 아직도 귀엽고 철부지인 네가 교육자로서 오늘 사회의 첫발을 내 딛는다는 것에 꿈만 같고 기쁘기만 하단다.

아빠 딸 예람아, 이젠 사회생활의 시작이다. 아빠가 갖고 있는 것으론 재물을 쌓아놓는 재주도 없고, 글재주도 없지만 사회초년생으로 첫발을 내디디는 네게 도움을 줄 수 있는 것이라곤 못다 나눈 이야기를 너를 위한 마음으로 사회생활에 필요한 대인관계의 몇 가지의 조언을 해

주고자 한단다.

먼저, 좋은 사람은 양파의 속 같아서는 아니 된단다.
특히 여자와 교육자는 마음의 껍질을 여러 겹 가져서는 아니 된단다. 그 까닭은 여자는 한 가정의 중심에서의 대화자로서, 또는 전령사로서 가족들 사이를 수시로 왕래해야 하기에 마음이 투명해야 한단다. 또 사회생활을 하는 데 있어서는, 남녀가 구성을 이루어 함께 일하면서 동료 교사들에게 알다가도 모를 여자로 보이게 된다면, 불필요한 호기심의 대상이 될 수도 있고 주관이 약해보일 수도 있기 때문이란다. 한 톨의 밤과 같은 여자는 쉽지 않은 단단한 껍질 속에 든 희고 깨끗하며, 아삭한 향기가 도는 깎은 밤 같은 품성으로 하여 아무에게나 호락호락 얕보이지 않으며 내 안의 참모습을 보여줄 수 있으니 누구에게나 존중받는 당당한 여자가 될 수 있으리라 본다.
두 번째는, 여자는 남자보다 총명하고 지혜로울 수도 있고, 인내와 끈기가 출중할 수도 있지만 큰 인물 되기 어려운 것은 모든 가벼움에 있다고 한단다.
아홉 마디를 잘 참고 있다가도 어린 제자에게 한 마디를 내뱉는 입의 가벼움 때문에 잘 간수한 아홉 마디조차도 가볍게 만들 수 있단다. 아홉 번의 사랑으로 보듬고 다독이다가 욱하는 마음으로 한번 흔들리어 어렵사리 키운 사랑이 먹칠을 하기도 한단다. 아홉 고개의 고통을 한껏 잘 넘기고는 나머지 한 고개에서 주저앉아 아홉 고개에 바친 수고를 가볍게 날리는 경솔함을 범하기도 한단다. 학부모들에게도 앉을 자리, 설 자리를 아홉 번 잘 가려 정숙한 자태를 갖추다가 가벼운 유혹 한번 못

넘겨서 천박한 여자로 전락하기도 한단다.

　남을 지켜보고 평가하는 사람들과 세상은 모함하고 헐뜯으면 헐뜯었지 보태주는 인심은 그리 흔치 않단다. 여자들이 경계하지 않으면 안 될 가벼움은, 아니 뗀 굴뚝의 연기를 스스로 제공하고는 비굴하게 한번임을 강조하며 이해 받고 용서받으려는 마지막 가벼움까지 보일 수도 있으니 한번 실수도 실수로 남기는 마찬가지이다. 세상의 여자들이 말과 행동의 모든 가벼움을 경계한다면 사랑도 굳건히 지킬 수 있고 남자를 부릴 수도 있을 것이다. 대부분의 사람들은 남의 아홉 번 잘함에 한번 칭찬은 아껴도, 한번 실수에 아홉 번 흉은 거침이 없음을 기억해야 한단다.

　세 번째는, 여자란 아무 때나 꽃으로 피어서는 안 된단다. 진달래, 개나리가 사시사철 피어 있을 땐 아무도 봄을 기다리지 않을 것이다. 그러면 진달래, 개나리가 터뜨린 꽃망울을 보면서 반색도 하지 않을 터이고 탄성을 내뱉지도 않을 것이다.

　사람들이 꽃을 아름답고 예쁘다 하는 것은 제 철에 맞춰서 피어나고, 져야 할 때를 맞춰지기 때문이란다. 아무 때나 꽃이 되어 인기 있는 여자는 뭇남성에게 쉬운 여자일 뿐이란다. 공동체에서 남자들과 대등한 위치에 서고 싶다면, 꽃 같은 정신을 지닌 여자이기보다는 늘 엄마같이 지혜롭고 당당하게 말하고 행동하는 여성이 되도록 노력하려무나. 너의 엄마같이 너의 향기를 멀리서 흠모하게 하면서 네 남자 한 사람 앞에서만 꽃으로 피우거라. 흔한 꽃은 뭇 손길을 자주 타게 되지만, 바라만 보는 꽃은 귀한 법이란다. 사람들이 꽃을 보면 예쁘다, 곱다 감탄하고는 돌아서 눈에 안 보이면 그만이듯, 헤픈 남성들의 속성과 심리도 이와 흡사

하니 사소한 찬사에 쉽게 현혹되지 말았으면 한다. 네가 아무리 매력적이라 해도, 꺾이기 쉬워 보이는 꽃에 손길을 뻗친다는 것을 늘 마음속에 기억해둔다면 너의 매력은 수명이 길어질 것이란다.

 이제 대학을 졸업하고 어린 초동의 선생님으로서 사회에 첫 발을 내딛는 나의 딸 예람이에게, 이 아버지는 언제나 예쁘고 건강하게 최선을 다하며 투명하게 살아가는 교육자가 되도록 하나님께 기도한단다.

2007년 9월 1일
사랑하는 딸 예람이에게

열다섯 번째 이야기

바람과 나무이야기
사랑이 사랑에게
— 아내의 기일 10주기에 부쳐

〈사랑이 사랑에게 말한다〉
요, 바붕아! 그렇다고 보따리 싸냐?

하늘나라 천국이 좋으면 얼마나 좋은데? 누가 그곳이 좋다고 꼬드기데? 누가 갔다 왔데? 보았데? 가보지도 않은 사람들이, 그냥 사람들한테 말만 듣고…. 당신이 믿음이 좋아 예수님의 말씀을 곧이 들어가지고…. 물론 나도 믿긴 하지만 아직은 그곳보다는 나랑 있는 게 조금 더 좋다니까. 아니, 하나님이 오란다고 냅다 가겠다고 동의서에 싸인을 하면 어떡해 하냐? 그럼 나는 뭐야? 나는 당신의 허수아비 핫바지냐? 내 의견은 묻지 않고 당신 임의적으로 결정하면 되는 거니? 내가 핫바지니, 몸빼바지니? 응? 거기 여기와 비교하면 거의 쌤쌤일텐데 그래도 이곳이 더 좋을 거야.

당신 여행 안 가봤어? 아무리 외국의 문화나 풍물이 어쩌고저쩌고 해도 내 돈 주고 고생만 직사리하고…. 그래서 고국에 오면 마음이 편하잖아. 천국도 마찬가지야. 처음엔 낙원이라 이곳저곳 다녀서 환희의 탄성도 흘러나오고, 기후도 좋고, 선량한 사람들만 사니까 서로 의지하며 전경 좋은 많은 곳을 편안하게 다녀보기도 하겠지만 얼마 후면 너무 평안해서 지루하고 답답할 거라고.

그 곳이 얼마나 골치 아프게 사는 덴데…. 한번 가면 이 지상으로 못 나온다고. 하나님이 지상과 하늘을 엄명으로 3·8선을 그어 막아놨데. 가족이 보고 싶어도 특별한 누구를 보내주는 예외규정이란 게 전혀 없다는 거야. 한번 가면 영원히 가족과 떨어져 살아야 된다고. 진짜 그럴래? 가뜩이나 눈물 많은 사람이 남편과 우리 애들 보고파서 어떻게 살래? 아니, 양가 부모님들과 형제자매는 어떡하려고. 그땐 아무리 지상으로 도로 오겠다고 떼를 쓰고 울머불며 사정해도 소용없어. 그곳에선 육신과 영혼이 다 분리되는데 왜 자꾸 하나만 알고 둘은 모르니? 당신 아메바니? 단세포니? 2분법적 단순 생각으로 좋으면 좋고 싫으면 싫은 거니? 당신 배운 사람이잖아? 3단논법으로 잘 생각해봐. 현명한 여성이잖아. 아는 사람이 왜 자꾸 하늘나라로 장기여행을 가겠다고 땡깡이니 땡깡이길…. 우이쒸! 안 되는 건 안 되는 거야. 내가 허락 못해. 빨리 가서 하나님께 동의서 파기시키겠다고 하고 천국행 열차 예매 시킨 것도 취소해요.

당신 뭘 한참 모르는 소리하고 있네. 말이 좋아 약속의 땅 천국이지. 거기 얼마나 따분한 덴데? 아까 얘기했잖아. 인간들의 이상엔 천상의 낙원이지만, 이곳 사람들이 잘 모르고 하는 소리야. 지금 당신 사는 이 지상이 바쁘게 돌아가 힘은 부치지만 얼마나 멋진 지상낙원인데? 천국의 낙원보다 더 좋아. 그러니까 인간들이 이 지상에서 후손들을 태어나게 하려고 날짜 맞춰가면서 안간힘을 쓰는 거야. 그래도 힘들게 살아도 가족들과 서로 위안하며 오손도손 알콩달콩 웃으며 산다는 게 얼마나 행복한 거니? 물론 살면서 아옹다옹, 티격태격도 하지만 그러면서 인간의 정도 더 돈독해지는 것 아니니. 그래서 다투는 정, 미운정·고운정으로 사랑이 싸여가는 것 아니니? 천국에는 이런 사랑싸움이란 게 없데. 너무 평화로워서 얼마나 삭막하겠니? 인생이 무슨 재미있겠니? 당신말야, 정 가고 싶으면 이 지상의 나라에서 병 완쾌하고 어디든 얼마간 갔다 와요. 거기라면 내가 전화도 하고 편지도 하고 당신 위치를 알 수 있잖아. 하늘의 천국은 당신이 어디 있는지 연락이 안되고 내가 불안해서 못보내. 간다 해도 천국 입구 개찰구에서 줄이 끝이 안 보인대. 처음 천국여행 간다고 들떠서 좋아하겠지만 그것도 몇 십일이야. 심지어 어떤 이는 믿음이 검증 안되어 몇 년씩이나 기다린대요. 당신은 아마 순서 기다리기 지루해서 하마처럼 하품 쏟을 텐데. 이게 뭐니. 사서 고생하고. 거기에다가 인산인해라 사자死者(승천객)들이 미아가 되고 실종까지 한 되나봐. 목에 천국티켓을 걸고 다녀야 되는데 그 티켓 소매치기 당하면 지옥과 인접하고 있어 당신같이 착하고 순수한 사람은 질 나쁜 사람들의 달콤한 꾐에 꼴까닥할 수가 있어. 아, 물론 내 사탕발림에 꼴까닥하여 나랑 20년 동안 아이들 낳고 잘 살아오고 있지만 그것과는 상황이 천양지차야. 안돼. 빨리 가서 취소시키고 와.

　사는 재미는 있겠니? 가족과 같이 동행을 안 했는데. 천국 사람들 누굴 웃겨 봤겠냐? 누구 때문에 울어 봤겠냐? 그곳 사람들은 그저 평안하고 아늑한 가운데 자기 하고 싶은 일만 찾아서 평화롭게 살아가는데 우리같이 이웃과의 정이란 걸 나누며 살 수 있겠어? 그저 하나님 내리신 십계명의 규율에 맞춰 살 테니 남녀 간의 쫀독쫀독한 연애라는 것이 있겠니? 그런 사람들이랑 모여 살면 당신도 이 인간세상의 끈끈한 정을 잊고 살게 된다니까. 거기는 성생활이 금지되어 있어. 하나님이 금지시켰어. 그래서 태어나는 아이들이 없다는 거야. 봐바, 이 지상은 예쁘고 사랑스런 아이들이 많잖아. 천국은 인간 본래의 본질적인 욕구라는 게 없는 곳이야. 우리가 흔히 말하는 오감(五感)의 감각이야 천국도 있겠지만, 워낙 산해진미의 낙원이긴 하지만 맛과 생식욕구가 없다는 거야. 달고 짜고 시고 쓴 맛을 모르고 전부들 싱거운 맛으로 먹고 지낸데요, 글쎄. 당신 왜 자꾸 그곳에 가려고 안달이니? 한창 젊어 아직도 한참이나 남았는데 왜 못 가서 안달이니? 아이 다 키우고 독립시키고 손자 재롱보다가 나랑 늙어서 손잡고 같이 가야지. 왜 자꾸 가겠다고, 가야겠다고 내 속을 긁니, 글쎄. 병원에서 내가 당신, 고통으로 신음하는데, 자꾸 아파하는데 막아주질 못해서, 실망해서 그러니? 그런 소리 하지마, 제발. 가뜩이나 가슴 아픈데…. 아픈데 콕 찍고 또 찍으면 나도 무지 아파. 마이 아파. 비록 무력한 핫바지지만 당신 아픈 데를 어루 만져주고 눈물을 닦아줄 수는 있잖아. 그런데 그것도 싫다는 거니? 응? 왜 고개를 도리질하는 거니?

　당신, 제발 다시 생각해봐. 한번 더 생각해줘. 당신 없으면 나 못살아. 당신 가려는 그곳은 먹고 자고 싸는 시간 빼고 찬송하고 찬미하고 편안하게 먹고 마시고 노니는 일만 있을 터인데 당신 TV를 보겠니? 라디오를 듣겠니? 요즘 인기 있는 딸 같은 소녀시대, 티아라 같은 아이들의 재치와 재롱도 볼 수 없잖아. 거기는 우리처럼 매스컴이란 게 없어. 줄창 평화로움만 깃든 곳이란 말야. 거기다가 농담을 하겠니? 문화나 감성 있는 책들을 볼 수 있겠니? 종일 일하면서 찬송하고 기도하고 자기 생활하는 것도 하루 이틀이지. 피곤해! 어휴~ 생각만 해도 머리가 아프다. 잘 말씀드려서 취소하고 와. 다음에 가겠다고. 어서, 응? 제발.

퀙! 뭣이라? 이 사람, 큰일 날 소릴 하고 있어? 진짜야? 취소 못한다고? 하나님이 취소 안된다고 했다고? 왜? 그러면 당신 클라! 그곳 한번 가면 우리 인간세상에서 영원히 아듀라고! 아니, 왜 안 된다고 하시는 거야? 내가 거품 물고 열변 토하는 거, 안된다는 거 분명히 얘기했어? 내가 눈깔 뒤집히며 미칠 것 같다고 얘기 했어, 안했어? 우와! 돌아버리겠네 진짜!

얼굴 예쁘고 심성이 곱고 헌신적인 봉사 일을 열심히 한다고, 하나님의 목적사업하시는 데에 없어서는 안 될 당신이 적격이라 계약 파기가 안된다고? 웃겨 정말? 계약이 왜 파기가 안되는데. 여기 인간세상에선 한달 이내면 다 취소할 수 있다고 말씀 안 드렸어? 하나님은 당신이 날 핫바지로 아니까 진짜 날 핫바지로 아시나? 헐!

그래, 하나님께 사정 말씀 잘 드렸어? 생각해보니까 아직은 가정에 할 일이 많아 사랑하는 가족들이랑 좀더 있다가 하늘여행 가겠다고 했더니 하나님이 일언지하에 거절했다고? 가정보다 더 큰 세상을 위해 봉사하라고? 헉!

아니? 이곳 지상에서 그렇게 주님을 위하여 봉사하며 찬송하고 나눔을 실천하느라 그 고생했는데 또 그곳에서도 당신을 옆에 끼고 봉사대로 써야 하신대? 거봐, 이 바붕아! 내 그럴 줄 알았어. 내 알아봤어. 주님이 착한 당신만 별도로 불러내 하늘나라 운운하여 당신 꿀까닥할 줄 알았어. 어쩐지-, 당신 등과 어깨에 그 고통을 주시더니만, 어깨에 날개를 달아주려고 했구만. 헐! 어쩐지, 영- 찜찜하고 불안하더니만. 어휴! 이를 어쩌니. 이를 어째! 하나님의 명이니 어쩔 도리가 없고. 우와, 미쳐 돌아버리겠다! 왜 하필 우리니. 왜 하필 당신이니….

당신, 나 열불나서 돌아버리거나 미쳐버리면 마음 편할 것 같아? 좋아, 나빠? 당신 없으면 나 어떡하라고. 가족 내팽개치고 술 마시고 외박하고 스트레스 풀려고 딴 살림 차리고…. 한 가정이 파멸 돼가는 그 꼴을 당신이 보고 살 수 있을 것 같아? 살면서 가끔씩 사소한 얘기로 삐져서 보따리 싼다고, 호강시켜 주겠다고 속아 결혼 했으니 평생 운운하면서리 보따리 싼다고 했을 때는 애교로 넘길 수 있었지만, 하늘나라 간다고 보따리 싼다는 건 천지차이란 것 왜 모르니? 이 바붕아, 맹추야! 그 곳을 누가 가는 덴지 알아? 아흐, 돌아버리겠네. 안돼, 당신 먼저 못 보내! 이 봐요, 내가 직접 하나님을 뵐 거야. 내가 그분 만나 면장을 받고 말거야!

그런데, 여보~ 당신, 지금 나 약올리려고 그러는 거지? 나 지금 테스트 하는 거지? 헤헤~

내가 당신을 얼마나 사랑하는 대. 바봐, 내가 오죽하면 당신에게 머리에 스팀나는 걸 보일 정도로 핏대 세우며 개거품 물면서 별 지랄발광 다 떨잖아. 당신, 남편 하나는 잘 선택한 거.

행복이 뭐 별거냐? 사랑하는 사람이랑 아침에 모닝커피 마시고, 밤에 한이불 속에서….

큭! 알았어~. 내가 못났어? 남들 똑 같이 과정 다 밟았지, 우리 애들 훌륭하게 잘 키우고 있지. 당신 책 읽고 싶다면 책 사다주지, 떡볶이 먹고 싶다면 떡볶이, 순대 사다주지, 영화보고 싶다면 영화관에 가지, 바람 쐬고 싶다면 같이 나가주잖아. 단지 한 가지 생각나는 건 아닌 밤중에 짬뽕 먹고 싶다는 거는 못 사줬지만…. 헤헤. 하여튼 간에 결혼 전 약속 못 지켜줬지만, 대신에 당신 엄청 사랑해주고 예뻐해 주잖아. 헤헤헤. 더군다나 그 약속 미이행의 빌미로 당신 피곤하달 땐 발가락부터 머리까지 고생한다고 개땀 뻘뻘 흘려가며 안마 해주잖아. 내가 부족 한 게 어디 있어. 당신 장본다면 끽소리 않고 시다바리…. 개줄처럼 묶여서 질질…. 뭐가 부족해…?

킥~! 알았어…. 아! 나야 당신 싫으면 각방 쓸 놈이지. 나 몰라? 나? 내가 언제 당신 싫다는 짓 하는 거 봤어? 당신 아프다는데 내가 어디 아픈지 왜 아픈지 모르겠니? 그리고 밥 굶기냐? 그렇다고 내가 능력이 없냐? 요즘은 내가 다소 힘이 부치지만….(음, 큼, 큼….) 이봐요. 내 나이에 어느 놈이 벌써 당신에게 인정받고 사냐? 내 눈을 봐, 이 눈 속에는 돈이나 지식, 권력은 없지만 당신 하나는 꽉 들어가 있잖니? 안보여? 자, 봐! 보라니까? 보이지? 뭐, 인생이 별거냐?

또 보따리 싼다고…? 어휴! 제발.

여보~ 당신…. 아니지? 하나님이 발급한 초청장에 동의 안 했지? 안했다고, 거짓부렁이라고, 확실히 말해. 제발…. 아흐~

아내는 우리 사는 곳의 바람을 좋아했다.
소슬바람도, 하늬바람도, 갈바람도 높새바람도
좋아했지만 꽃바람을 더욱 좋아했다. 순풍 열풍,
한풍, 남서풍도 좋아했다. 그래서 자기는 꽃바람이라
말하곤 했다.

대인관계도 어느 한쪽에 치우치지 않고, 바람 이는 곳으로 따라가도 항상 중용의 입장인 자리에서, 꽃바람 향기 뿜어내며 최선을 다하는 원만한 관계로 가족과 지인들에게 인정을 받고 살아 왔음이다. 그래서 그녀에겐 행복만이 가득한 삶을 살아갈 권리가 무한히 있는 여인이었다.

그런데 아내에게 감당 못할 병마가 찾아왔다. 암덩이에 수반된 그 잔인하고 무도한 악질적 고통(진통)과 고군분투 해봤지만, 연약한 아내로서는 인해전술로 밀려오는 큰 고통엔 역부족이었다. 하루 이틀 사흘…. 시간은 흘러가지만, 고통을 투지로 감내하지 못한 채 절규는 더해가고, 주님께 나아가는 간절한 기도 중 하나님께 천국행 열차티켓을 구하여 현세에서의 아쉬운 짧은 생을 마감하고, 직행열차로 주님이 주신 '약속의 땅' 그곳으로 안착하여, 지금은 바람타고 많은 곳을 여행 중이라 했다. 하지만 "나는 꽃바람이다"고 언제곤 꽃 필 때 꽃바람 향기 몰고 오겠노라고 약속했다.(꽃바람: 봄에 꽃이 필 무렵에 부는 바람)

어느덧 이곳에 남아있는 가족과 서글픈 생이별하여 초목강산이 변한다는 10년이란 세월이 흘렀다. 이제 우리 아이들은 그 바람 같은 아내의 바램대로 훌륭하게 장성하여 사회의 재목감으로 성장했다. 딸내미는 초등교사가 되어 학교교육의 일선에서 모범적인 교육자로 성장했으며, 아들내미는 군복무를 마치고 대기업 직장의 한 인재로서 사회의 동량으로 첫발을 디디며 힘찬 돋음을 하고 있다.

또 그녀의 남편이자 아이들의 책임자인 아비는 아내의 바램대로 우레와 혹한에도 흔들리지 않는 아름드리나무가 되어 자녀들이 편히 쉬고, 즐겁게 지낼 수 있게, 그리고 땀을 닦고 심신을 달랠 수 있는 가지를 드리워 그늘을 만들어 가고 있다. 나무는 바람(아내)이 언제든 찾아와 나뭇가지에든 그늘에서든 잠시라도 머물다 쉬고 갈 수 있게끔 뿌리에서 기둥으로 잎으로 열심히 물을 뿜어내어 가지를 키우고 있는 중이다. 그래서 바람과 나무이야기는 내일도 모레도 글피도 계속 이어질 것이다.

4부

잊혀짐은 없더이다

— 단상斷想

바람과 나무이야기

첫 번째 글

토막생각 1

1 아내의 잠든 모습, 평온하고 아름답다.
　태초의 영혼처럼 맑고 순수하게. 너무 예쁘다.
　그런데 여보!
　나— 어떡해. 무서워.
　당신 없이 살아가야 할 세상, 깜깜하고 두려워.
　짓무른 눈가에 얼룽이는 눈물방울.

2 처형과 처제들이 숙제를 내주었어. 당신에게 닥친 상황 알리라고.
　내게 숙제를 줬어. 하지만 못하겠어. 정말 힘들어.
　당신, 고통스러워할 때 곁에 있는 나는 안절부절
　남편으로 빵점. 반려자로도 빵점. 동반자로서도 빵점. 당신의 아픔에 도움도 못주는, 막아주질 못하는, 그냥 속물.
　속으로만 애끓기만 하는, 그런 군상. 미치겠어. 당신의 고통, 내게 다 주었으면…. 괴로워. 여보, 미안해. 나를 욕하고 실컷 원망을 해, 그러면 당신 마음 조금은 풀릴까.
　무능한 남편 당신의 아픈 표정 보면서도, 거들어 주지도 못하고, 막아주지도 못하고, 그저 허둥지둥, 바…보… 울기만 하는 못난이….

3 여보! 우리가 한 이불 포대고 살아온 지도 어연 20년이 되어 오네? 내년에는 뒤늦은 결혼 20주년 기념으로 동남아 여행 가자고 한 말 생각나? 나는 항상 생각하고 있었어. 오히려 내년엔 어떻게 될지 모르니 올해가 20주년이니 앞당겨 다녀오자고 했지. 큰 딸이 3학년이지만 이제 3월이고 수능이 아직 멀었으니 일찍 갔다오자고 했지. 하지만 당신은 일언지하에 거절했어. 고3 딸이 있는데 지금 어딜 가냐고, 철딱서니 없는 소리한다고….

"그럼, 내년엔 아들이 고3인데 그때는?"

"아니야, 내년 봄쯤에 일찍 갔다오지 뭐." 큰 애와 작은 애는 걱정하지 말고 이번에 다녀오라고 하였지만 아이들을 빌미로 거부하는 당신의 말에 끽소리 못하고 당신의 의견에 따랐지. 그런데, 느닷없이 6월에 당신은 형편이 어려우니 가지 말자고, 안 가겠다고…. 궁색한 변명으로 땜하는 소위 '고3 가정이라 애들 생각하는구나.'라고 생각하고 아무 말 못하고 밖으로 나와 담배만 피웠지. 당신 생각 나? 주된 이유는, 딸의 대학 등록금을 만들어 놓자고…. 부모로서 아이들도 생각해야겠지만 모처럼 마음이 일치된 부부여행인데 하루아침에 백지 티켓으로 만들어 놓았지.

이제는 병원에서 백지장에 그려놓는 눈물 젖은 천국행 하얀 티켓을 띠우려고….

두 번째 글

토막생각 2

1 '시한부의 삶' 선고

내 고통의 깊이만큼보다 아내에겐 더 큰 충격으로 다가갔을 '시한부 삶'이란 이야기를 해준 것이 잘한 것이었을까?

아내는 확실한 결론으로 받아들인 상태였을까. 어느 심리학자의 책에 의하면, 시한부 삶을 통보 받았을 때 사람들은 대부분 부정, 분노, 타협, 우울, 수용이라는 다섯 단계에 걸친 반응을 보인다고 했다. 생존 가능성 5% 미만, 6개월이란 시한부 삶을 선고받은 나의 아내.

아내는 무슨 생각을 했을까? 죽음에 대한 미움, 분노, 거부 속의 갈등, 삶에 대한 체념, 아쉬움, 남은시간에 대한 초조, 인생에 대한 허탈, 허무, 그 동안의 희생으로 살아왔던 억울함 등…. 사랑하는 가족의 죽음은 우리와 상관없는 아주 먼 나라의 이야기라고 생각해온 나와 아내.

그간 아내는 내가 얘기한 위암 1기 정도의 수술인 것으로 알고 있었다.

"위암이긴 한데 아주 가벼운 1기 정도래. 종양제거만 하면 빨리 완쾌할 수 있대. 집에 가야지" 아내는 말을 곧이 듣고선 쾌유하려고 노력을 많이 했다.

병원 측의 거듭되는 퇴원 요청으로 퇴원을 했지만, 나는 아내에게,

"당신, 점차 쾌차하여가니 집에서 외진하며 검사받으면 완쾌된다네?"
아내는 '쾌차'라는 말과 집에 간다는 말에 좋아서 함박웃음을 띠웠었다. 하지만 5일도 못가 몸을 가누질 못하는 고통스런 진통으로 재입원하였던 것이다. 그러던 중 아내는 회복은 안 되고 아픔만 가중되어 본인이 느끼는 직감과 타병실의 환자들이 하나 둘씩 퇴원해가는 과정을 초조함으로 보아왔던 터이다. 아내는 병동에서 주워든 여러 정황들을 혼자 가 감승제하면서 곱씹으며 어느 정도 심각함을 간파하고 있었던 것 같다.

고개를 끄덕이며 아내가 예견했음인지 놀라움 없이 덤덤하게 수용하는 표정을 짓고 있었다. 당황하고 놀랐으나, 아내에겐 죽음에 대한 두려움이나 삶에 대한 미련의 감정을 애초에 덮어둔 양 미소가 피어올랐다. 마치 조각조각 주워들은 정보의 궁금증이 풀림으로 홀가분하다는 표정이다.
아내의 감정에서 읽히는 놀람보다는 의연함과 담담함, 그것이었다. 다만, 내게는 읽혀지는 아내의 마음. 쏟아지려는 눈물을 억지로 참고 있지만 눈자락에는 벌겋게 충혈되어 있음을.
아! 이 세상 잠깐 왔다가 가는 것이라고 하지만 잠깐이 봉우리를 채 다 피우지 못하는 인생이 너무 짧음이다.

❷ 행복

정겨운 아내의 웃음소리. 주방에서 들려오는 그녀의 칼도마 소리. 요리하기 위해 조각조각 무를 썰어낼 때, 그 한 조각의 무나 고구마를 애들과 나에게 번갈아 먹여주던 자상함. 김치 담글 때 양념 묻은 붉은 손으로 겉절이를 쭈르르 달려와, 나와 애들의 입속으로 번갈아가며 쏘옥 넣어주는 사랑스러움. 향그럽고 고운 색깔의 이부자리. 유리창에 쳐진 예쁜 꽃무늬의 커튼. 누군가가 아침이면 다정스레 깨워 준다는 믿음. 언제든 옆에서 팔짱을 껴줄 사람이 있다는 행복감. 내가 아파 병상에 있을 때 조용히 미소 지으며 내 옆에서 간호해 주던 이쁜이. 가려울 때 등 긁어 주던 나의 반쪽.

밥상엔 언제나 아이들 위주의 음식으로 차려지기 일쑤지만 – (이 부분에선 명색이 한 집안의 가장으로서의 위치에 있지만 왜 나만 먹을 권리에 열외시키고 왕따를 시키는지 항상 불만이었다. 애들에겐 예찬아 뭐 먹을래? 예람아 무엇 만들어 줄까? 하고 식당 메뉴판대로 주문받듯 다 음식 만들어 주고 나는…. 어쩌다 목에 핏줄 세워가며 개거품 물고 열변을 토로하지만 옆지기의 "당신이 애들이우?"라는 한마디로 캐엥하고 꼬리를 내린곤 했다. 그렇다고 어필해도 계란후라이 하나 더 서비스로 주는 것도 아니고. 흑흑!) – 차별당해 꽁해 있으면 슬그머니 자기 국의 고기 덩이 몇 점을 국그릇에 얹어주며 "당신이 잘 먹어야 돼요"라고 눈 흘기며 웃는 능청스런 마누라. 부부싸움 했을 때 아침에 "일어나세요!"라는 말은 온데 간데 없고 그냥 칫솔에 치약 발라서 남편 입속으로 '쑥–' 집어넣고 타다다닥 발바닥도 안 보이게 도망가는 여우같은 와이프 – 귀염둥이 조강지처. 위로받고 싶을 때 남편 머리를 쓰다듬어 주고 엉덩이를 토닥여주며 격려해주던 옆지기. 그런 사소한 것들에 나는 아내 때문에 행복했다.

친구 녀석이 술 한 잔 기울이며 내 처를 평했다. 미인하고 살면 삼 년이 행복하고, 성격 좋은 여자하고 살면 삼십 년이 행복하고, 음식 잘 하는 여자하고 살면 평생이 행복하고, 지혜로운 여자하고 살면 삼 대가 행복하다고 했다.
그대가 있어 행복합니다. 그대 생각하는 마음, 나는 행복한 사람임을.

3 사진

많은 추억과 은하계의 별같이 많은 얘기가 담긴 수많은 사진들이 앨범 속에 빽빽이 박혀있다. 가슴 한가운데에 웅크리고 사라지지 않는 수수께끼 같은 정한의 실마리를 찾기 위해 한쪽 두쪽 셋쪽 두루 앨범 속의 사진들을 들쳐본다.

거기에는 아내와 아이들만 무수히 찍힌 사진들. 그들의 공간에는 나는 왜 없을까?

그들이 주인공이기에 가는 곳마다, 주요 대목마다 그림자의 조연역할로 언제나 사진 찍기에 바빴던 나.

나는 왜 그 사진들에서 시선을 떼지 못한 채 자꾸만 멀게 느껴지고, 사진의 늪 속에서 신음해야만 했을까.

과연, 이때부터 가장으로써 외로움의 시작이었을까?

거실 한 편의 안방은 왠지 천길 만길 멀게만 느껴지는 이유는…

세 번째 글

아비의 구겨진 체면

 그리운 얼굴 자꾸 떠오르고 잠은 오질 않고 몸은 근질근질하다. 삶에다 독을 묻히고 고래고래 발악을 해도 고고하기만 해 미치겠다. 마음 담긴 내 마음을 베어 저 달과 똑같이 아내에게 만들어주고 싶은데.
 어제는 아내를 기리는 추도식 날. 아내는 분명 다녀갔을 텐데 흔적 없어 가슴 한구석 답답한 마음이 일렁인다. 추석 연휴라 온가족 다 제각기 흩어지고 나니 내 마음 외로움과 쓸쓸함만 남고, 졸지에 엄마 없어 측은지심 있는 아이들이 안 돼보여 엄마에게 가자고 웅크리고 자는 애들을 꼬드겼다. 또다른 한구석에 붉은 눈물 떨구시던 장모님 걱정되어 새벽 1시경 장모님 댁으로 키를 돌렸다. 자식 잃은 슬픔에 뜨거운 숨 토해내시다 약 취해 주무시는 분 깨워 위로 한답시고 같이 서너 시간 자고 애미한테 간다고 다시 줄행랑.
 이른 아침 추석날, 아내가 보고파 임시 거처인 용미리 추모의 집에 왔건만 모처럼 든 꿀잠 깨웠다고 투정할 것 같아 밖에서 풀내음, 흙내음 폴폴 날리는 맑은 공기 마시고, 심호흡하고 아이들 앞세워 아내의 방으로 달려갔다.
 설움에 복받치는 눈물. 아이들 있어도 제동 안 되는 흘러내리는 눈물, 냅다 원 없이 울었다. 첫째 눈물은 그리움이고, 둘째 눈물은 보고픔이고, 셋째 눈물은 서러움이었고, 넷째 눈물은 속죄의 눈물이었음이다.

　순식간 남편과 아비로서의 체면은 내팽겨치고 아이들 눈치를 아랑곳 않은 민망한 행동을 보여 주었다. 지친 마음이 눈물로 해소되어서 그런지 다소 마음이 편해졌다. 하지만 나의 철딱서니 없는 행동으로 인해 아이들에게 아픔을 준다는 순간의 생각을 왜 갖지 못했을까. 눈가에 물기 촉촉히 젖어 있는 아이들을 보면서 헤벌쭉한 웃음지으며 유난을 떨고 아이들 손을 잡는 것으로 간신히 모면되었다.

　큰 딸 예람이 수능공부 명분으로 아내에게 피곤했던 잠 더 자두라고 이마에 솟은 땀을 바람에 실리면서 집에 와 몽롱함에 나도 잠 퍼지게 잤다.

　오늘밤 또 아내 그리워 고질병된 보고픔으로 등 뒤에 서 있는 나의 그림자는 잠 못 이루겠지.

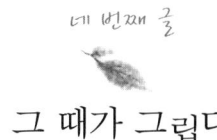

그 때가 그립다

    오전 2시경쯤 퇴근해 집에 올 때면 어느 틈엔가 모락모락 피어나는 허전한 마음, 초조한 마음. 엄마 잃은 아이들. 오늘 아이들 학교생활은 어떠했는지. 반찬도 없을 텐데 밥은 먹었는지, 아이들은 잘 자고 있는지.
    떨리는 손으로 문을 열 때면 "찰칵" 소리 한 번에 심장이 두근두근, "찰칵" 소리 두 번에 가슴이 벌렁벌렁.
    살며시 고양이 걸음. 우리 애들 잠자는 모습 보고서야 안도하는 마음. 두 녀석 잠자는 모습, 어찌나 제 엄마와 닮았는지 너무나 평온하고 순수한 모습. 너무나 예뻐라.
    아내 숨결 맡고 싶어서 옷 갈아입고 주방으로 가 설거지 한다. 아이들 먹고 갈 오늘의 요리, 소시지볶음, 계란말이. 자글자글 끓는 김치찌개 소리. 아내가 일하는 모습 그대로 떠올려 똑같이 해보지만 맛은 영 젬병. 반찬무침, 끓는 찌개 한 스푼 떠 간 보지만 아내 손 맛 더욱 그리울 뿐.

    아내가 그립다—
    썰렁한 잠자리일 때, 아침에 옆자리 없을 때, 사람들 손잡고 행복 짓고 걷는 때, 빨래 할 때, 교회 갈 때, 등짝이 가려울 때, 목욕 시 등 때 밀어야 될 때, 아이들의 얼굴에서 아내 얼굴 묻어날 때, 재방송 드라마 보며 뜨거운 연민의 정을 느낄 때, 먹고 싶은 음식 생각날 때, 차려먹기 귀찮아 김치 하나에 물 말아 먹을 때, 매콤 달콤한 냉면이 먹고 싶을 때, 나나 우리 애들 몸 아플 때,

   아내 숨결 느끼고 싶다―
   김 오르는 따뜻한 밥에서, 손 맛나게 만든 맛깔난 반찬에서, 양념 간하며 한 술 떠 맛을 볼 때, 따끈히 끓은 국과 찌개에서, 벌레 때문에 호들갑 떨고 어쩔 줄 몰라하는 요란스런 몸짓을 할 때, 슬픈 드라마로 눈물 찔끔일 때, 삐져서 안아주고 웃겨주고 만지고 싶은 스킨십이 느껴질 때,

   그때가 너무 그립다. 보고 싶다.
   낭낭한 아내 소리와 맛이 온데 간데 없다.

다섯 번째 글

어찌 하오리까?

　당신이 낳은 예람이. 예쁘고 귀엽게 자랐고 부모 속 안 썩히고 공부를 잘했던 아이. 당신 충격 컸나 봐. 당신 떠난 두 달 후 수능시험 예상외로 참담하고 아찔했어.
　절대 평계는 아니었고 현실을 외면할 수 없는…. 예람 엄마! 가고픈 대학 갈 수 없다고…. 재수하겠다고 슬피 우는데 어찌 하오리까?
　내년에는 예찬이 수능. 동생과 같은 학년 될 수 없어 재수는 안 되겠고 내년 잘 본다는 보장 없고 울음 터진 큰 아이의 울음소리. 마음이 너무나 아파. 어찌하오리까?
　솔로몬의 지혜! 당신은 어찌할까나? 현실에 대한 점수 인정할까. 점수에 맞는 대학학과 찾아 지원은 해봐야겠지? 통, 시원치 않으면 그때는. 그때에 가서, 재수…. 어찌 하오리까?
　미어지는 이 가슴.

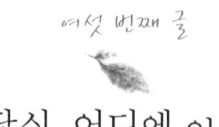

여섯 번째 글

당신, 어디에 있어?

아무 생각 없이 자리에 앉았어. 몸과 마음에 이끌려⋯.

보고픔이겠지. 당신, 어디에 있어?

아직도 믿기지 않는, 잊을 수 없는 당신. 생각하면 할수록 저미는 이 마음. 당신, 어디에 있어?

당신 없인 살 수 없던 이 세상. 그런대로 아이들과 살게 되더군. 그래도 당신 생각에 갈팡질팡. 당신, 어디에 있어?

이 가슴, 이 마음. 설움에 찢어져 애끓는 마음. 당신 모옴 안고 싶은데⋯. 당신, 어디에 있어?

출퇴근 바뀐 직장생활. 바쁘다고, 잊히면 안 되는데. 이제 얼마나 됐다고. 당신, 어디에 있어?

당신 있던 시간으로 멈출 수 없을까. 문득 겁이 나고 무서워지고 이대로 가다간 큰일 나겠다. 당신, 어디에 있어?

흘러가는 세월에 이끌려 가니 사진첩 보는 횟수 줄어가지만, 편지 쓰는 횟수 적어지지만, 당신 향한 질탕한 눈물 조금씩 희석되지만, 당신 없는 세상 무섭고 두려워했지만, 그런대로 맞춰 살아가는 간사한 마음. 그래도 걱정하지 마, 당신. 내가 누군데. 꿈속에 자주 안와 삐침이 있지만 그래도 일편단심 민들레 낭군이리니. 사진 속 당신, 가슴에 선명하고 당신을 향한 마음 여전히 그리워.

　내 가슴에 살아있는 당신의 사랑. 천사 마음, 해맑은 웃음소리 그윽한데 죽을 때까지 잊을 수 없으리. 순도 100%의 사랑. 그런데 당신, 도대체 어디에 있어?

일곱 번째 글

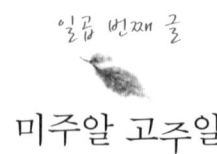

미주알 고주알

1 집에 있을 때는 곳곳에 아내 사진 있어 볼 수 있지만 직장에선 업무 때문에 잠시 아내 잊고 사는 나. 당신, 무척 섭섭하다고 할 것 같아. 할 수 없지 모오-, 먹고 살려니…. 하하하. 그래도 집에서는 항상 같이 있잖아. '약속의 땅'에 안식하고 있지만, 그래도 내겐 영원한 연인. 몽매한 내겐 잊을 수 없는 나의 아내임을.

2 당신 말야, 요즈음은 통 꿈속에 나타나질 않데?
 하기야, 당신 찾아오면 내가 무서버. 인상 찌푸리거나 혼내고 그러니 원~
 아직도 당신에게 의지하지만, 혼날 나이는 아니잖아.
 그래도 얼마 전엔 웬일로 웃으면서 날 찾아왔나.
 거 참! 어르고 뺨치고.

3 요즘 예찬이 녀석이 날 웃겨요.
 여자 친구가 있다나? 한번 집으로 초청하자네?
 오늘이 100일째의 만남이라나 뭐라나?
 여자친구 부모님이 자기를 좋아한데요. 밥도 여러 번 사주었데. 그러니 나도 여자 친구를 한번 만나서 식사 한번 사주라나?

환장 하겠어요.

4 여우같이 변해가는 예람이는 어떠하고. 이 녀석은 더 해. 머리염색을 하겠다나? 이것까지는 애교로 봐 줄 수 있어.

그런데 느닷없이 얼굴이 좀더 갸름해지면 좋겠네, 팔 다리에 털이 많네, 종아리가 굵어지는 거 같네, 얼굴에 여드름이 피네…. 요즘 들어 외모에 부쩍 신경을 써요. 내가 요즘 엄청 시달려.

아빠로서 신경을 안 쓸 수 없겠지? 저것이 당신 닮은 제2의 여우긴 여우같아.

토끼가 아니었더구먼.

5 오늘은 토요일! 늦잠 자도 부담 없는 날. 아내가 보고 싶다. 아내가 그립다.

아내와의 약속! 결혼서약서 - 슬플 때면, 기쁠 때면, 아파할 때면, 힘들 때면, 지칠 때면, 보고플 때면, 사랑받고 싶을 때면 항시 옆에서 위로해주고, 도와주고, 축하해주고, 언제나 사랑해준다고 약조했었지. 우리는 싸울 일 있다면 이불 속에서 싸우자고 했던 우리 둘만의 약속.

그런데, 그 서약서 조항엔 '우리 사별하지 않겠다.'란 조항의 약조는 왜 기록하지 않았을까? 우리 둘은 바보였다. 그래서 바보가 바붕이를 한없이 보고 싶어 한다. 꿈속에서라도 많이 보고 싶다. 아내의 향기. 단 한 번만이라도 좋으니 안아보고 싶다. 그곳이 그토록 좋을까? 지금쯤 내 마음이 전해졌을까?

오늘은 꼭 꿈속에 아내가 웃는 얼굴로 와 주었으면 좋겠다. 혼내는 얼굴이 아닌.

6 아내 있는 그곳 어떻게 하면 찾아갈 수 있을까?
훨훨 나는 새가 되면 하늘끝 낙원에 갈 수 있을까.
눈 녹아 물 되어 수증기 타고 하늘가면 만날 수 있을까.
홍길동처럼 구름타고 맞닿는데 가면 만날 수 있을까.
바람 부는 날에 민들레 홀씨 되어 날리면 아내 있는 그곳에 닿을 수 있을까.
은하철도 999 타고 별나라가면 아내가 노니는 그곳에 갈 수 있을까.
까치와 까마귀가 오작교 놓아준다면 1년에 한번은 만날 수 있을까.
하늘땅 별땅에서 불어오는 바람 타고 아내 있는 그곳에 갈 수 있을까.
선녀탕에 하늘에서 내려오는 두레박 타고 올라가면 아내를 만날 수 있을까.
순이는 나보다 낙원이라는 '약속의 땅' 그곳이 그렇게 좋을까.

7 예찬이가 대견해 보이고 안쓰럽다. 늘 공부 때문에 누나에게 치어왔지. 이제는 대입이 자기 차례인 것을 깨우쳤나 봐. 상위권 고등학교에 시험 쳐 들어갔지만 뒤늦게 철이 들었어! 하기야 아내에게 한 약속도 있고 하니 신경 쓰이겠지. 열심이다, 보통 귀가 시간이 새벽 2시경이다. 이대로 11달만 꾸준히 공부하여 준다면 약속 무난히 지킬 수 있겠지. 그런데 너무 안쓰러워 어떡하니.
하나님! 울 아이에게 건강을 유지케 해주옵소서.

8 아내 없어 하나밖에 없는 여동생! 시누이 은주가 때 아닌 고생을 한다. 매주 토요일 집에 와 찬거리 장만해주고 두 집 살림 도맡아 하고 있다. 굉장히 힘든 일이건만 팔자에 없는 고생을 시키고 있다.

　미안하다. 더군다나 직장 주변이라 예찬이와 내가 요즘 석식을 여동생 집에서 해결한다. 힘들어도 내색을 하지 않는 것을 보면…. 정말 고맙고 미안할 따름이다. 이날 이때껏 큰 오빠로써 내세워 도와 준 것도 없는데. 그래서 한 핏줄인가 보다.

9 어떨 땐 훌쩍 혼자 배낭 짊어지고 어디론가 떠나고 싶다.

　가슴이 답답하다. 세차게 부는 찬바람에 올골차게 한 대 얻어맞고 싶다. 마냥 어디론가 떠나보고 싶다. 목 터져라 소릴 꽥꽥 질러보고도 싶다. 이럴 땐 철딱서니 없는 남편으로 돌아가고 싶다.

10 어제와 오늘, 토요일과 일요일, 그리고…

　연이틀, 억수로 기분 째지는 나날. 너무나도 행복스러웠고 가슴 벅차던 날들. 이럴 때가 자식 키우는 보람이겠지.

　전해지는 흐뭇한 소식들…. 예람이의 대학 합격 통보, 한 곳 아닌 두 곳에서!　예찬이의 고등학교 장학금 수급대상자 확정 통보!

　음메! 이것이 꿈인가, 생시인가? 아내는 알고 있는지? 이 맛깔나는 소식들을…. 아내를 위로삼아 지탱하여왔건만, 이제는 아이들이 위로해주어 살 수 있겠다.

　아직은, 한스런 이 세상 살아볼만 하겠네.

11 자식들의 독립 예행연습

문득 문득 떠오르는 서글퍼지는 생각들.

가뜩이나 아내 없어 힘들게 살아가는데 아이들까지도 이제는 하나 둘씩 곁을 떠날 채비를 한다.

독립 예행연습인가. 불안하고 안타까워 마음이 놓이질 않아 걱정만 쌓여간다.

다른 부모들의 마음은 어떠할까? 이제 한 달 후면 4년씩이나 타향에서 공부를 해야 할 딸내미. 한 3년 있으면 아들내미도 대학생 2년 때 군대를 가면…. 그땐 나는 외톨이…? 서글프다. 서럽다. 이를 어찌할꼬!

또 무서움이 엄습해 온다.

12 한 이불, 한 살 포대고 살았던 행복한 시절이 있었습니다.

서로의 사랑과 슬픔을 나누고 토닥이며 도란도란 살던.

그 추억이 삶 속에 남아 있어 아직도 따스합니다.

누군가를 사모하고 좋아 한다는 것. 그런 꿈을 간직하고 큰 소리로 사랑했고 행복했다는 외침을 목 터져라 불러 보고 싶습니다. 그런데 웬일인지 눈물이 납니다.

사랑하는 이들만이 맡을 수 있다는 이 향기, 화이트!

남자가 사랑하는 여자에게 깊은 마음을 알린다는 화이트 데이!

아내가 사탕을 좋아한 이유를 이제야 알겠습니다.

사랑합니다. 사랑합니다.

"당신을 진실로 사랑합니다!"

그리움 1

아내는 가고 나만 남는다.

아내가 여기 없다하니 눈물만 흐른다.

아내가 떠난 뒤 추억만 남는다.

아내가 여기 없으니 그리움만 남는다

가고 떠난 지금
황량한 들판에 홀로 선 속 텅 빈 고목

고목이 핀 꽃의 향은
눈물향이 짙어서
심술궂은 바람에 얹혀 실려가
아내 있는 그곳에 세차게 떨구어 준다면
아내는 내 체향體香 알기에
남편향인지 아르리.

아홉 번째 글

그리움 2

 옛날에 높고 울창했던 아름다리 나무에겐 꿈꾸던 세상이 있었데요.
 어느 날 심술 고약한 번개가 번뜩여 울창했던 나무가 거꾸러졌데요.
 나무는 가슴에 구멍 난 채 슬퍼 운다네요.
 언제나 쉬어가는 바람도, 구름도, 해도, 달도 너무 슬퍼 울고 갔데요.
 상처 받은 나무와 앙상한 가지들은 다시 이파리가 돋게끔 열심이래요.
 홀로 선 고목나무에 핀 꽃은 향이 짙다지요.
 고목된 나무는 가지에 열심히 물을 뿜어주어 싱그런 잎새로 돋우었다네요.
 그러면서 한쪽에선 행복했던 옛 그리움에 젖어 흐느끼고 있다네요.
 그리움이 있다는 건 조금은 살만하다는 얘기겠지요.
 그래서 그런지 다시 그리움에 빠졌다네요.

 새하얗게 뜬 얼굴로 하얀 눈꽃 뿌리니 새하얀 들에 홀로 서 있는 고목은 가지마다 차곡차곡 쌓인 그리움에 젖어 한 해를 보내고 또 하루를 보낸다.
 가슴에 구멍 뚫린 고목은 가지마다 하얀 그리움을 높이 실어 붉은 노을에 띄운 아쉬움일까. 서글픈 마음에 꺼억꺼억 댄다.

녹아내린 그리움은 눈물이 되고 고목 마음에 강물 이루어 하염없이 흐르고 흘러 머나먼 그곳으로 사랑이 있는 하늘까지 가고픈 고목의 마음.

그 지독한 그리움은 그리움을 잉태하고 사랑을 낳는다. 그녀를 사랑했고 또 다시 사랑하고픈 그녀. 하늘에서 만나면 그녀를 또 지독히 사랑하리라.

그녀 바람은 내 마음을 알까.

문주란꽃 앞에서

청초하고 그윽한 향 머금고는,
새하얀 아침부터 뿜어내는 짙은 향기.
"예람아빠, 예람아빠. 이거 좀 봐요"
부산한 아침부터 호들갑, 문주란 앞에
서 환희 웃는 아내.
우아한 그대의 모습 이제는 내 가슴속
에만 영원할 아내.

> 우리의 만남도, 우리의 사랑도
> 그랬던 것처럼
> 언제나 영원토록 머무르고 싶은
> 행복한 시간들.
> 하지만, 이제 단란함 그 속에
> 당신 모습 볼 수 없어라.

　영겁의 시간 속에 인생은 잠시 피었다 지는 꽃과 같이 아름다움도 그치고 인생의 화려함도 끝나고 그리고 고통의 시간도 끝이 나겠지. 하지만 아내가 남긴 우아하고 청초한 마음의 자취는 영원토록 지워지지 않는 사랑의 결실로 생명수 강가에서 환희의 기쁨 돼 만나게 되겠지.
　아내를 보내고 견디기 어려운 고통의 시간을 지내 왔다. 하지만 이젠 우리 함께한 아름다운 추억을 생각하는 것만으로도 이대로 남겨진 시간을 채워갈 수 있으리라 생각된다. 사랑이 이토록 깊고 큰 아픔으로 남겨져도 아내를 사랑한, 아내와 함께 살아온 이 모든 것이 후회 없는 그리움으로 영원히 내 가슴에 새겨질 것이니. 그리고 어느 봄날 아침에 생명의 강가에서 아내를 만나는 날, 지금의 이 마음을 온전히 전하리. 단 한번뿐인 인생에서 비바람 어두움 몰아쳐 올 때도, 절망의 깊은 골짜기를 지날 때에도, 아내를 사랑하는 마음 변치 않고 살아 왔노라고.

열한 번째 글

되돌아온 편지

어제도 오늘도 편지를 썼습니다.
당신은 저 하늘 어디메쯤 지내고 있을까요
아마도 내일도, 모레도
당신께 편지를 쓰겠지요. 그러나 당신의 답장을 바라는 건 절대 아니랍니다.
그저, 당신 향한 한스런 정이 읽혀지지 않는 편지되어 되돌아와 차곡차곡 쌓여갈 뿐.
사실은, 조금 아픕니다.
그 아픔은, 그리움으로 영원한 연민으로 남겨질 따름입니다.
그래서 조금은
아주 쪼끔은 아픕니다.

열두 번째 글

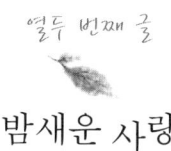

밤새운 사랑

오늘도 편지를 쏜다
반복되어도 끝남이 없는
맑은 영혼을 담아 그렇게

못내 그네의 정겨운 답신
소망하는 것은 아닐지라도
그날처럼 비에 젖어
무소식이 희소식이라지만
눈물겹게 가장 빛나는 사랑
전하는 것으로 만족해야지

지성에 감천했음일까
아침이슬 머금어 물망초 된 날,
영원한 그리움의 편린片鱗
밤새운 사랑으로 변형되었나니

오늘 못내 그녀가 떠나며

아쉬움에 매만지던 물망초
눈물 묻은 어조語調로
"나를 잊지 말아요"
마지막 그 전언傳言은
풀잎의 바람보다 자유롭다

열세 번째 글

사부연死婦戀

나는 그녀를 등개며 오롯이 꽉 안아 보지도 못했다.
꽉 안으면 부서져 버릴까봐, 부서져 날아가 버릴까봐, 조심조심 감싸 안으며 들거지도 못하고 한껏 오롯이도 못했다. 너무 귀해서…
아무리 생각해도 내가 주인이 아닌 것 같아서 내가 댓바람에 그랬다.

그녀는 혀가 뭉치고 알아듣기도 힘든 발음으로 무언가 말하려 할 때 내가 댓바람에 그랬다.
버릴 땐, 꼭 버려야 할 땐, 마음 몸닦달하듯 굳건하라고….

그녀 위해 아무것도 못해 주던 놈. 한 번 아귀차게 잡아 볼….
맞서 잡도리해 볼 능력도 없는 놈 때문에 당신 마음 너무 고생시키는 거 아니냐고, 그런 놈 따위 때문에 이렇게 혀까지 뭉치며 가슴 아플 거 없다고.

사부연死婦戀
그래 놓고 이렇다. 말은 짜장 그렇게 해놓고 내 맘 하나 몇 년째 추스르지 못하고.

열네 번째 글

바붕이

그 바붕이는 슬픔을 하나 들고 있다.
난 그 슬픔을 같이하고자 했는데
지레 겁먹고 돌이질을 친다.
"줄 수 없다" 하고…

내가 할 수 있는 건 무엇일까.
그렇다.
난 무엇도 할 수 없다.
바붕이가 흘리는 눈물을 멈추게는 할 수 없어도
닦아 줄 수는 있다 했는데…

그것마저도 거부한다.
끝내는 혼자 갖고 떠났다.

열다섯 번째 글

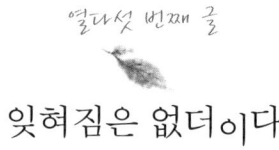

잊혀짐은 없더이다

잊혀짐이 없어 텅 빈
한 칸의 방은 공허하다
잊었노라 그렇게 살아갈 뿐
소중한 그 기억의 흔적은
못내 가슴에 저려오고

항시 잊었노라 하면서도
일상의 회귀回歸에
더 열중하며 살아가지만
잊혀짐은 그저 눈물이다

마음 속 방 하나 차지한 채
목숨 끝 그날까지 함께 하리니
끈질긴 인연은 운명적이어서
정녕 내 사는 날까지
지연紙鳶의 끈, 끊김 거부하리라

열여섯 번째 글

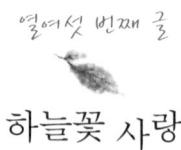

하늘꽃 사랑

홀로 높아 아득한 하늘,
예그리나[1] 다솜[2]하게
목숨 다할 때까지 시밀레[3] 다솜케 하소서
뫼 닳고 가람 말라야 우리 마무를까[4]
겨울 천둥 울고 여름 눈 내려야
하늘, 땅 하나 되면 그때 마무를까
애간장 끊어졌다 다시 이어져도
백 년이라 삼만 육천 날
나의 가시버시[5] 늘해랑[6] 되고
날마다 동행하여 마무름 없게 하소서

---

1 예그리나: 사랑하는 우리 사이
2 다솜: 사랑
3 시밀레: 영원한 친구
4 마무르다: 끝을 맺음
5 가시버시: 아내와 남편. 부부
6 늘해랑: 늘 해와 함께 살아가는 밝고 강한 사람들

열일곱 번째 글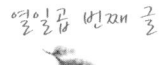

사랑하는 사람이 또 생겼습니다

사랑하는 사람이 생겼습니다.
사랑할 수 있는 사람이 있을까?
이 사람도 이 나이에 다솜 사랑이 있을까?
두려운 생각도 해 보았습니다. 그런데, 나에게 시밀레한 벗이 생겼습니다.

아침에 이를 닦고, 세수를 하고, 머리를 감으며 내게도 시밀레한 예그리나가 있다는 걸 알았습니다.
발비가 오는 날이면 서로의 왼쪽과 오른쪽 어깨가 똑같이 젖을 정도로 다정하게 하나의 우산으로 비를 피하고 있습니다.
입을 맞추고 싶다는 생각이 들 때, 안아주고 싶은 생각이 들 때, 손을 꼬옥 잡아주는 것으로 만족하며 우리 가시버시는 다음 약속을 만들어 가고 있습니다.

사랑하는 사람이 생겼습니다.
무아하고 늘해랑 같은 나의 아내….
사랑하는 사람이 또 생기고 말았습니다.

열여덟 번째 글

난蘭

언제나
청아한 모습.
고마운 님은
청초한 모습만으론 싫다하시니
향기 그윽한
수려함도 뿜어 내리러니
한 세상 행복히
살잡시다.

열아홉 번째 글

마른 풀 — 외할머님의 부음訃音

외할머니!

누구에게나 그렇겠지만 나직히 소리내어 부를 때 이 만큼 그리운 이름이 있을까? 고운 피부의 좁은 이마에 살집 없이 깊게 파인 주름살, 하얗게 센 머리, 늘어진 가슴, 검버섯 박힌 거친 손등과 뺨이 파인 얼굴, 토막토막 끊어진 주름잠긴 작고 검은 눈동자, 얇아진 귓불. 떠올리는 조각 조각의 기억 속에 할머니가 계시다. 외할머님이 돌아 가셨다는 전언을 오늘 아침 이모를 통해 듣기 전까지, 바로 그 전날까지 병상에 할머니와 같이 있지 못한 것이 내내 죄책감이 남아있는 터였다. 조만간 돌아가실 지도 모른다는 이모의 말씀은 있었지만 오늘 아침까지도 느낀 '혹시?'라는 알 수 없는 예감. 그래서였을까. 얼마 후 침통한 어조로 전해지는 이모의 외할머님 부음 소식.

결혼한다고 아내를 첫 대면해 드릴 때부터 그토록 화사한 웃음으로 맞이하시고 예뻐하시던 나의 할머니. 언제나 보실 때마다 큰손자인 내 손 보다는 더욱 애들 엄마의 손을 꼭 붙들고 놓아 주시지 않는 나의 외할머니. 평상시는 가물가물 하신다는데 우리가 가서 뵐 때는 매번 또렷하셨다.

"너‥ 남편감 배필로 잘 골랐다. ○○이 너는 네 처를 너무 잘 골랐고…. 어디서 이런 복덩어리 손자며느리가 들어왔을꼬."

외할머니가 돌아가셨다. 한 영혼이 삶의 저 너머 죽음 이후의 세상으로 떠났다는 사실은 남겨진 후손들의 현세의 공간에서는 얼마나 가슴 먹먹하고 아픈 일인가. 할머니가 돌아가셨다는 이야기를 오늘 아침 새벽에, 울먹이시는 어머니와 이모에게 전화육성으로 들었을 때 나는 막상 눈물이 나지 않았다. 그저 멍하기만 하였다. 할머니의 얼굴에 깊게 패인 주름살에서 보이듯이 순탄치 않은 인고의 인생 역정으로, 어머니로서의 가슴을 도려내며 마른 풀 가지로 키우셨을 할머니와 그렇게 품속에서 자란 어머니와 이모의 슬퍼하실 모습이 떠올랐다.

내가 어릴 적부터 지금의 이 자리에 서 있기까지 외할머니의 깊은 사랑이 품어져 있음이다. 더욱이 손자며느리인 내 아내의 슬프디 슬픈 이별 소식을 듣고 무척이나 두고두고 마음 아파하셨던 분이다. 그렇기 때문에 증손자(예람이와 예찬이)를 더욱 사랑하셨음이다. 혼자서 키우는 나의 아이들이 건장하게 자라오기까지 할머니의 각별하신 품이 나에게 지탱해 올 수 있는 정신적인 힘이 밑바탕에 깔려져 있어 의지되어 왔음이다.

일찍이 외할아버지의 속 썩임으로 그 숱한 한이 서려있는 아픈 얘기들을 가슴에 묻으시고, 외할아버지도 편하시게 하늘나라로 배웅해 드리고, 한 세월을 살아오셨지만 어느 세월부터 정신을 놓으셨다. 하지만 이상하게도 할머니께서는 그 상황에서도 나를 알아보시고 안쓰럽게 우신다.

이제 내가 사랑했던 분이 호상으로 함께 하던 이 세상을 달리하고 천국으로 떠나가셨지만 그래도 아쉽고 아린 현실. 그리고 존경하는 나의 외할머니께서 이제는 외할아버지와 오손도손 편안하게 지내실 거라는 믿음이 있는 만큼 행복한 삶을 천천세 누리시길 기원한다. 이제 내겐, 할머니의 얼굴을 쓰다듬었던 손의 촉감, 바싹 마른 풀 같은 손을 매만지며 느끼던 쓰라린 마음. 힘없는 어깨를 꼭 껴안아 드렸던 그 기억만이 생생할 뿐이다. 할머니…. 안녕히 편안히 쉬십시오. 그리고 외할머님께서 그토록 예뻐하시던 나의 사랑, 제 아내에게 이 손자가 그토록 꿈에서 기다린다고, 손자 꿈으로 찾아가 주라고 말씀 좀 꼭 전해 주십시오. 할머니….

허리춤에 꼬깃꼬깃 쟁여진 쌈지돈을 이 손주 손에 쥐어주시던 나의 외할머님, 유·금·순·님…

이 한스런 세상에서의 삶, 고생하셨습니다. 안녕히 가십시오.

큰 외손자 올림.

5부
엄마에게 쓰는 편지

바람과 나무이야기

첫 번째 이야기 - 딸

너무너무 사랑하는 우리 엄마께

너무너무 사랑하는, 세상에서 단 하나뿐인 우리 엄마께…

엄마! 저 예람이에요~.

엄마한테 하고 싶은 말은 너무 많은데 막상 앞에 가면 말도 못하고, 그래서 이렇게 편지를 써요. 엄마가 아프신 지도 벌써 두 달이 넘었네요. 그동안 많이 힘드셨죠? 저도 힘들었지만 엄마랑 아빠가 힘드신 거에 비하면 아무것도 아니에요. 그니까 엄마는 저랑 예찬이 걱정 하지 마세요. 정말 괜찮으니까 우리에게 제일 소중하신 엄마 건강에만 신경 쓰셔서 빨리 나으실 생각만 하세요. 그게 정말 저랑 예찬이를 위하는 길인 거 아시죠?

엄마는 엄마 혼자만의 몸이 아니라 우리 식구의 중심이고 없어서는 안 될 분이시잖아요? 저 아직 어려요. 다 크려면 아직 멀었어요. 엄마 없이는 못 살아요. 엄마가 나한테 얼마나 소중하고 중요하신 존재이시라는 거 아세요? 그니깐 아무리 아프고 힘들어도 절대 포기하시면 안돼요. 반드시 암과 싸워 이기겠다는 각오로 꼭 힘내시고 용기 내세요! 그렇지만 이게 쉽지만은 않을 거라는 걸 잘 알아요. 엄마도 지금 아주 많이 힘드실 거라는 것도요. 하지만 엄마 혼자가 아니잖아요.

우리가족 모두와 엄마를 사랑하는 모든 사람들이 응원하고 기도하고 있고, 특히 그 분. 불가능을 가능으로 하시는 우리 주님께서 엄마를 이렇게 응원하고 계시잖아요. 꼭 도와주실 거예요. 반드시 주님께서 우리 모두를 놀라게 할 크고 비밀스런 기적을 준비하고 계실 거예요.주님께서 엄마를 얼마나 사랑하고 계시는데요? 엄마도 잘 아시죠?

저 예람이도 정말 열심히 기도하고 있으니까 엄마는 꼭 나으실 거라 믿어요. 그니깐 약한 생각은 정말 절대로 하지 마시고 용기와 희망을 가지고 항상 주님께 기도하세요. 많이 아프시고 속이 안 좋으셔도 절대로 약 거르거나 식사 거르지 마시구요. 마음 편안히 가지시고 힘드실 때마다 아빠랑 저랑 예찬이 생각 하시면서 다 이겨 내셔야 해요!!

예람이는 수능공부도 열심히 하면서, 엄마 기도도 열심히 하고 항상 응원할게요. 걱정일랑 붙들어 매시고 오로지 엄마 건강만 신경 쓰셔야 해요!

사랑해요, 엄마…

엄마가 생각하는 것보다 더 많이 엄마를 사랑해요~. 예람이가 커서 꼭 우리 엄마, 아빠 호강시켜 드릴 거예요~! 정말루~

그니깐 반드시 건강 하셔야 해요!

2002년 9월 10일

두 번째 이야기 - 딸

엄마는 내 전부였어요

엄마. 엄마가 하늘나라에 가신 지 벌써 3일이 지났어요.
9월 16일 3시 15분.
절대 기억하고 싶지 않은 그 날, 그 새벽….
그 치만 앞으로 영원토록 잊지 못할, 잊지 않을 그날.
나, 우선은 엄마한테 너무 미안해요. 엄마 손 그때 너무 차가웠는데. 끝까지 놓지 말고 엄마 옆에서 계속 주물러 드릴 걸. 절대 놓지 말고 자지도 말고 계속 엄마 옆에 있을 걸….
그랬더라면, 만약 그랬다면 엄마 조금이라도 더 오래 계셨을 텐데…. 너무 죄송해요. 엄마 혼자 많이 추웠지? 나 정말 한이 될 거야. 너무 미안해서, 내가 너무 미워서…. 엄마 너무 미안해요…. 그리고 너무너무 고마워요….
이날 이때껏 힘들게 고생하시면서 엄마 몸은 생각도 안하고 오로지 나랑 예찬이 걱정, 아빠걱정. 게다가 올해는 아침부터 저녁까지 아르바이트 하랴, 집안일 하랴, 얼마나 힘들었을까? 난 근데, 난, 큰 딸이라는 애가 그저 지 힘든 줄만 알고 엄마일은 하나도 안 도와드리고….
엄마는 내가 먹고 싶다면 밤중이라도 사러 나갔어. 밤마다 나 학교 갔다 오면 배 고플까봐 항상 간식 준비해 놓고…. 힘들고 지쳐도 집에 오면 엄마의 그 정성과 사랑 때문에 다 잊고 말았지. 엄마 눈을 보고 있으면 너무 편안해 졌거든. 너무 따뜻했어. 내가 너무 소홀했어. 엄마가 그렇게 아파하고 있었는데도, 소화가 안돼서 밥을 못 드실 때도, 난 몰랐어. 너무 무관심했어. 너무 미워. 이 바보 멍청이! 엄마 같으면 바로 병원 데려 갔을 텐데….

나, 엄마가 없으니까 마음 한 구석이 뻥 뚫려 버린 것 같아. 너무 허전하고 쓸쓸해. 엄마는 내 전부였어. 엄마가 있었기에 내가 이렇게 살아올 수 있었어. 항상 든든했고 행복했어. 늘 감사했고 고마웠어. 그리고 난 엄마가 영원히 내 옆에 있을 줄 알았어. 나 대학가고, 결혼하고, 내 자식들도 보여주고. 엄마는 백 살까지 살았으면 했어. 아빠랑 둘이서 오래 오래 행복하게, 건강하게….

그리고 난 커서 꼭 울 엄마, 울 아빠 행복하게 해 드리리라 마음먹었지. 꼭 호강시켜 드리겠다고, 기쁘게 해 드리겠다고, 자랑스러운 딸이 되겠다고 말이야. 그런데 이젠 그렇게 못 해드리잖아. 나 얼마나 마음 아픈 줄 알아. 엄마는 천사야. 그거 알아? 엄마 같은 사람은 이 세상에 없을 거야. 주님께서 엄마를 너무 사랑하셔서 빨리 보고 싶으셨나봐. 기도도 안 들어주실 정도로 말야. 아님 하늘나라에 천사가 한명 부족했던지….

나 조금은, 아니 많이 원망스러운데, 그래도 주님 뜻을 따라야지…. 나 미운 사람들도 너무 많다. 엄마는 다 용서했는데, 난 그러질 못해서 미안해. 역시 난 엄마처럼 착하지 않은가 봐. 그렇지만 이 일로 고마운 사람들도 참 많았어. 그리고 느낀 일도, 깨달은 일도 참 많아. 다 엄마께, 그리고 주님께 감사해.

엄마…. 하늘나라는 어때? 주님 계신 천국 말이야. 하늘나라에서 항상 우리 지켜봐 줘. 항상 응원해주고, 내가 보고 싶을 때마다 꿈속에서 나

타나고….

 엄마한테 말했던 것처럼 엄마 절대로 실망 안 시켜 드릴 거야. 비록 이곳에서 엄마 호강시켜 드리진 못하지만 하늘나라에서 엄마 기쁘게 해드릴게. 정말 잘 할게. 노력할게…. 자신은 없지만 힘내서 노력할게. 엄마가 항상 도와주고 지켜봐 줘.

 나 엄마 많이 보고 싶을 거야…. 하루에도 몇 번씩, 아니 계속…. 엄마 빈자리가 얼마나 큰지 알아? 살면서 더 많이 느낄 거 같아. 마음이 너무 아파. 두려워…. 그렇지만 엄마, 걱정 말아. 엄마는 이제 내 마음속에 영원히 함께 있잖아. 볼 수 없지만, 만질 수 없지만 엄마는 이제 내 안에 있어. 영원히, 항상!

 엄마는 내 걱정 말고 하늘나라에서 천사들하고 외할아버지랑 행복하게 지내. 주님사랑 듬뿍 받고! 주님께서 엄마를 귀하게 대하시고 쓰실 거야….

 엄마만 행복하면 난 더 바랄게 없어…. 아픔 없는 그곳에서 이젠 다신 아프지 말고 항상 행복하고 즐거워야 해…. 꼭 그래야만 해…. 엄마는 사랑하는 나의 하나뿐인 내 엄마니까!

 나 주님께 너무 감사해. 비록 짧고 너무나 아쉬운 순간들이었지만, 주님께서 엄마를 내 엄마로 보내 주신 거 말야. 난 행운아야. 엄마한테 이 말을 못했네.

 "엄마가 내 엄마라서 너무 고마워요. 항상 행복 하세요…. 너무 사랑해요. 그리고 미안해요!"

2002년 9월 19일

세 번째 이야기 - 딸

엄마의 유품을 정리하면서

주님 감사드립니다.
저의 마음에 이토록 큰 평안과 행복을 주신 거 말예요. 비록 사랑하는 엄마는 여기 없지만 지금 하늘나라에서 꼭 예람이를 지켜보고 계시겠죠? 항상 그러실 거라 믿어요.
오늘 엄마 유품을 정리했어요. 너무 정신없이 하다 보니 빠뜨린 것도 많을 거 같고, 잘 모르겠네요. 근데 너무 아쉬운 건 엄마 일기장이 어디 있는지 모르겠어요. 꼭 찾아야 할 아주 귀중한, 아니 제일 귀중한 물건인데, 너무 속이 상하네요. 제발 집 어딘가에 꼭 있었으면 좋겠어요. 주님께서 꼭 찾도록 도와주세요. 아빠가 많이 속상해 하실 거예요. 그리고 엄마 물건이 참 없구나, 이런 생각이 들더라고요. 그만큼 엄마는 욕심이 없으셨어요. 다 나누어 주고, 검소하시고. 그리고 참 꼼꼼하시다는 것도 알았어요.
우리 엄만 정말 알수록 대단하신 분 같아요. 너무너무 존경스러워요. 엄마는 이 세상 분 같지가 않아요. 지금 확실히 느낀 건데 우리 엄마는 정말 천사였었나 봐요. 하늘나라의 아주 귀한 천사! 엄마 사진만 봐도 알 수 있어요. 엄마 이마에 있는 빛나는 십자가~! 그리고 그 빠져들 거 같은 깊고 맑은 눈. 엄마가 등이 아프셨던 것도 아마 날개가 나오려고 해서 그랬었나 봐요.

　주님께서 절 너무 사랑하셔서 주님의 귀한 천사를 제 엄마로 보내 주신 게 분명해요. 정말로! 전 확신해요. 너무 부족한 저에게 그런 큰 영광을 누릴 수 있게 해주셔서 너무나 너무나 감사드립니다. 엄마를 일찍 데려가신 것도 다 주님 뜻이 있으셨기 때문이라 생각해요. 이제 주님 원망 안 할게요. 오히려 이렇게 빨리 알게 해주신 걸 감사하는 걸요. 마음은 정말 아프지만 이러면 엄마가 하늘나라에서 편히 못 계시겠죠? 엄마는 충분히 그러고도 남아요. 편히 쉬시지도 못하고 걱정만 하시면 정말 안 되는데…. 엄마 걱정 안 끼쳐 드리게, 항상 기쁨만 드리도록 노력할게요.

　주님. 도와주세요. 그리고 부탁드리고 싶은 게 여러 가지 있어요. 꼭 들어주셨으면 좋겠어요.

　먼저 사랑하는 우리 엄마, 꼭 하늘나라에서 누구보다도 행복하시도록 도와주세요. 정말 좋은 집에서 주님 사랑 듬뿍 받으시면서 오직 기쁨과 행복만이 있는 그 곳에서 좋은 기억만 떠올리시면서 천사들과 함께, 그 곳에 계실 외할아버지와 함께 영원토록 사실 수 있게 말예요. 정말 무슨 일이 있어도 꼭 이 소원만큼은 들어주셨으면 좋겠어요. 물론 제가 이렇게 기도 안 드려도 주님께서 우리 엄마 더 많이 사랑하시기 때문에 더 잘해 주실 거라 믿어요.

　그리고 이곳에 남은 우리 아빠, 예찬이, 저에게 주님이 꼭 함께 해주세요. 아빠가 너무 불쌍해요. 내색은 안 하시지만 누구보다도 마음 아프시고 외로우실 텐데, 저는 너무 아빠 마음만 아프게 하는 거 같아요. 딸이 아빠 잘 보살펴야 하는데, 아빠 많이 섭섭하실 거 같아요. 오늘 엄마 유품정리 일로 너무 신경이 곤두서서 그런지 아빠께 너무 신경질만 낸 건 아닌지 속이 상하네요. 너무 죄송해요. 앞으로는 정말 잘 할게요.

주님께서도 빨리 아빠 마음 위로해 주시고, 항상 함께 하셔서 아빠가 더욱 더 주님을 마음에 모시고 사셨으면 좋겠어요.

그리고 우리 예찬이 한테도 너무 미안해요. 예찬이가 너무 아무렇지도 않게 보여서 조금 얄미웠는데 너무 화만 낸 거 같네요. 속도 모르면서. 누나라는 애가 더 신경 쓰고 따스히 동생 감싸줘야 하는데 전 누나 자격도 없는 게 아닐까요? 너무 부족하지만 정말 잘 해 나가도록 노력할게요. 착한 딸로서 좋은 누나로서 아빠, 예찬이 한테 정말 잘 할게요. 주님 도와주시고 함께해 주세요.

그리고 저도 도와주세요, 주님. 저 정말 자신 없어요. 너무 두렵고 슬프기만 하고, 외롭고, 마음 한구석이 허전해요. 엄마 없는 빈자리가 너무 크고 마음 아파요. 주님께서 항상 함께 하셔서 저 잘 살아가도록, 잘 해내도록 도와주세요. 엄마의 유품을 정리하신 아빠가 너무 크게 아파하시지 않았으면 좋겠어요. 주님 곁에 계신 엄마가 언제나 우리가 밝고 바르게 자라가는 모습을 보시며 행복해 하셨으면 해요. 주님께서 도와주시고 함께 해주실 것을 알기에 저 지금 너무 든든하고 행복해요. 이런 행복을 주신 주님께 진심으로 감사드립니다.

2002년 9월 19일

네 번째 이야기 - 딸

엄마 사랑하는 맘

엄마!
 정말 오랜만이죠. 벌써 엄마가 하늘에 계신 지 백일 하고도 3일이나 지나버렸어요. 어떻게 생각하면 벌써 백일이나 지나간 것 같기도 하고, 어떻게 생각하면 겨우 백일밖에 안 지났나 하는 생각도 들고.
 그동안 참 많은 일이 있었네요. 수능도 끝나고 원서도 쓰고, 크리스마스도 지나고. 이제 며칠만 있으면 그 악몽 같았던 2002년도 기억 속으로 묻히겠죠. 다시는 떠올리고 싶지 않은 기억으로 말예요. 지금 생각하면 그 전에 일어났던 일들이 모두 다 꿈만 같아요. 정말 그런 일이 있었나 할 정도로. 그리고 정말 화나는 건, 제가 너무나 미운 건, 엄마가 지금 내 곁에 없는데도 이렇게 잘 살아가고 있다는 거예요. 정말 제 자신이 싫을 정도로 말예요. 엄마 없이 정말 단 하루도 못 살 것 같았는데 저 지금 너무 잘 살고 있잖아요. '시간이 약이라는 말', 믿지 않았었는데 정말인가 봐요.
 하지만 엄마, 엄마도 알죠? 예람이가 엄마 사랑하는 맘은 변함이 없다는 거요. 가끔씩 엄마가 사무치게 그리울 때가 있어요. 정말 제가 왜 이러나 싶을 정도로 갑자기 사소한 데서 엄마 생각이 날 땐 저도 모르게 눈물이 펑펑 나더라고요. 지금도 엄마가 너무 그리워져요. 엄마 목소리 듣고 싶고, 엄마 얼굴이 보고 싶어요. 꿈속에서라도 보고 싶어서 주님께 기도드리고 자도 엄마는 왜 꿈에 안 보이는지…. 그렇지만 늘 마음으로 만나니까 저 괜찮아요. 엄마가 위에서 항상 절 내려 보고 계시니까 행복해요.

참! 그리고 엄마. 저 엄마한테 죄송한 게 참 많아요. 수능시험 꼭 잘 봐서 엄마 기쁘게 해드리겠다고 약속 했었는데 그 약속 못 지켰네요. 그리고 제가 큰딸인데, 아빠랑 예찬이 잘 보살펴야 하는데 그러지도 못하고요. 맨날 어린애같이 화나 잘 내고, 집안일도 잘 안하고…. 진짜 나쁘죠? 저도 항상 이런 제가 밉고 반성도 많이 하는데 잘 안 고쳐 지내요. 이젠 좀 있으면 나이도 한살 더 먹는데 성숙해지도록 노력할게요. 항상 엄마께 실망만 끼쳐 드리는 게 아닌지 정말 걱정이네요. 하늘나라에서도 걱정하면 안 되는데….

엄마! 더욱 더 나아지는 모습 엄마께 보여 드릴게요. 하늘나라에서 환히 웃으시도록 말예요. 엄마의 활짝 웃는 모습이 생각나네요. 너무 예쁜데. 2003년 새해에는 새롭게 시작하는 마음으로 열심히 살아갈게요. 주님의 보호와 은총아래 우리 가족에게 이제는 늘 행복하고 기쁜 일들만 일어나길 바래요. 그리고 주님께서 꼭 이렇게 해주실 테니까 전 벌써부터 기분이 좋아요. (어제 부흥회 때 배운 건데 이런 게 '가불신앙' 이래요. 이 말씀 새기고 항상 이렇게 기도하며 살려고요.)

엄마처럼 저 항상 주님을 제 안에 모시고 살 거예요!

그럼 다음에 또 편지 쓸게요. 안녕히 계세요 엄마.

2002년 12월 27일

다섯 번째 이야기 - 딸

엄마에게 보내는 편지
— 어느덧 십 년…

엄마.
가만히 숨죽여 불러봅니다.
조금 더 크게 소리쳐 불러보고 싶지만 또 마음으로 꾹꾹 눌러 담습니다.
목이 뜨거워져 옵니다.
어느덧 십 년.

강산도 변한다는 이 시간은 또 마술을 부려 세상을 이렇게 바꾸어 놓았습니다.
저에게도, 우리 가족에게도 그간 많은 일이 있었지요.
하지만, 시간이란 놈은 이렇게 변화시키는 재주 외에도 사람을 참 무안하게 하는 비상한 능력이 있습니다.
십 년이라는 단어가 왜 이리도 사람 마음을 민망하고 무겁게 만드는지.
잃었지만 얻은 것이 있고, 얻는 동시에 잃은 것도 있겠지요.
이것은 시간의 묶임 속에 세상이 부려놓은 법칙.
그렇지만 여전히 '간직'할 수 있는 것이 있습니다.
그것은 나의 '엄마', 바로 당신입니다.

눈을 감고 가만히 당신을 그리면,
그냥 환한 빛입니다. 따스함입니다.
그리고 저를 부르는 그 포근한 음성.
소리 없이 전해지는 당신의 격려입니다.

당신 모태를 통하여 제게 전해주신
그 천상의 '향기'를
원석이 연마되어 보석이 되듯
삶의 여정 내내
부단히 배우고 다듬어
아름답게 뿜어내는 사람이 되겠습니다.

저는 또 한 번,
당신이 제 엄마여서 너무나 행복하다고
생각합니다.
그리고 우리 아빠가 세상에서 가장 자랑스럽습니다.
두 분의 사랑의 결실이 저와 동생이란 것에 무척 감사합니다.

2012년 2월
스물아홉이 된 딸이.

여섯 번째 이야기 - 아들

엄마 생각이 자꾸 나는데…

엄마!
 오랜만에 불러 보네요. 매일 마음속으로만 불러봤는데. 잘 계시죠? 그곳은 편안한가요? 고통은 없겠죠? 없으셔야 해요. 저희가 늘 걱정하고 있으니까요. 엄마가 우리 곁을 떠나신 지도 벌써 100일이 넘었어요. 시간 참 빠르네요. 어떻게 시간이 지났고 어떻게 견뎌냈는지도 잘 모르겠어요. 그냥 살다보니 벌써 이렇게 됐네요.
 엄마 ….
 엄마 돌아가신 후 여태껏 살면서 엄마한테 잘못한 일들만 생각나는 건 왜인지 모르겠어요. 정말 제가 무지 잘못을 많이 했었더라고요. 제가 생각나는 것만도 매우 많은데 실제 잘못들은 얼마나 많을까. 휴…. 정말 제가 원망스러워요. 엄마…. 그리고 엄마의 사랑이 요새 더욱 크게 느껴져요. 사람은 있을 때보다 없을 때 그 존재의 중요성을 잘 알 수 있다고 하던데 그 말이 정말 맞는 것 같아요. 보고 싶어요, 엄마. 사랑합니다.
 요새 엄마가 전보다 자주 떠올라요. 얼마 전 기말고사 보다가 다 풀고 시간이 남아서 누워있는데 엄마 생각이 왜 그렇게 나는지 눈물이 나더라고요. 시험시간 중에… ㅋ. 아직도 전 약한가 봐요, 헤헤. 솔직히 엄마! 아직도 실감이 안나요, 진짜로. 진짜로 엄마가 돌아가신 것 같지 않아요. 분명 얼마 전까지 우리 집 청소도 하셨고, 빨래도 하셨고, 밥도 해주셨고 했는데…. 또, 같이 영화관도 가서 영화도 보고 월드컵축구도 같이 봤었는데 갑자기 돌아가신 게 정말 믿기지가 않아요. 엄마가 정말 돌아가신 것 맞는지 아직도 모르겠어요. 아직도 기억이 이렇게 생생하건만….

병원에 입원해 계실 때도 돌아가실 거라고 전혀 생각해 본 적 없는데…. 그냥 나중에는 완쾌 하실 거라고, 다시 집으로 돌아오실 거라고 생각했었거든요. 정말 우리한테 이런 일이 일어날 거라고는 생각 안 해 봤는데, 휴우!…. 아직도 못 믿겠네요. 근데 차라리 이게 난 것 같아요. 엄마 돌아가셨다고 생각하는 게 더 싫으니까요. 이렇게 편지를 쓰는 게 이상하긴 하지만 엄마가 너무 보고 싶었고, 또 아버지가 엄마께 한번 써보는 게 어떻겠냐고 하셔서 아무 소리 않고 좋아서 바로 엄마께 이렇게 썼어요. 설령 엄마가 읽지는 못하시더라도 제 마음은 잘 아실 테죠? 그렇지만 역시 기도가 최고인 것 같네요. 그렇죠? 엄마가 그렇게 좋아하셨던 하나님께 엄마 잘 부탁드린다고, 엄마한테 제 말 전해 달라고 하는 게 제일 좋은 것 같아요. 앞으로 기도 열심히 할게요. 교회도 열심히 다닐게요.

엄마가 늘 저에게 원하시던…. 하나님이 필요로 하시는, 사회에 공헌이 되는 사람이 꼭 될게요. 엄마! 그곳에서 잘 지켜보시고 저를 지켜주세요. 엄마!! 늦었지만 이 말 꼭 해드리고 싶네요.

메리크리스마스!!!!!!!!!!!!!!!! 엄마 사랑해요~♥

2002년 12월 25일

일곱 번째 이야기 - 아들

사랑하는 엄마께

엄마, 안녕하세요? (^ ^)

엄마 아들 예찬이에요. 오랜만에 이렇게 편지를 쓰게 됐어요.

이 편지를 엄마가 읽으실 리는 없으시겠지만 제 마음은 전해지겠죠. 엄마를 그리워하는 마음에…(ㅠㅠ). 엄마께 제 마음을 담아 글로 써보는 것도 좋을 것 같아 이렇게 편지를 띄우게 됐어요.(^ ^)

잘 계시죠? 엄마는 반드시 천국에서 항상 우리 가족을 내려다보실 거라고 생각하고 있어요. 그렇죠? 그곳은 어때요? 성경에 쓰여 있는 대로 정말로 불행이란 없는 곳인가요? 무지 궁금해요.(^ ^) 꼭 그랬으면 좋겠어요. 그래야 그곳에서 엄마가 항상 행복하게 사실 테니까요. 헤헷.(^ ^) 벌써 2월 중간까지 왔네요. 휴!×3. 2003년이란 새해를 맞은 지 벌써 6분의 1이 지나가고 있네요. 히야~, 장난 아니게 빠르다. 엄마가 돌아가신 지 벌써 오늘까지 꼭 다섯 달이 됐네요. 벌써 반년이나 돼가네요. 시간이 지나가긴 했나 봐요. 요샌 엄마 생각이 잘 나질 않네요. 가끔 생각하는 정도니…. 전 불효자식인가 봐요. 그렇지요? 죄송해요. 엄마 살아계실 때 정말 잘 했어야 하는데…. 휴!×3. 사람들이 있을 때 잘 하라고 할 때 그 말에 고개를 끄덕이면서도 실천을 하지 않은 제가 너무 한심하네요(ㅋ~). 앞으로는 변할 테지만…(^ ^). 약속해요.

요새 공부를 열심히 하고 있어욥. 고3이니까. 으아! 내가 고3이라니(;;) 말도 안 돼, 엄마도 안 믿기죠?(^ ^) 열심히 할게요. 지금의 제 성적은 바닥이지만, 열심히 하면 웬만큼은 성적은 올라가겠죠. 그 옛날의 제 성적으로 올라갈 수 있다고 생각이 드네요. 제가 원하는 대학 꼭 갈 수 있게 엄마가 도와주세요.(^ ^) 그곳에서 엄마가 걱정하시지 않게 잘 할게요. 지켜봐 주세요. 이제 누나도 떠나면 집이 엄청 썰렁할 것 같아요. 빨래는 어떡하지?(;;) 누나가 그래도 일주일에 한번은 빨래를 해서 다행이었는데(;;). 나도 슬슬 빨래하는 법 좀 배워야지(^ ^).

 엄마, 너무나 보고 싶어요! 그리워요. 그렇지만 울지는 않을게요. 참아 볼게요. 너무 진지하지 않게 쓴 것 같네요. 하지만 어두운 분위기 편지보단 이런 밝은 분위기가 훨씬 좋죠, 뭘(^ ^). 그렇죠? 생각나는 대로 써서 말이 안 되는 부분도 있을 텐데(;;) 헤헤. 아빠가 이 편지 내용 읽으시면 피식 웃으실 수도 있겠다(ㅎㅎ). 그렇죠, 엄마?(ㅋㅋ) 보고 싶은 나의 엄마~!! 거기 계신 그곳, 천국에서 언제까지고 저희를 지켜 봐주세요. 엄마가 이곳에서 저희를 자나 깨나 기도와 자상함과 희생으로 돌보아 주셨듯이 수호신이 되어 저희를 지켜봐 주시고 도와주시고 영원히 사랑해 주세요. 저희를 위해서 고생만 죽도록 하셨지만, 그곳에서 천사되신 천국에서 즐겁고 편안하게 엄마가 하시고 싶은 일 하시면서 재미있게 지내세요. 엄마~(^ ^) 외롭다는 생각은 하시지 마시고요, 저희가 있어 행복하다고 생각하시면서 사세요. 엄마! 사랑합니다. 무척 보고 싶어요. 그럼, 이만 줄일게요. 안녕히 계세요! 아참! 엄마, 얼마 전에 제가 엄마 산소에 갔다 온 것 아세요? 너무해요, 외출하셨는지 반겨주시질 않더라고요? 아셨으면 제 꿈속으로 찾아와 주세요? 꼭이요, 꼭? 생일은 양력이지만, 음력으로는 오늘 제가 귀 빠진 날이잖아요.

2003년 2월 15일 정월 대보름날에

어머니께
— 어버이날의 편지

엄마…

저 예찬이에요.

건강하세요? 거기 생활은 어때요? 정말 그렇게 좋은가요?(..)

엄마가 여기를 떠나시고 처음 맞는 어버이날이에요. 엄마가 너무 보고 싶어요.

작년까지만 해도 아버지와 같이 맞으셨던 날인데…. 오늘 효도해 드리고 싶은데 그렇게 할 수 없다는 것이 너무나 가슴 아프네요. 많이 보고 싶은데…. 사진으로 봐서는 뭔가 다르고…. 한동안 엄마를 잊고 있었어요. 저도 모르게…. 어쩌면 제가 엄마 생각 일부러 안 하려고 했을지 몰라요. 생각해 보았자 엄마 생각 나 슬프기만 할 테니까요. 더욱이 아버지 때문이라도….

어버이날 축하드려요, 엄마.(^ ^)

엄마란 소리를 불러본 게 왜 이렇게 오래된 거 같나요? 엄마! 엄마도 이 아들에게 오래간만에 들어보시는 거죠?

돌아가신 지 벌써 8개월이나 됐네요. 정말 세월 빠르네요.(^ ^;;) 얼마 안 있으면 엄마가 저희 곁을 떠나신 그날이 오네요. 그때 어떨지 걱정되네요. 눈물 안 흘려야 할 텐데…. 아마도 그때쯤 저희 가족이 엄마한테 가겠죠? 가서 인사드릴게요.(^ ^)

오늘은 어버이날인데…. 엄마한테 카네이션 달아드리고 싶은데. 정말로. 제 꿈에 오시면 달아 드릴게요. 꼭 찾아오세요.

엄마, 거기서도 우리 걱정 많이 하고 계신가요? 천국은 걱정 근심이 전혀 없는 곳이라면서요? 정말 그랬으면 좋겠네요. 지금 제 모습 보시면 언제나 한숨만 지으실 테니까.

아버지께 말씀 드렸다시피 저 변할 거예요. 엄마가 제 맘 좀 꽉!! 잡아주세요. 어디 못 도망가게. 알았죠?

엄마…. 그럼 이만 쓸게요. 언제나 그곳에서도 저희 가족 생각하시고요. 저희를 사랑하고 계시다는 거 다 알아요. 감사해요. 그리고 사랑합니다. 어머니께 자랑스러운 아들이 될게요.

아! 그리고 아버지 병원 좀 보내주세요~. 바쁘다고 안 가시려고 그래요. 언제나 건강할 수 있게 도와주시고요. 하나님께 부탁 좀 드려 봐 주세요(^ ^)

안녕히 계세요.

엄마! 사랑합니다~♡

2003년 5월 8일

부록

아내가
아이들에게 남긴 글

바람과 나무이야기

병상에서 아내가 딸에게 남긴 글 1

예람이에게

예람아!
너를 처음 낳아 가슴에 안고 신기하면서도 벅찬 감격에 가슴이 두근거렸지.
내가 낳은 아기, 내 아이.
지난 18년 동안 엄마는 너를 바라볼 때마다, 이 생각은 변함이 없었지.
좀 더 행복하게 해 주는 것이 내 의무라고.
우리 예람이 예쁘게 잘 자라주었고, 이제 얼마 안 있으면 숙녀가 될 나인데….
예람이는 너무 착했지. 다른 아이들은 다 썩힌다는 속도 안 썩히고, 공부는 일등으로 해냈고, 엄만 정말 바랄 것이 없었단다.
그런데, 이렇게 착한 예람이한테 청천벽력의 소리를 듣게 하다니 세상의 엄마로써 제일 못할 짓을 하고 말았구나.
예람아, 용서해 주렴.
불가항력이라는 것, 이런 것을 두고 말하는구나.
예람이도 알고 있듯이 엄마는 신앙으로 살아왔단다.
모든 인간은 하나님께서 예정하신 뜻대로 움직이며 살고 있단다.
난 아직도 예람이 엄마로써 할 일이 많이 있고, 하나님을 위해서도 할 일이 많이 있다고 기도했단다. 그러나 하나님의 뜻은 다른 곳에 있다는 것을 차츰 느끼고 있단다.

예람아! 너무 슬퍼하지 말아라. 엄마는 세상 사람들이 말하는 그런 불행한 사람이 아니란다. 하나님의 사랑을 받은 사람이기 때문에 그만큼 일찍 데려가시려는 거야.

우리가 사는 세상은 그만큼 험하고 죄짓기 쉬운 곳이기 때문이지.

예람아! 고맙다.

의연한 우리 예람이가 고마울 뿐이다.

항상 웃고 있는 예람이의 모습을 볼 때 엄마는 마음이 놓인단다.

예람이는 해낼 수 있어! 하나님이 지켜 주시기 때문이지.

예람아, 할 말이 너무 많았는데 막상 쓰자니 어떻게 써야 할지를 모르겠구나.

엄마의 소망은 예람이가 너무 슬퍼하지 말고, 하나님을 믿고 세상을 향해 용기 있게 걸어 나갔으면 좋겠어.

엄마는 없어도, 주님은 항상 예람이와 함께 하시기 때문이지.

예람아, 사랑해!

안녕.

엄마가

병상에서 아내가 아들에게 남긴 글 2

예찬이에게

예찬아!
너를 낳기 전 엄마는 하나님께 기도를 드렸단다.
아들을 낳게 해 달라고.
꿈에서 천사가 빛나는 돌을 가져다 비춰면서 큰 인물이 될 것이라고 했지.
엄마는 살아오면서 그 말을 잊어본 적이 없었지.
우리 예찬이는 꼭 하나님이 바라시는 그런 인물이 되리라는 것을….
예찬아!
아직 어리다고 생각하면 어리고 다 컸다고 생각하면 다 큰 것 같은 17살.
한창 젊은 꽃이 피는 그런 나이구나.
그래도 엄마는 다행으로 생각한단다.
우리 예찬이는 나이에 비해 생각도 깊고 다 컸음을 느끼니까.
예찬아!
엄마에게 있어 예찬이는 귀한 아들이었단다. 남자는 사회적으로 더 큰 일을 할 수 있기 때문에 그것을 못한 엄마는 내 아들이 큰일을 하여 하나님을 기쁘게 하고 사람들에게 유익을 끼칠 수 있었으면 했지.
누나와 너에게 소홀히 한 것 있으면 용서해다오.

여러 가지로 부족한 엄마였지.

그런데, 다시 이런 상처를 너희들에게 주게 되다니….

하나님을 믿는다고 하면서도 내가 너무 부족했지. 그런데 그 부족한 엄마를 하늘나라로 데려 가시겠다고 하신단다.

엄마도 받아들이기 힘든데 너희들은 오죽이나 했겠니?

예찬아!

너는 남자니깐 누나보다 모든 것을 잘 이길 거야. 누나를 도와주렴.

너희 두 남매는 서로 의지하여 엄마 없이도 잘 살아갈 줄 믿는단다.

예찬아, 사랑해!

안녕.

엄마가

아빠가 딸과 아들에게

사랑하는 예람아, 예찬아, 아빠야!

위의 글은 엄마가 하늘나라로 가시기 4일 전에 사랑하는 너희들에게 글로 남기시겠다고 하여 두 권의 노트에 쓰신 엄마의 마지막 육필 유서였다.

물론 병상에서 너희들에게 엄마가 여러 교훈적인 말씀을 하신 걸로 알고 있단다. 그러나 엄마도 너희들에게 아빠처럼 절대적인 신뢰를 가지고 믿어왔음을 잘 알 거야. 그래서 이번엔 특히, 가볍게 흘려버려선 안 될 엄마의 중요한 서찰이기에, 아빠가 노파심에 이 세상 살아갈 너희가 걱정이 되어 한 줄 덧붙인단다.

엄마는 그 엄청난 고통 속에서도 강한 진통제를 맞아가며 흐리흐리하고 몽롱한 정신으로 글을 써내려갔지.

너희에게 마지막으로 보내는 엄마의 사랑이 듬뿍 담긴 메시지는, 너희가 보관하고 있는 노트에서 보면 알겠지만, 아픔을 참아가며 남기신 삐뚤삐뚤한 글자들, 올라갔다 내려갔다 하는 글씨들이 정성스레 한 자 한 자 꾹꾹 눌러 쓴 피 같은 글이었단다.

그 곁에서 지켜보는 아빠로써는 차마 말로 표현 못할 광경에서 그만두

게 하려고 싶었지만 인고忍苦로써 쓰는 엄마를 보며 한 쪽 구석에서 서러움에 복받쳐 흐느껴 울기만 하였단다.

엄마는 그 와중에서도 아픔을 참아내며 의연하고 또렷한 자세를 취하면서 너희들에게 줄 마지막 당부와 인사를 하셨지.

너희들도 알다시피 엄마는 순수하고 인자하면서 덕목을 고루 갖춘 현모양처였잖니? 엄마의 이런 또 다른 모습을 봤을 때는 아빠도 엄마를 존경하지 않을 수 없었단다.

엄마의 말씀은,

"예람아빠! 이 유서를 내가 하늘나라로 갔을 때에 아이들에게 전해줘요. 사전에 당신도 보질 말고…"라고 유언을 하셨단다.

"우리 애들이 잘 해낼 거야. 예람이는 안심 돼지만, 예찬이가 조금은 흔들리기는 할 거야. 하지만 꼭 엄마 생각대로 해낼 거예요. 어떻게 난 자식들인데…" 엄마는 흔들리지 않고 근엄하고 의연하게 너희들을 확실히 믿고 계신 것 같단다.

얼마간 너희들이 엄마의 슬픈 아픔을 간직하고 힘들어 하겠지만, 엄마나 아빠가 그것이 오래가지 않고 제자리로 찾아와주길 기대한단다. 또 엄마와 아빠는 그렇게 믿고 있지. 너희들의 본분인 학업에 충실히 하고 있음을 하늘나라에 계신 엄마께 커다란 믿음의 선물을 안겨 주기를 당부한다. 그땐 엄마는 하늘에서 굉장히 기뻐하시고 편히 쉬시겠지.

아마도 너희들이 나중에 엄마 없이 훌륭하게 자라줘 좋은 소식 접해줄 땐 맨발로 뛰어와 그 호수같이 맑고 고운 큰 눈에 함박웃음 짓고 좋아하실 게다.

"우리 애들이 약속 지켰어! 엄마와 약속한대로 공부 열심히 해서 훌륭하게 자라주었고 건강한 사회의 일꾼으로 성장했구나."라고 흡족해 하시겠지.

어떻게 생각하니 너희들은?

'엄마는 뼈를 깎는 고통, 철저하게 자신과의 싸움'으로 엄마는 고통을 참아내며 너희에게 유서를 남기셨다.

그것은 아무나 쉽게 하는 의지의 싸움이 아니란다.

나중에 엄마에게 실망을 안기지 않는 노력하는 자식들이 되어주길 바란다. ♥

2002년 9월 16일 (애들 엄마 소천하신 날에)

아내가 아이들에게 남긴 글

문학 평론

못다 부른 나무의 망부가亡婦歌
— 시인 윤석원의 '가슴 저린 그 사랑의 미학'

엄창섭(관동대 명예교수, 국제펜클럽한국본부 고문)

1. 감동의 회복과 사랑의 미학

 한 인간의 삶은 거친 항해를 거쳐 본향으로의 귀항을 서두르는 여정旅程이기에, "허공 중에 환상은 오고감이 없고, 거울속의 꽃은 피고 짐이 없네. 산언덕에 올랐으면 뗏목이 필요 없거늘 그대는 어이하여 사공에게 길을 묻는가?"라는 물음처럼 때로는 우직하게도 수없이 반문反問하며 신으로부터 허락된 소중한 삶을 살아가고 있다. 이 같은 와중渦中에서도 훅! 입김을 불면 다시 불꽃이 타오를 참나무 숯불 같은 느낌을 한번쯤 체득하게 될 것이다. 언젠가 이름 모를 낯선 항구에 닻을 내릴 삶의 여정은, 때로는 감당치 못할 푸른 바람과 격랑이 몰아치는 이 세상에서 사람에게 주어진 한 평생은 희비喜悲로 장식된다. 그리고 우리의 소중한 삶을 통해 가장 짧은 여행이라면, 그건 좋아하고 사랑하는 맑은 영혼을 지닌 사람과 같이 가는 아름다운 동행이다.

대니얼 고들립이 자폐증을 앓고 있는 외손자『샘에게 보내는 편지』에서의 "사람은 네모나게 태어나서 둥글게 죽는다… 그러나 변한다는 것은 얼마나 멋진 일이냐?"라고 반문하였듯이 네모나고 모서리 진 이 세상에서 부드럽게 둥근 원에 도달하기까지 때로는 흔들리는 바람과 물결에 떠밀리면서도 그렇게 서로 잡은 손을 풀지 않고 서로를 응시하며 이렇게 꼬옥 쥔 채로 사랑을 만들며 함께 걸어가는 동행은 못내 심장이 뛰는 너무도 아름다운 길임에는 틀림이 없을 것이다. 그렇다. 사람들이 모여 사는 이 세상에서 누군가 해처럼 별처럼 되는 일은 참으로 좋은 일이다. 왜냐하면 그것은 하늘을 향해 팔 벌려 기도하는 나무처럼, 사람은 직립보행을 하는 내적 주체이니까, 어디까지나 변화지향적인 되어가는 존재로 만물의 영장으로 그 위상이 높아졌기 때문이다. 여기서 존엄한 삶의 교시敎示는 모름지기 사람이 진정으로 존경받는 존재이거나 사랑받음으로 하여 기억에 문신文身처럼 각인되어 잊혀 질 수 없는 건 너무 선명한 각과 강한 모서리, 결코 자신만의 지나친 판단, 아집이 아닌 해처럼 달처럼 그렇게 동그라미로 이행되고 수락되는 것, 바로 그것은 네모가 동그라미가 되는 것을 의미는 것이다. 까닭에 살아가는 일생이 때로는 힘겹고 고통이 따르지만 조화와 배려로 '더불어 함께inter-being'라는 공동체의 소중함도 일깨워야 하는 것이다.

이와 같이 살아가는 과정에는 기다림과 여유로움, 때로는 진정한 보람을 위한 결단이 필요하지만, 자신의 목숨처럼 사랑하는 자신의 분신과 함께 하지 못한 운명은 너무 가혹하여 저자인 윤석원 시인이 목이 메어

『콩나물 비빔밥―바람과 나무이야기』(지식과교양, 2012)는 못내 사랑하는 아내를 이 땅에서 바람의 깃털에 실려 보낸 맑은 영혼을 소유한 이들에게 가슴 저려오는 눈물을 자아내게 하는 인자因子가 될 것이다. 여기서 무엇보다 윤석원 시인이 우리에게 나직하되 조용하게 일깨워주는 삶의 잠언, 바람과 나무의 언어는 혹여 깎이고 부서지는 처절한 아픔이 따를지라도 아름답고 멋진 삶의 변화, 따뜻한 사회를 위해서는 힘들고 어렵지만, 누군가 생명을 허락하여주신 창조자에게 감당하기 어려운 현실이지만, 감사하는 그 일을 실천궁행해야 하는 가르침을 값없이 여기지 말고 불변의 신앙처럼 살아가면서 항상 기억하라고 삶의 일상에서 감동을 회복시켜 주고 있다. 뿐만 아니라, 사랑과 용기, 그리고 자신의 핏줄인 자녀에 대한 소망과 믿음으로 마침내 '영혼의 치유와 사랑의 승화'를 우리에게 다시금 일깨워주고 있다는 놀라운 사실이다.

진실로 우리네 소중한 삶에 있어 특정한 사람과의 인연은 운명적이라고 생각한다. 모두冒頭에서 짧지 않은 시간대이지만, 잠시 저자와의 만남을 되돌아보면 평자가 평생 조상의 뼈가 묻혀 있는 고향에 머물며 대학 강단에서 강의와 집필에 몰두하며 특히 십여 권의 문학평론 및 이론서를 출간할 때, 산문집『하늘우체통』을 출간한 윤석원 사장이 약속이나 한듯이 달려와 퇴임 이후에도 인연의 소중한 끈을 놓지 않고 10년 남짓 이어오고 있다. 또한 늘 성품이 조용하고 선한 그 자신이 저서 출간에 앞서 그간에 써놓은 많은 양의 시고詩稿를 통해 시 추천을 조심스럽게 논의해 와서 월간『모던포엠』을 통해 등단하는 계기가 이루어지는 소중한 인연을 맺게 되었다는 점이다.

2. 병상일지와 절절한 한恨의 노래

그렇다. 가슴 설렘 뒤의 낯선 환경, 풍물, 관습 등에서 비롯되는 불안·초조·긴장감마저 말끔히 정화시켜 진술한 삶의 편린들을 차감差減없이 서술한 예감이 빛나는 자전적自傳的인 산문집의 간행에 앞서 윤석원 시인은 평자와의 대화에서 "사랑했던 아내가 안타깝게도 아이들을 남기고 삶을 마감한 10주기에 맞춰, 부족한 대로 병상에서 아내를 간호하며 기록해 놓은 병상 기록물과 나름대로의 느낌과 서정의 실마리, 그리고 아내 사후의 가슴 저려오는 일상의 감회를 출판하려 한다는 소박한 심회를 털어 놓았다." 이처럼 그는 맑고 따뜻한 감성의 시인으로 처연한 삶을 분망하게 지나치면서도 만남의 소중함을 인식하고 있기에, 정신적 피폐함으로 고통 받는 주위의 누군가에게 등을 기댈 수 있는 버팀목으로서의 역할을 대변하고 있다. 뿐만 아니라 '상처 받은 영혼의 치유와 창조적이며 조화를 이루고 상생하는 에너지가 충만한 골드 브레인Golden Brain'에 연유하는 까닭에, 불행한 삶을 영위하는 이 땅의 많은 이들로 하여금 살아온 날을 뒤돌아보게 하는 자아성찰을 일깨워주고 가슴 떨리는 전율마저 안겨주는 신뢰와 불멸의 사랑에 의구심이 주어지지 않을 것이다.

이 저서의 목차는 〈1부. 모진 아픔, 시린 이야기/ 2부. 바람이야기 – 아내를 가슴에 묻고/ 3부. 나무이야기/ 4부. 잊혀짐은 없더이다 – 단상斷想/ 5부. 엄마에게 쓰는 편지/ 부록 : 아내가 아이들에게 남긴 글〉로 그 틀이 짜여져 있다. 여기서 한 사람의 충직한 독자인 우리는 먼저 뜨거운 침묵을 깨고 의미심장하고 자잘한 체험의 편린片鱗으로 슬픔을 말끔하게 정화시켜 세상에 내어 놓는 진지하고도 처연한 정신작업은, 비정한 이기주의로 치닫는 이 시대의 우리에게 잔잔하고 신선한 감동을 안겨주는 생각의 속도와 생명의 통신이 지극히 조화롭다는 것이다. 비록 그만의 '병상일지와 절절한 한恨의 노래'는 평화롭고 생명감이 충만하여 생산적인 에너지를 발산하는 골든 블레인의 동력에 해당되기에 뜨거운 격려를 보내며 자못 감사할 일이다.

산문집의 [서문]에서 저자는 "그 아픔 뒤로하고 우리 아이들과 함께 아내의 바람대로 잘 지켜가며 살아오고 있음이다. 두 남매는 넉넉지 않은 가운데서도 욕심 부리지 않고, 아끼고 사랑하며 나눌 줄 아는 마음을 익혔다. 노력한 만큼 되돌려 줄 줄 아는 정직함도 배웠다. 아내의 발자국이 남긴 교훈 때문이 아닐까 한다. 어느덧 10년이라는 세월이 흘러갔다. 고3이었던 큰 딸내미는 교사로서 소임을 다하고 있고, 고2였던 아들내미는 대기업의 한 직장인으로 사회에서 필요한 동량으로 이제 발돋음을 시작하였다. 필자 또한 적성에 맞는 조그마한 출판사를 운영해 오고 있다."라며 아내를 떠나보낸 그 아픈 영혼의 기억 흔적, 지난한 몸부림을 이렇게 절제된 감정으로 기호화하여 담담하게 풀어 보이고 있다.

의사의 전언으로 나의 귀에 전압이 가해져 터지는 진동의 충격 소리에 응달에 비껴 앉은 태양의 열기조차 느낄 수 없다. 한숨 섞인 바람이 성이 났는지 병원의 창문을 후들긴다. 나의 신경세포는 온통 창문에 부딪는 바람세기에 맞춰졌다. 바람이 내지르는 비명소리를 들으며. 아! 아내에게 병이 생겼다. 아내에게 위험한 병이 생겼다. 수술 동의서를 쓰고 눈물만 하염없이 흘러내렸다.

– 〈어쩜 좋아〉에서

　마치 헤르만 헤세가 『인도기행』을 통하여 "자기 자신에게로 향하는 하나의 길, 이러한 하나의 길을 찾으려는 시도, 그리고 하나의 작은 길의 암시"를 찾기 위하여 비록 문학적 운명을 걸지는 않았지만, 저자가 "아! 아내에게 병이 생겼다. 아내에게 위험한 병이 생겼다. 수술 동의서를 쓰고 눈물만 하염없이 흘러내렸다."라는 내면의 갈등과 고뇌를 통하여 진정한 개아個我를 진솔하게 펼쳐 보인 불안한 심리적 서술은 실로 유의미하다. 그러나 현실적으로 엄습해오는 불안심리를 종교적 신앙으로 극복하려고 "너는 두려워 말라…불꽃이 너를 사르지도 못하리니 대저 나는 여호와 네 하나님이요(사 43장 1~2절)"와 같은 신앙인의 태도는 사상적 혈통을 창조적으로 이어받아 영혼의 순결성을 지키고 삶에 대한 성실성을 망각하지 아니한 그만의 절박한 기도이기에 생명적으로 파악되어진다.

　일단, 안목을 지닌 독자라면 그만의 강직한 집념과 철저한 실행의지, 또 아내에 대한 각별하고 순수한 사랑이 응축된 더 큰 자유와 꿈, 밝은 미래를 지향한 삶의 열정과 순박한 심성을 접하면 놀랍게도 일상의 감동을 회복할 것이다. 까닭에 "말하라, 그대는 무엇을 보았는가?" 보들레르의 물음 앞에 열정적으로 몸을 던지는 가슴 뜨거운 지극히 창조적인 맑은 영혼의 소유자를 만난다는 것은 하나의 감동이며, 전율 같은 놀라움으로 해명된다.

여보, 예람 엄마! 오늘은 내 생애에 가장 괴롭고 고달픈 기니긴 하루였소. 당신 또한 그러하겠지. 당신을 죽도록 사랑하오. 이 내 마음을 당신도 잘 알 거요. 그래도 아무리 강한 척해도 아까 당신 눈가에 눈물이 괴어 있습디다. 억지로 참느라고 얼마나 힘들었겠소. 당신은 진정 가족을 위하는 마음씨를 가진 여인이었습니다.

－〈생애 가장 괴로웠던 기나 긴 하루〉에서

 삶의 일상에서 운명적으로 감당해야 할 일이지만, 한없는 절망 가운데서도 자신을 철저하게 관리하며 삶의 마감과 직면한 아내에게 강인한 생명감과 긍정적인 사고, 위대한 사랑의 힘을 불어 넣으며 역동성을 뿜어내는 윤석원 시인은 감성이 빛나는 높은 품격의 존재이다. 그 자신이 수시로 기도하는 가운데서도 〈아내가 읽어준 시〉 '꿈같은 사랑'을 술회하며 "'당신은 왜 사는가, 당신은 무엇 때문에 사는가, 당신은 누구를 위하여 사는가, 당신은 어떻게 살았는가'라고 아내에게 물었다면 과연 이 시에서 어떤 지혜의 답을 얻어서 들려주었을까?" 아내의 투병 앞에서 반문하는 그의 형상을 떠올리면 못내 눈물 속에 아득할 것이다.

3. 영혼의 치유治癒와 사랑의 승화

 '영혼의 치유와 사랑의 승화'라는 변명에 앞서 깨달음의 미학을 변형시켜 빛나게 하는 그의 시적 발아發芽는, "아내가 그 '약속의 땅' 하늘나라에서 정착한 지도 어언 여섯 달이라는 세월이 흘러갔다. 그 세월 속에는 아내의 자랑인 딸 예람이의 어려운 대학수험 시기라 걱정했지만, 아내가 학수고대하던 경쟁력 높은 교대에 당당히 합격하여 대학생활에 충실하고, 아들 예찬이도 고3이 되어 아내가 유서에 남기고 간 바람대로 오늘도 열심히 학구생활에 정진하고 있음이다. 〈이제는 더 이상 울지 말아요 - 아! 내 가슴의 반쪽, 나의 사람아〉"에서와 같이 병상의 아내를 떠나보낸 일상에서 깊은 사유思惟를 통한 감사의 신앙심으로 이행시켜 깨끗하고 투명한 감성의 미감으로 빛나는 것은 자못 의연함이 앞선다.

특히 산문집 곳곳에서 발견되어지듯 맑은 영혼과 삶의 현장에서 마음의 상처를 치유healing하려고 시적형상화에 몰두하는 윤석원 시인의 지난한 몸부림은 또 하나의 성채城砦로 우리 앞에 성큼 다가서고 있다. 고아한 서정이 눈물겹도록 정화되어 가슴을 저미게 하는 〈하늘꽃 사랑〉, 〈밤새운 사랑〉, 〈잊혀짐은 없더이다〉 등의 시편은 그만의 독자적이되 비교적 지나친 언어유희pun나 멋 부림을 배제하고 있어 우리들에게 거부감이 없을뿐더러 친밀감마저 안겨주고 있다. 또한 그의 시 쓰기에 있어 "백년이라 삼만 육천 날/나의 가시버시 늘해랑 되고/날마다 동행하여 마무름 없게 하소서 〈하늘꽃 사랑〉"이나 "오늘도 편지를 쓴다/ 반복되어도 끝남이 없는/ 맑은 영혼을 담아 그렇게 〈밤새운 사랑〉" 등에서 눈물이 묻어 있는 그의 시편은 놀라운 수사적 형사形似로 삶의 흔적을 가감 없이 빚어 놓은 남 다른 시적 작위作爲로 인식된다.

뿐만 아니라, "정녕 내 사는 날까지/ 지연紙鳶의 끈, 끊김 거부하리라 〈잊혀짐은 없더이다〉"에서와 같이 내면의식을 생명의 기표인 언어로 교신하다 마침내 행복한 언어의 집짓기로 반복되는 복잡한 감정을 말끔히 정화시킨 그의 시적기법craft은 착각·모순·혼돈의 통로를 거치지 아니하고도 손쉽게 발견되어지는 보기에 해당한다. "눈이 크면 눈물샘이 많다고 했던가. 맛있게 잘 먹어줘서 고맙다고, 감동했다고 눈물 찔끔거리는 아내. 비록 지금은 곁에 없지만 그녀의 눈물이 아직도 내 가슴속에서 마르지 않는 샘물이 되어 흘러넘친다. 〈철딱서니 없는 남편의 일기(6)-비빔냉면〉"에서처럼 운명적인 만남에서 비롯되는 인연의 끈을 글감의 매개로 하여 격정의 정감을 절제하고 감미로운 서정성으로 변형시키며 경계 허물기를 시도한 윤석원 시인의 글쓰기의 작업은 끝내 역동성을 지니어 슬픔 너머의 미감으로 빛나고 있기에 한번쯤 따뜻한 시선으로 응시하고 감별할 타당성이 요청된다.

까닭에 홀로 아득한 사유思惟를 합리적으로 통용하되 응축된 긴장감이 미끄러짐의 시학에 의해 그만의 '체취, 육성, 느낌'에 의한 시적 고뇌는 지속되어야 할 일이기에, 결코 자만하거나 현실에 안주하지 말고, "창조자의 이름에 합당한 것, 신과 시인 말고는 없다."라는 시론에 집중하여 영감의 비의祕義를 해명하는 '극소수의 창조자'로서 그 소임을 항상 실천궁행하여야 함은 물론 '조금은 천천히'라는 느림의 미학의 틀 위에서 분별력을 지니고 상대방에 대한 배려는 지속해야 할 사항일 것이다. 무엇보다 저자가 삶의 현장에서 소중한 가족의 관계성에 애정을 지니고 소외된 계층에게도 신선한 감동을 회복시켜주는 영혼이 자유로운 감성과 충직한 생활인으로서 시대적 소임에 임하고 있는 점은 현실적인 비통을 극복한 적극적이고 도전적인 삶의 한 모형이라 할 것이다.

이와 같이 미적주권의 확립과 서정적 미감에 열중하되 오로지 무너지지 않는 믿음을 지닌 신앙인의 실체로서, 고통 중에서도 생명의 존엄성을 소중히 인식하고 있는 윤석원 시인의 자전적인 산문집을 머뭇거림 없이 추천하는 평자의 심증心證은, 공허한 변론보다 "우리가 헛되이 보낸 오늘은 앞서간 그들이 그토록 소망하던 내일이었다."는 소포클레스의 지론처럼 사람이 살아가는 냄새, 느낌, 의미, 색깔, 존엄한 생명외경 등을 지나친 장식이나 언어의 기교 없이 체험한 진실 된 고통의 땀, 눈물의 흔적을 풀꽃과 바람, 밝은 햇살에 담아 다정다감한 삶의 정제淨濟된 실마리로 해명하려는 소박한 노력에 기인함이다. 글의 말미에서 윤석원 시인에게 보다 따뜻한 가슴으로 다가가는 간절한 소망은, 정녕 생명외경의 자존감을 회복하여 밤하늘의 무수한 별 중에 가장 빛나고 홀로 아득한 별이 되라는 것이다. 모쪼록 나무는 불확실성을 초월하여 영육靈肉의 분리가 안겨주는 죽음의 충격으로 이 땅의 어느 누구보다 가슴 찢기는 고통을 절감하였을지라도, 비정한 불신의 시간대에 자신감 넘쳐나는 당당한 인생의 가치, 목표를 영원히 빛나는 천상에 확정하여 살아 숨 쉬는 동안 이 땅에서 가장 아름답고 황홀한 아름드리 나무의 '존재存在의 꽃'이 되어야 한다.

윤석원

1957년 서울 출생, 시인
동국대학교 경영대학원 수료
도서출판 제이앤씨·박문사 대표 역임
월간 모던포엠 시부문 신인작품상
세계 모던포엠 작가회 회원, 한국문인협회 회원
현) 도서출판 지식과교양 발행인
저서 『하늘 우체통』(공저)

 '나무'는 10년 전에 사별한 '꽃바람'의 바람대로 당시 고3, 고2였던 두 자녀를 위해 우레와 혹한에도 흔들리지 않는 아름드리나무가 되어 가지를 드리워 그늘을 만들어가고 있다.
 지금은 큰딸은 초등 교사가 되었고, 작은아들은 건장한 청년이 되어 대기업의 직장인이 되었다.
 '나무'는 자녀들이 편히 쉬고 즐겁게 지낼 수 있게 그리고 땀을 닦고 심신을 달랠 수 있게 오늘도 뿌리에서 기둥으로, 잎으로 물을 뿜어내며 가지를 키우고 있다.

   마음 속 방 하나 간직한 채
   잊었노라 하며 살아 갈 뿐
   소중한 기억 생각날 때마다
   그 추억에 맘 시려오고
   잊었노라 하면서 일상으로 돌아가
   더 열심히 살아가지만
   잊혀짐은 없더이다.

   마음 속 방 하나 차지한 채
   나 사는 날까지 함께 하리니
   소중한 인연 아련한 추억
   나 사는 날까지 영원하리니.

콩나물 비빔밥 — 바람과 나무이야기

초판 인쇄 | 2012년 9월 13일
초판 발행 | 2012년 9월 28일

저　　자　　윤석원
일러스트　　윤가람

책임편집　　윤예미

발 행 처　　도서출판 지식과교양
등　　록　　제2010-19호
주　　소　　132-908 서울시 도봉구 창5동 262-3번지 3층
전　　화　　02-900-4520 / 02-900-4521
팩　　스　　02-900-1541
전자우편　　kncbook@hanmail.net

ⓒ 윤석원 2012 All rights reserved. Printed in KOREA

ISBN 978-89-6764-001-9 03040　　　　　　　정가 18,000원

저자와 협의하여 인지는 생략합니다. 잘못된 책은 바꾸어 드립니다.
이 책의 무단 전재나 복제 행위는 저작권법 제98조에 따라 처벌 받게 됩니다.

이 도서의 국립중앙도서관 출판도서목록(CIP)은 e-CIP홈페이지(http://www.nl.go.kr/ecip)에서
이용하실 수 있습니다. (CIP제어번호 : CIP2012004192)